茶马古道
——从横断山脉到青藏高原

CHAMAGUDAO

李旭 著

青海出版传媒集团
青海人民出版社

图书在版编目（CIP）数据

  茶马古道：从横断山脉到青藏高原/李旭著.--西宁：青海人民出版社，2020.7（2025.5 重印）
  ISBN 978-7-225-05990-7

  Ⅰ.①茶… Ⅱ.①李… Ⅲ.①古道—研究—西南地区 Ⅳ.① K928.6

  中国版本图书馆 CIP 数据核字（2020）第 115969 号

茶马古道
——从横断山脉到青藏高原

李　旭　著

出 版 人	樊原成
出版发行	青海人民出版社有限责任公司
	西宁市五四西路 71 号　邮政编码：810023　电话：（0971）6143426（总编室）
发行热线	（0971）6143516/6137730
网　　址	http://www.qhrmcbs.com
印　　刷	陕西龙山海天艺术印务有限公司
经　　销	新华书店
开　　本	890mm×1240mm　1/32
印　　张	11
字　　数	250 千
版　　次	2020 年 10 月第 1 版　2025 年 5 月第 5 次印刷
书　　号	ISBN 978-7-225-05990-7
定　　价	58.00 元

版权所有　侵权必究

前　言

　　这些年，茶马古道忽然成了一个响亮的名字。这条也许是世界上海拔最高、最为艰险，也最为神奇壮丽的道路引起了越来越多人们的浓厚兴趣。

　　30多年来，我无数次由横断山脉东部的云南、四川深入青藏高原，一直行走在茶马古道上。在我看来，茶马古道是这样一条道路：它是联接横断山脉与青藏高原的网络；它主要呈东西走向，与西南丝绸之路形成交叉并有相当部分重合，并与藏彝走廊形成部分交汇和重合；它主要兴起于汉藏之间源远流长的茶马互市，以传统的背夫、马帮和牦牛驮队作为运输交通载体；它萌发于唐代，在宋元明时期以茶马互市逐渐发展成形，在清代达到商贸互动的鼎盛时期，进入民国虽渐显衰败之象，但到抗日战争时期它一度成为中国唯一的对外陆上通道，出现了罕见的繁盛和辉煌。其使命和运作在20世纪50年代已基本结束。在不同历史时期，茶马古道有着不同的分布和盛衰起伏。它主要是一条历史之路。

　　远自唐代直到近现代，茶马古道不仅蜿蜒通行，而且起到了相当重要的作用，成为中国大西南走向世界的主要通道，成为中国西南地区区域间综合环境调适和资源互补的经济网络。千多年来，它将四川、云南的茶叶等输送到藏地，又将雪域高原的山货特产等运销内地。就在官方茶马互市和民间交通运输贸易的同时，这条世界最高、最险峻的道路，成为汉藏等民族之间紧密联系的纽带，带动了沿途人口的流动和城镇的兴起，更成为宗教文化以及沿途20多个少数民族文化传播交流的走廊。它蕴涵着苍茫神秘的内容，有着传奇般的色彩，更拥有横贯"世界屋脊"的惊心动魄的自然景观……

　　我相信在1990年以前，人们没有在任何文献和媒体上见过"茶马古道"这个名词。它最早露面，应该是在几个同道和我合著并于1992年初由云南大学出版社出版的《滇藏川大三角文化探秘》上。在那本书的橘黄色封面的显眼位置，我们打上了"茶马古道系列研究"的字样；在书里，我们首次提出了茶马古道的概念，并对这条极富传奇色彩和文化意蕴的道路作了初步的描述和论证。那是专门而系统地介绍茶马古道的第一本书。它的诞生得于一次艰辛而漫长的田野考察。1990年夏秋季，我们临时组成一支考察

精通藏语藏文化、茶马古道的"先行者"王晓松在康定

队。考察队有六个人和一条名叫嘎丢的大狼犬。各种各样的机缘使我们聚到一起,并走上茶马古道。精通藏语、熟谙藏学的王晓松当时在主持迪庆州格萨尔研究室的工作,他正在翻译的《格萨尔王传·姜岭大战》,大量涉及滇藏川区域的地理、历史、传说及相互间的各种关系;嘎丢是王晓松训练有素的爱犬,它一路成为我们最好的护卫和最佳公关大使。徐涌涛那时在中甸县地方志办公室从事方志资料的收集和整理,大量资料显示出迪庆与西藏和四川藏地的密切联系。李林当时在中甸县计划委员会,负责长江中上游自然资源等方面的规划工作,正需要了解这一地区的情况。他们三人从小就在迪庆高原长大,耳濡目染,早就有心从事这一区域的考察研究。我们另外三人则在昆明的大学里任教。木霁弘的父亲木芹教授师从"南中泰斗""滇史巨擘"方国瑜先生,多年致力于云南地方史的注疏研究;木霁弘更是大侠一个,父子俩一个坐书斋,一个做田野,合作出版了不少有关著作。现为北京大学语言学教授的陈保亚不仅娶了一位傣族女子,更致力于各民族语言文化的比较探索,滇藏川区域各民族交互影响的语言现象成了他关注的焦点。而在 1980 年代中期,我便在滇西北的迪庆干了一年的"讲师团",在那儿听到了许许多多非常精彩有趣的故事,尤其是一些当地朋友所讲的他们祖先跟着马帮走西藏草地的故事深深吸引了我。在我看来,那完全是一部只属于过去时代的传奇般的史诗,一部壮丽的高原史诗。于是,我也就选择茶马古道走了进去,于 1989 年以搭便车和徒步的方式,第一次由东向西穿越横断山脉和青藏高原,涉及 30 余县。

1990 年 7 月,我们六个人揣着中甸县志办公室出资的 6000 元经费和我们各自的一点积蓄,在云南德钦雇了一支有七头骡子的小马

1990年7月考察出发前在中甸集结

帮,由马锅头都吉赶着骡马,驮着帐篷和锣锅,踏上了数十年来没有人全程走过的马帮山径,在大山大川里走了整整100天,把滇藏川大三角区域转了一圈,回来后余悸未消、兴奋未平地撰写了一些考察手记,并由云南大学出版社出版了《滇藏川大三角文化探秘》一书。我们发现我们走过的是一条曾经辉煌过的古道,它是连接横断山脉地区与青藏高原的重要纽带,是汉藏等民族间经济文化交流融合的重要走廊,是中国与东南亚、南亚诸国自古就有交往的重要国际通道。在这条古道上,有着无与伦比的人文景观和自然景观,有过种种神奇而丰富的或许已经永远消失的人生。

但当时我们就面对一个棘手的问题:这条古道究竟叫什么?它起源于何时?它是怎么缘起的?它究竟经过、覆盖了哪些地区并在哪里收束?它的内涵和意义怎样?

在滇南的西双版纳、思茅等普洱茶产销地区,人们将这条路称为"茶叶之路";而在滇西北贩茶、运茶入藏一线,人们只有"走西藏""走草地"的说法;在四川,向来有大规模的"茶马互市",历史上曾设有专门的"茶马司",大量的背夫、马帮和牦牛驮队在内地和藏地之间穿行,将内地的茶叶和康藏的山货等,在两地之间贩来运去,同时也有不少政府官员以及戍边士兵长年通行在这条路上,沿途设有粮站、兵站和驿站,有"康藏官道""康藏大道"之说,有的分支线路也有叫"茶道"的,等等。

然而,对这条路的多种多样说法,似乎都不是那么准确恰切,更谈不上响亮易记。

我们在刚开始撰写关于那次考察的文章时,先将这条路称为"茶马之道",一则因为这条路是作为"茶马互市"而大规模通行的,运输交易的最主要物资就是茶叶和马匹;二则因为这条道路最为主要的交通运输方式是马帮这一独特载体。我记得后来是徐涌涛提出,这条路既然有茶又有马,而且那么古老悠久,不如叫"茶马古道"更好。这一名称既准确表达了这条道路的特征,又响亮动听易记取,更有意蕴——茶与马,原本就诗意地栖存于世世代代生息于这一带的藏族、纳西族等民族的历史和民间传统中。它们不仅是物质的,也是精神的和感情的。马,不仅仅作为驮畜和交易货物,对于马的崇拜已成为藏文化、纳西等文化的一部分;茶,对于汉人来说早已融为汉文化的有机成分,在藏族人民的生活中也是须臾不可或缺,是生命和生活的必需品,更进入了他们的血液和精神信仰。这名称得到了我们六个人的一致赞同。于是,"茶马古道"这一名称,首次正式出现在我们关于这条路的第一本书里,并逐渐传扬出去,得到有关专家和各界人士的认同和肯定,"茶马古道"就此叫响开来,成为一个约定俗成的专有名称。

遗憾的是，我们的茶马古道系列研究未能如愿继续。李林还在中甸当他的公务员，徐涌涛调到丽江做起了旅游管理工作，陈保亚则考到北京大学读了语言学博士并留校升了教授。他们虽一直在关注茶马古道，但专门的考察和研究已不多。后来做了迪庆州藏学研究院主管副院长的王晓松仍在做一些有关茶马古道的考察研究工作，直到他2007年秋仓促离开这个他深爱的世界。仍在云南大学任教的木霁弘更是将茶马古道的事情做得轰轰烈烈，编写了不少茶马古道的书，还请来著名导演田壮壮拍了纪录片，使得茶马古道的声名更为响亮。

由于种种机缘，也由于对这条道路的迷恋，我没有离开茶马古道，一直从事着有关茶马古道的考察、拍摄和写作，无数次地流连于茶马古道。

1993年，我曾独自一人骑自行车将我还未走过的川藏大北路茶马古道，也就是现在的川藏公路北线细细踏勘了一遍。在此以后的岁月里，行走茶马古道对我来说成了家常便饭，我几乎每年都要往来横断山脉和青藏高原，每次时间都不算短。有时还深入到云南、四川、湖南甚至浙江、福建的茶叶产地作调查。我已不记得曾经翻越过多少高山，涉过多少江河和溪流，经受过多少旅途的筋疲力尽和可怕的惊吓。沿途很多地方至今人烟稀少，而那些僻远的村落至今仍很少有外人涉足。随着考察线路的延伸和研究的拓展深入，我想我对茶马古道的认识也日益丰富深厚起来。

只有实地亲身走过这条道路，才能领略茶马古道的壮丽险峻，才能真正体会到当年走过这条道路的背夫、马帮们所经受的艰难困

1990年10月
考察结束回到昆明

苦,也才能感悟到茶马古道所包容的人文精神的博大精深。

要是时光倒转,在我还没有将自己的脚步踏上茶马古道之前,我也不会相信那条路上有那么多精彩的故事和那么深厚的文化内涵,那里面充满着太多难以置信、难以想象的际遇。对很多人来说,可能从未听说过什么茶马古道,它仿佛根本就不存在。即使在交通相对发达的今天,对有些人来说,由横断山脉东侧的云南和四川跨上世界屋脊,仍是十分不易的事情。

然而,茶马古道的确存在过,从遥远的、开放的唐代,直到20世纪五六十年代滇藏、川藏公路修通。至今,在短途区域里,它仍在通行,仍可见少量马帮穿行在雪山、江河之间。在半个多世纪前轰轰烈烈的抗日战争中,尤其在1942年缅甸陷入日本侵略军的魔爪,中国当时唯一的一条国际交通道路滇缅公路被截断,从云南丽江、四川康定经西藏再转道至印度的茶马古道,顿时成为抗日战争中后期大西南后方主要的国际商业通道,一时间沿途商号林立，马帮云集，其繁忙景象实在令人惊讶。

幸运的是，还有不少老人健在，他们或是曾经亲自参与过茶马古道的运输贸易活动，或是见证过茶马古道曾经的繁荣兴盛。我曾多次对有过类似经历的"藏客"老人，如云南的赵鹤年、黄钟杰、袁基宏、张乃骞先生等，以及在西藏走过茶马古道的边多、格桑旺堆、丹增旺堆、噶玛丹增先生等，在四川制茶、背茶走过茶马古道的姜琳、李攀祥先生等，进行了深入细致的访谈。当年的一切，仿佛都还在他们的眼前。当我一跟他们谈起茶马道上的事情，老人们马上兴奋得眼里放出光来。在那样的时代，在那样的情形下走过世界屋脊，肯定是一个人一生当中最难以忘怀的经历。

在那些"藏客"老人之前或之后，有一些政府官员、军人、僧侣、探险家、学者等盘桓于茶马古道，他们用各种各样的方式撰写下的精彩史料文献，更展现出茶马古道的沧桑岁月和深厚内蕴。

在我自己先后无数次沿当年茶马古道各线路穿越世界屋脊之后，在长期收集、研究一切与茶马古道有关或不相关的文章和书籍之后，在对仍在世的走过此路的老人以及其他人询问了我能想到的一切问题之后，总算是对那一条道路，对神奇伟大的马帮生涯，对那一种艰苦卓绝的生存方式，有了鲜明的印象和深入的了解；对那一条道路所蕴涵的意义，有了较清晰而深刻的认识。虽然后生已晚，但我还是可以强烈地感受到，我和那些千百年前就开拓茶马古道的各民族先人，和那些半个多世纪前往来于茶马古道的前辈，有着血脉相通的亲属关系。

行走茶马古道无异于一次独一无二的伟大冒险。在那里，你能看到成群结队的马帮和牦牛驮队行进在茫无涯际的大草甸上，能听到清脆的骡铃在肃穆冷峻的雪峰间回荡，你还能从马帮们在河谷林间烧起的炊烟里嗅到酥油茶的浓香，更能从中感悟到人类为了生存所能激发出的无畏勇气和智慧，所能付出的难以想象的努力，以及世世代代都能够激动人心的精神。正是这勇气、智慧、力量和精神使得人类生活有了价值和意义。

我发现，现在越来越多的人加入探寻茶马古道的行列，有做旅游的，有搞学术的，有的是商人，有的是作家，有的是学生，有的围绕茶马古道做起了硕士论文和博士论文，有的是为了追寻心中的圣洁之地以获得心灵的慰藉和宁静，有的仅仅是为了走一走这条惊心动魄的路。

我自己恐怕还会走下去。一来我身体尚健，回到平常的城市生活反而不习惯；二来茶马古道的一些路段我还没有完全走遍；三来茶马古道上还有那么多东西等待发掘和探寻。

在这里，我将对茶马古道作一个大概而完整、简略而基本的描述，使大家尽可能真实明晰、完整深入而有血有肉地认识这条千年古道，为那些当年行走于这条路上的可歌可泣的马锅头和赶马人，以及无数的背夫，为那一种可能永远不会再有的生存方式，为那一段历史和那一种生活，为那无比壮丽的高原山川，为那一条博大精深的经济和人文之路。

茶马古道有那么多的东西值得人们追寻和记取。

目 录

第一章　来自远古的回声
一、茶马古道源远流长　　　　004
二、茶马古道应运而生　　　　015
三、人背马驮走出的古道　　　019

第二章　茶叶千年入西藏
一、汉藏茶饮与茶马互市　　　028
二、普洱茶与滇藏茶马古道　　041
三、川茶与川藏茶马古道　　　055
四、茶之余韵　　　　　　　　064

第三章　茶马古道上青藏
一、走向青藏高原　　　　　　069
二、川藏茶马古道　　　　　　078
三、滇藏茶马古道　　　　　　087
四、翻越喜马拉雅的道路　　　095

第四章　鲜活流动的血脉
一、背夫　　　　　　　　　　　　　105
二、山间铃响马帮来　　　　　　　118
三、高原之舟——牦牛帮　　　　　129

第五章　行走茶马古道的人们
一、云南丽江束河人的选择　　　　144
二、一妻多夫和多妻一夫　　　　　153

第六章　茶马古道的城镇
一、普洱茶古六大茶山之中心——易武镇　167
二、滇藏茶马古道重镇——丽江古城　176
三、川藏茶马古道重镇——康定　　194
四、茶马古道中心城市——拉萨　　207

第七章　民族文化走廊
一、多民族文化的交汇点——奔子栏　217

二、茶马古道上的藏族和纳西族 222
三、兄弟团圆 236

第八章 通往圣地的天梯
一、佛从西天来 245
二、信仰之河流 252
三、与神山共舞 263

第九章 茶马古道与香格里拉
一、小说与现实 286
二、自然里的香格里拉 290
三、天上的香格里拉 305
四、还能寻找到的香格里拉 314

尾 声 329
后 记 330

第一章
来自远古的回声

青藏高原及横断山脉卫星拍摄地形图

茶马古道究竟是一条怎样的道路？它起源于何时，又是怎样形成的呢？

每次打开地图，我们的视线立即会被亚洲大陆中部的奇异地貌所吸引。这里高山群峙，大江汇集，呈南北纵向，仿佛是地球母亲紧蹙的眉头——这就是著名的横断山脉。横断山脉的形成，又直接与喜马拉雅造山运动相关。大约四五千万年前，也就是恐龙在地球上灭绝之后，印度大陆板块向北漂移，缓缓地冲击碰撞到欧亚大陆板块上，于是，在以千万年计的时间跨度里，以喜马拉雅山脉、冈底斯山脉和昆仑山脉为代表的青藏高原从亘古汪洋里隆升并高耸云天成为世界屋脊，与此同时，由于受到东面扬子板块势均力敌的阻挡，青藏高原东南部边缘的地壳被强烈挤压扭曲，在地球上形成了巨大皱褶，那些东西横亘隆起的大山被扭曲成了南北纵走的横断山脉。于是，青藏高原与横断山脉之间，就有着天然的联系。它们是喜马拉雅造山运动的一双孪生兄弟,都属于同一个地理区域。如今,有人把它们称之为"大香格里拉"地区。

这一地区的西部,是世界屋脊青藏高原;从这里往北,只有经由难于上青天的蜀道和一系列江川与中华文明的摇篮黄土高原相通;东边是奇妙的云、贵、川地区;南面是富饶的东南亚、南亚诸国。令人难以置信的是,就在横断山脉的险山恶水之间,在滇藏川大三角地带的原野丛林之中,在苍茫无涯的青藏高原雪域,绵延盘旋着一条条神秘古道,将横断山脉与青藏高原联接在一起。从古到今,它们像谜一样地存在着。

据说西藏工匠和藏戏之祖唐东杰布建造了藏地第一座铁索吊桥,后来成为茶马古道许多江河的飞越之道

踏上古道,石块上嵌有一两寸深的马蹄印历历在目,欲说风尘;道旁的嘛呢堆上刻画着各种神佛像和宗教箴言咒语,历经沧桑;那些跨越江河连接古道的木架悬臂桥和铁索吊桥,便由过往商队马帮的血汗钱架设而成;深山洞穴中、陡岩下、崎岖的道路旁,时时可见森森白骨;许多岩洞和道旁被火烟熏得黝黑的巨石在倾诉着无数代马帮商人风餐露宿、如歌如泣的传奇经历;上了年岁的老人喝着酥油茶,用苍凉的声音向人们讲述着千百年来茶叶入藏的故事……

这就是穿越横断山脉与青藏高原相连的、世界上地势最高、最险峻也最遥远的文化文明传播古道——茶马古道。

一、茶马古道源远流长

地处祖国西南边陲的横断山脉地区地势高拔，为众多崇山峻岭簇拥，又为众多大江大河切割，交通向来艰险不便；与横断山脉的西北侧相接的，则是更为高拔的以喜马拉雅山脉为代表的世界屋脊——青藏高原。这一区域高山群峙，大江汇集，山路崎岖陡险难以通行车辆，江河湍急航运基本无从进行，千百年来，主要以人背马驮的人马驿道交通四方。

我们无法确切地指出茶马古道生成的时间，但它的古已有之却是毋庸置疑的。一定的地理环境，总会产生与之相应的文化。我们只要从人类本性特征和外部环境影响的角度，就能在一定程度上推测人类活动的一些实际行为。为了生存的需求和发展的需要，为了与外面的世界沟通，为了相互之间的交流，令人难以置信的奇迹出现了：就在横断山脉到青藏高原的一个个平坝和山谷之间，在一座座雪峰脚下和山肩上，在一道道险山恶水的缝隙里，在茫茫的原野丛林之中，一条条人马驿道从其间穿行翻越而过，蛛网般覆盖了这片苍茫的山川大地。这些驿道不仅将青藏高原与中国的西部边疆以及中原内地紧密联系在一起，而且还像西南的许多山脉江河一样辐射出去，直接通往东南亚、南亚诸国，成为封闭的中国通往外界的重要国际通道之一，与著名的丝绸之路、西南丝绸之路和海上丝绸之路一道，构成中国四大国际通道。这正如著名考古学家苏秉琦先生所言："诚然，中国历史上有过'中华帝国无求于人'的闭关锁国的政策和时代，但事实上的内外交流几乎一天都没有停止过。陆上丝绸之路、海上丝绸之路、陶瓷之路如此，不见经传的条条通衢更

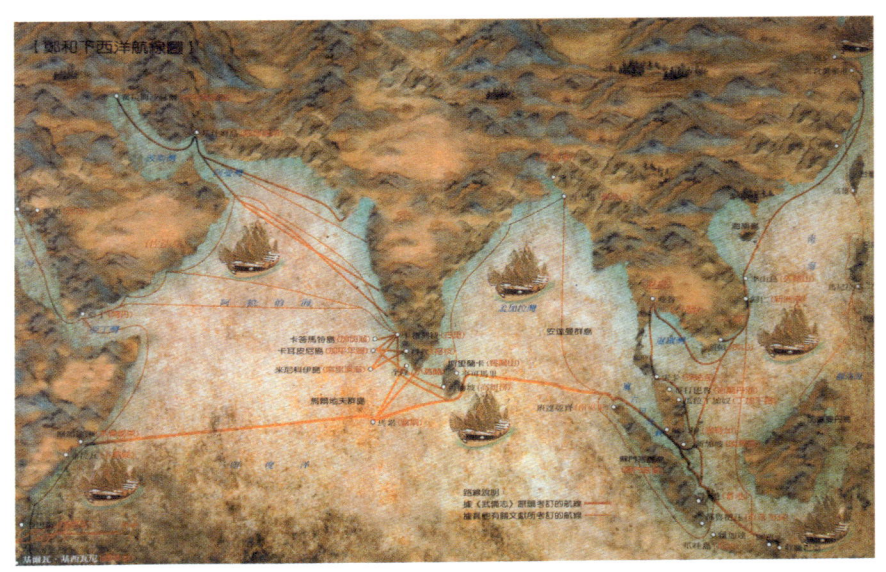

海上丝绸之路及郑和下西洋线路图

是如此。"

茶马古道就是这样一条"名不见经传"的通衢。

茶马古道之所以四通八达,并将横断山脉地区与青藏高原连接在一起,除了地理上的自然联系,更有其物质基础和历史及现实的迫切需求,也是中国边疆开发、维系统一稳定的要求。这里的人们迫切需要以相互的交换来获取资源的分配,以此来对付高原山地的物资匮乏与生活困难,并维持族群间的秩序。茶马古道的通行即与西南地区相互间的密切往来相关,与更为古老的西南丝路相关,与现在人们关注的藏彝走廊相关。正如人类学家王铭铭所指出的:"这条'走廊'的基质,却形成于古代历史中,是东亚、东南亚、南亚、青藏高原,以至'亚洲内陆边疆'的跨文化交往史的一个环节。"

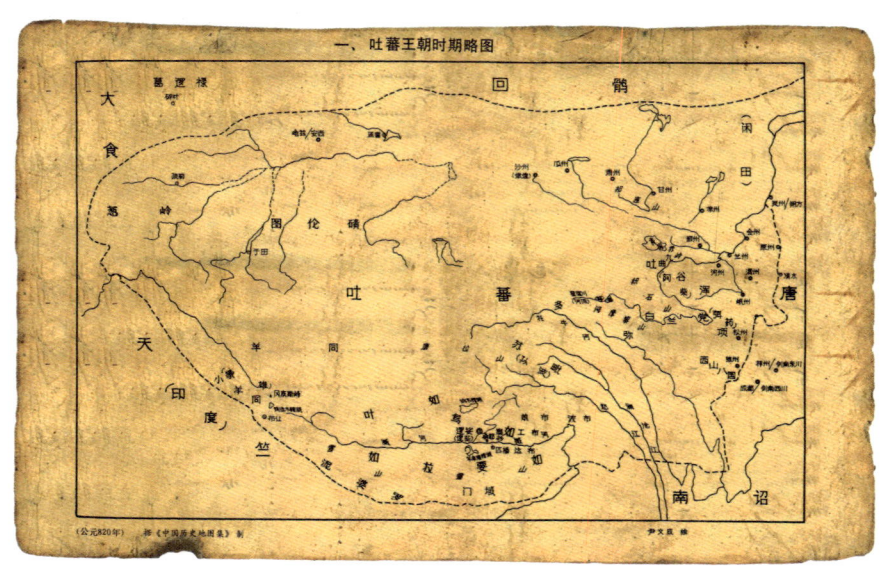

吐蕃鼎盛时期地图

大约三千年前,藏族先民及氐羌族系中的各族群已经分布在横断山脉一带。氐羌氏族于战乱中陆续南迁,从商周至先秦,纷至沓来走过由西而东并列南下的六江流域,并沿江顺势而下,不只抵达云贵高原,也进入了东南亚和南亚地区。《缅甸史》的作者、缅甸历史学家波巴信认为:缅甸族起源于中国西北甘肃一带,后来他们逐渐南迁,约在公元前7世纪到达现在的缅甸定居下来。

在青藏高原东缘、四川盆地西缘,北起黄河中上游流域,南及中南半岛,南北走向的横断山脉及其河流峡谷,宛如一条条天然的交通走廊。童恩正先生早就看到:"如同在崇山峻岭之中开辟了若干南北交通的走廊,自古以来就是南北民族迁徙往来的通道。"不仅如此,这条基本南北向的走廊通道很可能还横逸出去,衍生出其他走向的道路，沟通并整合整个西南山地的各个原始文化。曾遍访考察研究过青藏高原几乎所有著名科学家的作家马丽华就指出："自从20世纪70年代考古工作者在西藏东部昌都地区，发掘了距今四五千年的卡若遗址，此后在雅鲁藏布江两岸和拉萨河、象泉河畔，新石器遗址迭有发现。以卡若遗址为代表的粟米文化和彩陶工艺，明显受到黄河流域旱作文化的影响，同时也说明了沿着三江流域，此地与西南山地原始文化的交流。"通过大量考古分析，汪宁生先生指出："西藏的雅鲁藏布江流域、昌都地区和云南西部、北部的新石器文化之间已存在着某些联系，这种联系应与这片地区历史上一次大的民族迁徙有关。据各种迹象来看，属于后来称为氐羌的族群沿着横断山脉及其河谷地带自北而南的迁徙浪潮，正是在公元前第二千年就已开始。"从四川甘孜藏族自治州的丹巴、道孚、雅江、巴塘，凉山彝族自治州的木里、盐源，西藏昌都地区的芒康、盐井，到云南迪庆藏族自治州德钦县的永芝、纳古，中甸县的尼西以及丽江地区，均相继发现了石棺墓葬，沿横断山脉间的大渡河、雅砻江、岷江、金

考古学家李永宪、霍巍在云南德钦纳古发掘考察石棺葬陶罐

云南出土的陶罐
云南省博物馆

甘肃马家窑文化陶罐
甘肃省博物馆

四川甘孜出土的陶罐
四川省甘孜州博物馆

沙江、澜沧江诸河谷，构成了一整系列石棺墓分布带，虽年代略有早晚，但都属于公元前1000年至先秦时期，无论葬式及随葬器具都基本相似，均存在着屈肢、砍头、乱骨葬等葬式。我就曾在云南德钦县的纳古，亲眼看见考古学家李永宪、霍巍从石棺墓葬中挖掘出一只双耳陶罐。看一眼就能肯定，它与西北的马家窑、齐家文化有着明显的相似之处。将此二者联系起来，我们就可以确定古代活动在上述地区的"昆明人"，就是南下羌人的一支。

早在新石器时代至先秦这一时期，甘、青、藏、川、滇区域的各族先民已突破了自然地理的障碍，翻山越岭或经由山间谷道来来往往，带来了来自北方的黄河文明和草原文化的影响，他们之间已然血脉相通，已存有共同的文化因素，显示这一区域是一个文化走廊。

费孝通先生在20世纪70年代末刚一复出，就提出了"藏彝走廊"的概念。他说："这个走廊正是汉藏、彝藏接触的边界，在不同历史时期出现过政治上拉锯的局面。而正是这个走廊在历史上是被称为羌、氐、戎等名称的民族活动的地区，并且出现过大小不等、久暂不同的地方政权。现在这个走廊东部已是汉族的聚居区，西部是藏族的聚居区。"他特别强调了这些众多民族"交

北方丝绸之路沙盘图
甘肃省博物馆

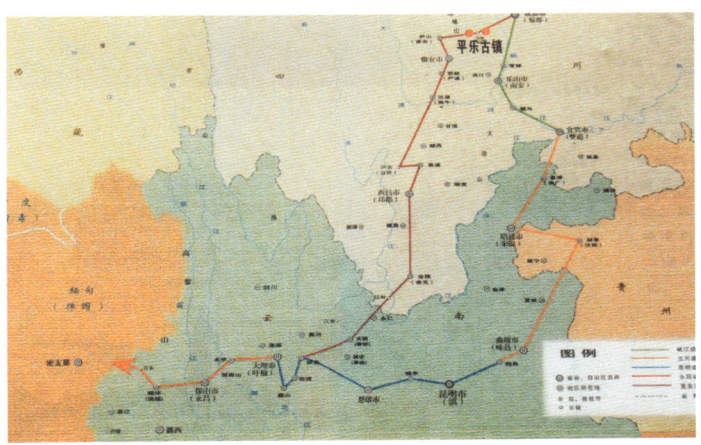

西南古道示意图

流掺杂、你来我去"的"来回的历史流动"。费老进而提出，中华民族聚居地区是由"六大板块"和"三大走廊"构成的格局，而相对稳定的板块，是由相对流动的走廊相联结的。在此认识基础上，费老一再强调"研究中华民族形成的过程及其发展变化，研究我国这个多民族大家庭几千年里各民族来来去去、不断流动的状况和趋势。"

麦积山石窟壁画再现了佛教传播与交通来往的频繁

茶马古道的起源,就从这一"走廊"开始,就从众多民族"交流掺杂、你来我去"的"来回的历史流动"中诞生。

徐嘉瑞先生在论及大理古代文化时说:"我推想大理古代文化,有一支是从西北而来,即是西北高原的羌族文化,他叫作夏民族文化。是中国最古的文化,是以甘肃为中心,向西康西藏及大理一带扩展。"

今天生息在云南的 25 个民族,有半数以上是由黄河中上游地区沿着横断山脉中的几条河谷逐渐迁徙而来的,当他们散布于相对隔绝的地域里时,才演化为我们后来划分的不同的民族。这些本来有着相通血脉的民族之间不可能完全不相往来,他们为了生存和发展,必然以最原始的交通方式来来往往,尽力突破大山大川的局限,与原来的土著民族相融合,共同创造、分享相通的文化,同时也与巴蜀地区、与中华内地保持有交通联系。考古学家汪宁生先生早就指出："自古以来，云南和中原地区之间、云南各少数民族和汉族之间存在着密不可分的联系。"他们甚至一段一段地、间接地与江河下游的越南、缅甸、印度通道衔接在一起。

考古学家霍巍提出，中国西南地区众多的"西南夷"对于"南方丝绸之路"的开通起到了重要作用，一是他们大多为善于长途迁徙游动的部族，往往纵横千里，活动范围广阔，因此成为西南边地商贸活动的主体，他们是西南古道最初的开拓者，也是西南边地贸易最初的承担者和受益者；二是正由于他们长期持续不断的民间贸易，为后来汉王朝对西南边疆的开拓和治理奠定了初步基础；三是西南夷的活动与汉王朝对西南交通路线的重视和开通恰好成为互为补充的两条线索，体现出中央政治体制与西南民间族群在两汉时期围绕"交通西域"形成的互动格局。

李孝聪在研究中国历史地理时也有精辟的论述："用人生地理学的观点来审视川西，不同地理单元的边缘，或者说两种地貌的结合部，往往是人类社会物质与文化产品的交流带；也恰恰就在边缘地带，历史上最容易形成交通往来的道路和文化交融的走廊。川西高原既是自然地理学意义上的边缘地带，也是东亚地区华夏文明社会形成和变迁中的族群边缘地带。"在我看来，整个横断山脉区域都具有上述的特性。

战国时楚将庄蹻率部入滇，即是云南以今滇黔路与内地交通联系的确证。与此同时，有文字清楚记载，在川西南与滇西北之间也有通道存在。方国瑜先生早就考证过，云南氐羌族群的各民族即是从这条通道由北向南迁徙的，或者更准确地说，这条通道是因民族迁徙而产生的。他还明确说过，这些民族部落间存在着交通往来路线，日渐密切地联系着巴、楚和中原、江南各地，以及遥远的天竺："甲部落与乙部落之间有通道，乙部落与丙部落之间有通道，丙与丁，丁与……之间亦有通道，递相联络，而成为长距离之交通线。此交通线以滇池为中心，往西经昆明、巂唐、越巂、敦忍乙，以达曼尼坡而入天竺；往北经西僰或邛都抵于蜀以达秦；往东经夜郎、牂柯

连接五尺道与永昌道的博南古道——兰津古渡

抵于巴，以达于楚。再由秦、楚通于中原及江南各地，以交通线为大动脉，西南各部族与内地相联系。西南各部族社会、经济、文化发展并非孤立，是中国整体之一部分。自有历史以来如此，唯在程度上，古初稀疏，后渐频繁加密。数千年历史发展过程如此也。"

及至公元前250年，蜀太守李冰主持修凿从僰道（今重庆宜宾）

蜀身毒道四川邛崃骑龙山段考古发掘出的历代路面

通往滇东北的道路,由于道路开凿于悬崖巨石上,多为栈道,宽仅五尺,故称"五尺道"。公元前105年前后,汉武帝为寻找并开拓通往印度和西亚的捷径,以便包抄匈奴,曾广征士卒丁壮,两度用兵云南,在滇西大规模开凿"博南道",阶段性打通了从成都起,经滇西大理、腾冲与中南半岛各国,以及南亚印度诸国之间的政治、经济和文化交流的渠道,史称"蜀身毒道",它由五尺道、灵关道和永昌道三条道

开凿于公元前的连接巴蜀与滇东北的五尺道

云南石寨山出土的来自印度洋的海贝　云南省博物馆

路连接起来。

据陈茜先生论述,印度史书《政事论》和《摩奴法典》就记载,早在公元前4世纪时,四川的丝和丝绸就已远销到印度,并通过印度转销到西亚、非洲和欧洲。1956年,从晋宁石寨山发掘的西汉滇王墓葬群中,发现了印度的琉璃珠和海贝,这是云南与缅甸、印度通商的可靠证据。南诏、大理国时,与印度的大秦婆罗门国(今印度曼尼普尔一带,或以今阿萨姆北部以西以至于恒河流域)、缅甸北部的寻传、大赕,中部、南部的骠国、弥臣、弥诺,孟加拉国的小婆罗门国(今吉大港附近),以及交趾(越南)、真腊(柬埔寨)、暹罗(泰国)、老挝均有贸易往来。宋时,缅甸已有中国生丝织成的缅甸纱笼。明代时,缅甸的宝石、玉石大量输入中国,云南的对外贸易也由贵重商品扩大到民间日用品。清代进出口货物品种和规模进一步扩大,与越南、老挝的贸易有很大的发展,茶叶、漆、安息香、瓷器和棉织品成为主要的进出口商品,直接促进了云南矿业、手工业的迅猛发展。1889年后,云南的蒙自、腾越(腾冲)、思茅先后开辟为商埠,设立了海关,拥有对缅甸、越南等国进出口贸易的优惠条件,于是对东南亚诸国的进出口货物剧增,连带马帮运输业务进一步繁荣起来。由越南河内溯红河到云南蛮耗的水路,再转陆路到蒙自、昆明;由越南莱州到云南的陆路,由老挝琅勃拉邦和会晒到云南的陆路,都有很多马帮往来经商。

可见,在交通方面,中国西南的几条古道,有着共生的关系,而且与东南亚、南亚甚至地中海地区的联系源远流长。

二、茶马古道应运而生

汉代,云南就出著名的"越赕马"。南诏、大理时期,云南马驰名各地,称"大理马"。云南马以善走崎岖山道、耐力负重闻名。要是没有马,难以想象大量人员和物资的迁移是否能够实现。有了马匹,是茶马古道形成的重要因素。明代以前,云南马主要供骑乘和征战之用;明代以后,骡马已经多用于货物运输。因为自明代以来,随着大量内地汉族移民进入云南,云南的商品生产迅速发展,人口也急剧膨胀,随之而来的各类消费也同步增长,特别是云南的铜、盐、茶的大量生产,促进了骡马运输的迅猛增长,以驮运货物为主的马帮商队应运而生,供其行走的驿道也在不断延伸。这些马帮商人不仅沿古代西南古道到了东南亚、南亚,还开拓创新,走上了青藏高原。而在横断山脉北端的四川,早在汉唐时代就完成了这一过程,并与云南边疆地区形成了一体的交通网络。

唐宋时期,中国的经济重心已经南移。在云南,更产生了南诏、大理国地方政权,前后延续 500 多年之久。该政权的历代统治者并非闭关锁国之流,他们与来自中原内地及来自横断山脉以西的吐蕃政权有过密切交往,并结成长时期的同盟关系,促成了彼此的经济、文化交流。徐嘉瑞先生早就看到:"南诏之祖先,来自嶲州。而洱河民族，乃庄蹻苗裔。远自汉代，已与印度、缅甸、暹罗及国内之西藏交通。及南诏立国，交通益繁。且自两司马开通西南时，洱河民族已受中原文化之陶融。降及唐代，影响尤深。佛教势力，亦深入南诏，至今不衰。故其文化之来源，实具有西北高原之夏民族文化，及沅、湘流域之楚民族文化，以及汉唐以来不断输入之中原文化。又不断受中原文化及西藏的影响，加以西南邻国之军事、商业、宗教等种种之关系，故其文化元素甚为复杂。经历悠久之时间，熔为一炉，成为一种特殊之文化体系，造成蒙、段两期之辉煌时代。"李孝聪也指出："南诏政权对吐蕃有一定的依赖关系，当中原王朝过分限制南诏的发展时，迫使云南地方政权只能寻求在东南亚地区或西藏地区之间维持物资交流。"公元678年，吐蕃势力向东进入云南洱海北部地区，公元680年建立神川都督府，在南诏设置官员，向当地白蛮、黑蛮征收赋税，摊派差役；据敦煌藏文历史文书记载，吐蕃赞普都松芒结布御驾亲征洱海地区，并死在军中，而他儿子赤祖德赞的妃子，则是一位南诏公主，吐蕃赞普还与南诏王以兄弟相称。在吐蕃赞普与南诏王的盟誓歌词中，赞普吁请其王室的先祖神和王权的守护神雅拉香波护佑南诏，因为南诏王已是赞普的兄弟："亲近呢越亲近，近神呢近天神，可靠呢越可靠，香波呢更可靠。"两者间的政治、经济和文化关系十分密切，茶马贸易应是两地双方重要交易内容。同时，南诏还与联接中原的巴蜀地区、黔渝地区有频繁的接触，还与中南半岛的东南亚、南亚国家和地区经常往来。历代南诏、大理统治者无不重视制度建立，修筑道路，设置城邑，开设驿馆，使以大理为中心、遍及云南全境的驿道网络初步成形，不仅在西北方向交通吐蕃，并且内接巴蜀和中原，外通东南亚、南亚诸国，形成了比较发达的驿道交通。尤其大理马在宋朝中原地区信誉卓著，于广西邕州、宜州的茶马互市十分兴盛，于是滇黔东南部达广西一线，再转杭州的驿道也畅通起来。

公元1253年，蒙古骑兵由忽必烈等率领，从川西分三路插入云南，灭掉大理国，进而征服南宋，进一步打通了西南通往各地的道路，并在原驿站的基础上设置了驿传"站赤"，多条主驿道四通八达，效率也大为提高，大大促进了西南的交通，使西南的驿道运输发生了历史性变化。而元王朝与西藏特殊且密切的关系，无疑大大加强了川、滇地区与青藏的联系。

明代朱元璋后辈用心经营川、滇、黔地区，西南驿道更有所发展，官方不仅大量移民入黔、滇，而且开筑道路、广置驿传，并以民户或兵士为驿铺夫役，屯田自给，终身服役。许多交通要道上的驿站逐渐人烟繁衍，辐辏而成村镇。至今黔、滇各地还有不少地方以当年驿、铺、堡、哨为地名。因藏民族对茶叶的渴求、明王朝对战马的需求，两地间的茶马赠予和互市已经展开，道路已然成熟。

明成祖永乐十一年颁封给止贡噶举领真巴儿吉坚的封王金印

清代西南驿制基本沿袭元明，只是更为完备，在人口和经济总量急剧增长的情况下，加之铜、锡、茶等物产的开采运输，驿运进入了鼎盛时期，并与交通四川、西藏的道路形成了整体网络，且有一些相关的人群在这些道路上落脚安家，促进了道路以及周边地区的开发和繁荣。川西、藏东方面亦如是。茶马古道的开通和畅行，其实都与西南地区作为边疆的开发拓展分不开，是西南作为边疆发展的绝好缩影。茶马古道作为大西南地区自古以来联接地域经济文化、打通对外交流途径的道路，起到了相当重要的作用。

我一直在想，2000多年前西汉时的张骞出使西域时，在那儿意外看到产自中国蜀地的蜀布、邛竹杖等，那会是一种怎样的惊讶？他据其实地见闻，提出：在陆路交通方面，除了从敦煌至哈密，由天山南北两路达葱岭、大月氏、大夏等地这一通道外，在西南还存在另一条对外交通途径。在张骞出使西域以前，印度同大夏之间早已存在一条通商之道，而这条通道又便捷、直接地同四川、四川西部（原西康一带）、云南，以及西藏的通道相连。于是，雄才大略，个性豪强的汉武帝在北击匈奴后，于公元前109年、前105年两次用兵云南，试图征服阻挠他实施交通印度计划的昆明夷，洱海一带也随之归顺。汉武帝在这一带建立了四个郡统治。汉明帝永平十二年（69），在该地域设立永昌郡，于是，东汉的统治区域几乎包括了今天的四川西南及云南省全境，南接缅甸、西邻西藏、北通巴蜀、东联滇越。至于中国西南地区相通印度，是经过缅甸，还是经过吐蕃西藏，我以为两条途径都存在，可能因为时势不同而有所偏重。直至近现代，这两条道路的交通也都存在，有的商人走缅甸，有的走西藏；有时走缅甸，有时又走西藏。

汉代开西南夷，在西南的四川、云南等地区设置郡县，主要目的就在于寻找对外交通的通道，转而进入西域。随着汉朝的逐渐衰落,汉武帝寻求打通的直接通往印度的道路并未成形。但这并不意味着直接交通印度的道路不存在。官道不通,民间的商贸照样在进行,从印度经由藏地到达蜀川滇地区,或者反向过来,很可能不只存在南北向的沟通,而且早已存在东西向的横向交流。唐时,樊绰在其《蛮书》或称《云南志》中就提到过由滇入吐蕃的道路:"大雪山在永昌西北。从腾冲过宝山城,又过金宝城以北大赕,周回百余里,悉皆野蛮,无君长也。……三面皆是大雪山,其高处造天。往往有吐蕃至赕货易,云此山有路,去赞普牙帐不远。"又说:"永昌城古哀牢地,在玷苍山西六日程。西北去广荡城六十日程,广荡城接吐蕃界。隔候雪山西边大洞川……"虽然这些历史记载和相关论述还没有提到与茶与藏地相关的交换贸易,但这些交往无疑是后来茶马古道的先声和基础。由此可见西藏与云南之间早有贸易往来,以后随着茶文化的兴起和大范围普及,这条通往雪域藏地的道路便成了名副其实的茶马古道。

也许,自从人类文明刚刚发端,人类开始学会了使用双腿,并在横断山区和青藏高原之间来来往往,茶马古道便开始形成?

三、人背马驮走出的古道

及至汉地由南而北兴起饮茶习俗和茶文化,藏地广大以肉食乳饮为主的贵族和农牧民了解到茶叶的好处,并产生了对茶叶的资源性需求,茶马古道在上述古文明通道的基础上逐渐形成并完善起来,就完全是应运而生的事情。

绘制于清代的西藏全境地图，载于《西藏图考》副本

只要有需求，就一定会有满足这一需求的路径。人毕竟主要是经济动物。于是过去的古文明通道逐渐为经济交流道路所替代，茶马古道也就水到渠成。

当年人们冒死来往于茶马古道，主要是为了贸易获利。人们为了生存，为了发展，总得进行相应的贸易交流，这是任何自然或人为的因素都阻挡不了的。为了生存，为了丰厚的经济回报，商人们

（左）西藏带有本教左旋"卐"字符的彩陶

（右）甘肃马家窑文化彩陶
甘肃省博物馆

不惜以生命为代价,与恶劣的自然环境作卓绝的抗争,翻越千山万水,年复一年不辞辛劳地往来供需各地,就形成了世所罕见的茶马古道。正如著名史诗《格萨尔王传》中所录藏族古谚唱的:"来往汉藏两地的牦牛,背上什么东西也不愿驮,但遇贸易有利,就连性命也顾不得。"就是这千千万万马帮商人抛家别子,风餐露宿,常常逾年不归的来来往往,从一个山谷到又一个山谷,从一个村寨到另一个村寨,一步一步踏出了一条山道,终于流淌成各地间相互沟通的生命大动脉,成为横断山脉与青藏高原的联系纽带,成为汉藏交往的主渠道,成为中国与外面世界沟通的又一条通道。

西藏阿里故如甲木古墓出土(2012)的"王侯"汉字丝织品,时代相当于汉晋时期;同纹样的丝绸在新疆也有发现

过去,我们对经济需求对人的行为所产生的巨大推动力认识得太不够了。在民间,这样的相互交流要比官方记载或人们所想象的丰富得多。

除商业贸易的渊源外,茶马古道的诞生和形成还与宗教活动有关。

一些藏族人民常常不远千里磕长头到圣地朝拜

青藏高原是一片神秘而又令人不可思议的土地。生活在那里的人们在任何时候、在任何地方,都在倾听和

关注着一个与现实世界完全不同的另一个世界。在他们看来,现世的一切,无非是向来世的一个过渡,是为来世所做的一种付出和准备,是为了到达到西方乐土或进入香巴拉的一种无条件的努力。随着印度佛僧以及虔信佛教的唐文成公主进入藏地,佛教与藏族原始宗教本教相互融合,成为颇具特色的藏传佛教,进而成为整个藏地全民信仰的宗教。

而在西藏及其相邻地区,广大藏族人民和其他藏传佛教信徒一直保持着朝拜神山圣湖、到各处圣地转经的习俗。大家把这些朝圣转经者称为"觉巴"。到一定的时候,成千上万的觉巴们就携带着简单的行李,徒步穿越藏地旅行,去拜谒圣城、寺庙和传说中由于某种原因而被认可的神山圣地。没有朝山转经的人,被认为死后不能超度苦海。我甚至见过不到10岁的小孩子,怀里揣一袋糌粑和一二十块钱,就悄悄跑出家来前往拉萨。

转山朝圣者通常就成为茶马古道上的交换商品者

随着强大的吐蕃势力向东和东南扩张,佛教也大规模深入这一地区,通过藏传佛教在滇西北和西康地区的传播,进一步促进了丽江纳西族、大理白族和康区藏族的经济及文化交流,增进了几个民族之间的友谊。信徒香客们常常在横断山脉和青藏高原之间来来往往,藏客们也因之形成。有些走过茶马古道的老人就认为,云南丽江和四川康定之所以出现来往藏地的"藏客",形成两地间经济文化的密切交往,从而形成茶马古道,跟转经朝圣的人有密切关系。

由于历史上的种种渊源关系,不仅康区的藏传佛教信徒争相到卫藏和后藏地区朝圣,藏地的民众也常常成群结队从遥远的康藏高原来到丽江,朝拜那里的文峰寺等喇嘛寺,然后再到大理朝拜著名的佛教圣地鸡足山,以及剑川的石宝山。藏族人民把这种艰苦而又必须的行程叫"敢朗觉",也就是我们所说的"转经"。他们有的靠沿途乞食完成自己的夙愿;有的带一些自己家乡的土特产,一路交换作为盘缠,回去时又买一些生活必需的茶叶等带走。这无疑启发了内地的生意人。为什么不能把生意做到他们那儿去呢?这里的东西带到那里可以卖到好价钱,那里的东西带回来也很好卖,这样的生意为什么不做呢?于是,便有了来往的"藏客",便有了"茶马古道"。

神圣和世俗有时候的确分不开。

云南剑川石宝山石窟阴刻披毡外国僧人像

唐蕃甥舅会盟碑

茶马古道就是这么一条既浸透着浓厚的宗教色彩，又充溢着浓重商业气息的道路。

就这样，由于广大民众的需要，加上统治者的提倡，形成了茶叶的大量运输贸易，并在汉藏边缘形成茶马互市的市镇且连接成线，茶马互市及其山货特产贸易这样一种资源互补配置，造就了茶马古道。也由于弥漫于藏地及相关地区浓重的宗教氛围，特别是藏传佛教的朝圣活动，形成了古道上人流和物流的大量交往。而这种交往必然带来相应的其他文化的传播和相互影响。更由于行进在茶马古道上的马帮这种极特殊的载体，它们能渗透到所有有人烟的地方，并与当地民众发生密切的联系，使得茶马古道逐渐形成了联系沿途各地区政治、经济、文化的纽带。

但由于茶马古道不可思议的艰难险阻和遥远漫长，这条古道被人们忽略忘却。古道在静默中浸透各种神秘苍茫，数千年的岁月积淀下无与伦比的文化宝藏，期待着人们去发现它那无尽的奥秘。

第二章
茶叶千年入西藏

每年春季，一旦冰雪消融，青草长出，大批的马帮即行出发，穿越横断山脉前往青藏高原。由于他们的出现，商业的潮流，从川西的雅安诸县，从云南南部的茶山开始，经过整个横断山脉，一直流淌漫延到西藏腹地喜马拉雅深处，乃至南亚次大陆。这股潮流所及之地，形成了交流的道路，将商品的产出地与消费地长程联系在一起，不仅直接促成两端商品市场的形成和发展，亦产生了各种各样的影响。尽管横断山脉区域的气候、环境和文化与青藏高原有所不同，但两个区域本来就有着自然的联系，千百年来人类在此更进行着持久不断的接触交往，形成了十分独特而奇异的交流网络。

　　当这些商旅不辞艰险到达拉萨时，拜谒上层喇嘛和贵族的最好礼物，当然非茶叶莫属。一般的农牧民众，更期待以自己的产出，去换取每日必需而当地却无法生长的茶叶。俄国学者阿纳托利·哈扎诺夫在其所著《游牧人群与外在世界》里就阐述了这样的观点：

游牧是一种不能自给自足的经济生产模式,因此游牧社会人群与外在世界有各种的互动模式,以获得外来资源。青藏高原虽不纯然属于游牧社会,大部分人群采取半农半牧的生产方式,但由于高原的特殊地理环境和气候,他们同样难以自给自足,他们必须以各种互动方式获得外来资源,如经由茶马古道和茶马互市来获得必需的茶。据藏族作家唯色记述,她那从小生活在拉萨的母亲一直记得,用刀子将马帮千里迢迢运来的包装茶叶的牛皮口袋割开,被久捂着的茶叶的清香之气立即扑鼻而来,里面就是藏族人"嗜此如命"、每天必打酥油茶喝上三四十碗的茶叶。这在产地很普通的东西,在青藏高原则成为贵重之物和每天日常生活的必需品。人不可能仅仅靠祈祷和思想活着。人实际上也是由他吃喝的东西决定的。藏族生活必需的茶,就决定了他们以及与他们相关的人群。

从唐代始,藏民族就饮茶成风,从早到晚不断,酥油茶成为藏文化中不可或缺的一宝

一、汉藏茶饮与茶马互市

中国是毋庸置疑的茶的故乡。正如丝绸、瓷器，茶也是中华文明的代表之一。中华汉地的植茶、制茶和饮茶之风源远流长。在唐朝开元以后，中原内地的人们已经"人自怀挟，到处煮饮，从此转相仿效，遂成风俗。"而且"自邹、鲁、沧、棣至京邑城市，多开店铺，煎茶卖之，不问道俗，投钱取饮。其茶自江淮而来，舟车相继，所在山积，色额甚多。"更显著的是，茶叶和饮茶之风已"始自中地，流于塞外"。此时，陆羽所著的《茶经》已经面世，对逐渐形成的茶文化进行了精彩总结，并建立了体系，陆羽也因此被后世奉为茶圣，至今仍在产茶和销茶的地方享受供奉。

茶圣陆羽塑像

而且，南方的茶和北方的酪后来合为一体，成为蒙古人至爱的奶茶、藏族人民至爱的酥油茶。这是名副其实的茶乳交融。

从纪元起至7世纪，生息于雅鲁藏布江流域的古代藏族逐渐兴起，向北发展到青海、甘肃，向东发展的一支，沿雅鲁藏布江到了喜马拉雅山南麓和横断山脉区域的四川西部、云南西北部，有的甚至达到了缅甸北部，已很接近产茶的地区，这样他们自然就与汉族和其他少数民族发生联系，云南和蜀川乃至中土汉地的茶叶因此而进入青藏就是很自然的事情。到公元7世纪松赞干布统一吐蕃，641年文成公主进藏，藏族已经全面与汉族等来往密切，他们接触到汉地的茶叶已不是什么难事。有人甚至认为文成公主进藏的嫁妆什物，其中就有茶叶，但不见记载。

最早有藏史记载的是：吐蕃初无茶，松赞干布的曾孙都松芒波杰赞普（704—754）久病不愈，闻茶叶可以治病，遂遣人赴内地寻取。后一忠心大臣在一座浓密的汉地森林中找到茶叶，此人自背一部分茶叶，又让鹿驮了一驮茶，返回吐蕃献给赞普，赞普饮罢茶水，随即病愈，于是吐蕃乃有饮茶之俗。另据李肇的《唐国史补》载："常鲁公使西蕃，烹茶帐中，赞普问曰：'此为何物？'鲁公曰：'涤烦疗渴，所谓茶也。'赞普曰：'我此亦有。'遂命出之，以手指曰：'此寿州者，此锦州者，此顾渚者，此蕲门者，此昌明者，此灉湖者。'"常鲁公使西蕃是在公元781年。可见，唐时许多内地名茶，包括湖南、湖北、安徽、江西和江浙等地的茶，已经传入西藏，只不过藏人养成喝茶的习惯稍晚于中国内地，而且先从上层王公贵族开始接受。

当时唐朝的茶业如何呢？大史家许倬云先生说："唐代种茶与制茶都成专业技术，剑南、江南遍处有名茶为特产，制茶作坊已成专业，脱离了农舍做茶。茶的种类繁多，也有集中的茶市，白居易的著名诗篇《琵琶行》，提到浔阳的茶商，离家前往浮梁买茶，数月不得归来：'暮去朝来颜色故……老大嫁作商人妇。商人重利轻别离，

茶叶是以肉食乳饮为主的藏民族的日常生活必需品，是藏文化的主要元素之一

前月浮梁买茶去。去来江口守空船……'茶作为有价值的商品，销行数量也大，唐代政府竟可在出茶州县及运茶要路口，收取茶税，每十税一。据《新唐书·食货志四》贞元九年开征茶税，一年可得税钱四十万缗，可知当年茶的销售量，有至少四百万缗的价值。"而且唐代的贸易交通，已形成相当完备的网络："在这一庞大网络上，人货移动，转输各地，为市场交流提供良好的条件。配合交通网络，驿站及民间的旅邸客舍设施完备，甚至有出租的赁驴。……人客远程旅行，非常方便，货物流转，自然可以畅通。"著名经济史家傅筑夫先生也指出："特别是茶成为唐代的一种新商品，是最好的贩运对象，故足迹遍天下的商贾，十之八九都是茶商。"傅先生在此所言的"天下"，当包括青藏高原的吐蕃在内，占到唐朝商贾绝大多数的茶商，势必已将茶叶贩入藏地。2006年，世居四川甘孜州泸定县兴隆镇沈村，明、清沈边土司后人余启仁先生，公布了一张立于明代万历四十五年（1617）的为解决争夺边茶商贸中心的合约，人称《万历合约》。这份以沈边土司余景冬为首，有25人参与，盖有五枚印章的合约，一开始就写道："立约新官余景冬交冷、沈耆宿一十三枝。切缘

藏传佛教寺庙厨房的主要功能就是打酥油茶

西域易茶始自唐时,蛮客(藏商)惟知冷、沈投落买茶,历年无异……"明代的官民耆宿已认定与藏人易茶始自唐时,而且藏人落脚交易地点历来就在大渡河畔的冷碛和沈村。由此可见,与大唐以战争、通婚和亲,以及贸易等各种方式交往了两三百年的吐蕃,得到中华各地所产茶叶,实为情势中事。在藏文史籍《藏汉史集》之《甘露子海》篇中,又曾以大量篇幅,对产于内地的16种茶叶的特点和优劣,以及食用方法和医疗功效,作了详尽的描述和介绍。这一方面可看出

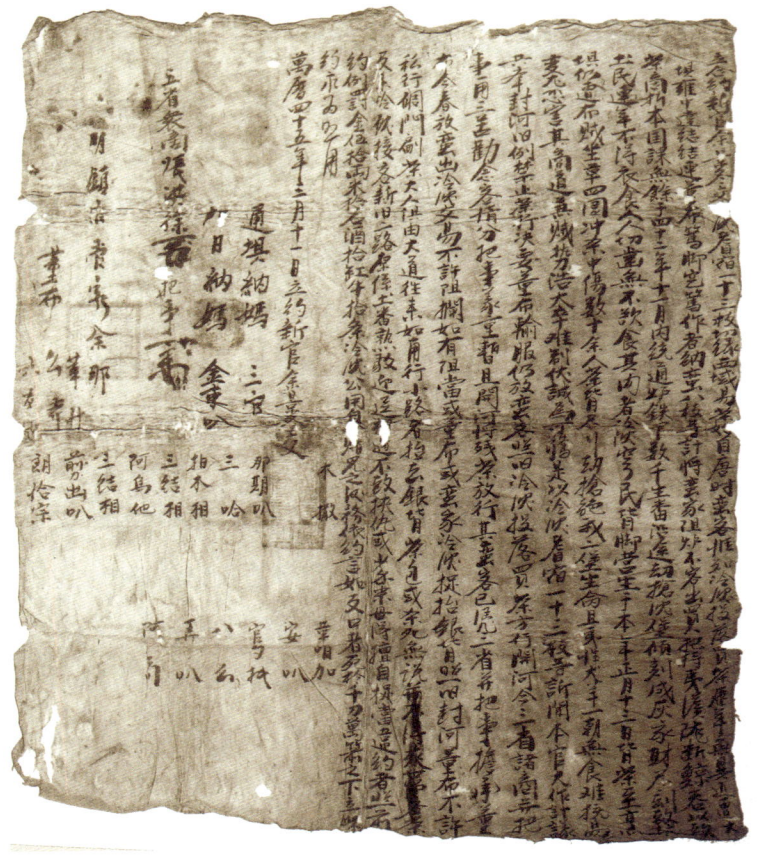

在四川泸定沈村发现的明万历年间签署的茶马互市合约

茶叶对藏族的重要，他们已很熟知茶叶的特点和功效；另一方面也显示出汉藏间的交流已达到很深层的地步。

在传说故事里，茶出现在西藏就更早。有这样一个著名故事——与藏王松赞干布同时代的吞弥桑布扎，胸怀创制藏文的雄心大志，到文明古邦印度整整游学7年，返藏后殚精竭虑、潜心钻研，终于先拼出了30个辅音字母，因为有一些藏语发音不能由梵语现成照搬，其中有六个字母就得益于与一位路人的实际对话："你从哪里来？""我从象雄来。""你去哪里？""去萨霍尔。""因何而去？""去买茶。""何时返回？""不一定。"就是这段问答令吞弥桑布扎顿悟，因为路人回答的每一个关键词里，都有他需要的语音元素，由此便在转借而来的符号中有了6个新添的字母。那人是为了买茶才上路的，松赞干布时的"萨霍尔"，应该已有茶市。

到唐末宋初，高原上的藏族已普遍饮茶，形成饮茶习俗。必须指出的是，藏文里的"茶"就直接借自于汉文的

打酥油茶　孙明经摄于1939年

"槚"，至今藏语"茶"的发音仍同于唐代汉人所称茶的"槚"（jia），而且，藏语里把汉人称为"甲米"（jia-mi），把汉地称为"甲拉"（jiala）。米就是人，拉就是地，也就是说，对藏人而言，汉人就是茶人，汉地就是产茶地。

藏族用茶风采独特，对茶的需求量世所难匹。酥油茶可以说是

生活在高海拔地区的藏族的一大发明，是藏族人一天都离不开的主要饮食。不管世界各地的人们如何喜爱喝茶，也不管他们如何喝茶，都远远不及藏族人对茶叶的渴求。

跟汉地饮茶不同。酥油茶的制作方法，是将来自内地的紧茶（如砖茶、沱茶类）弄下一块放入锅中，久熬成浓汁，把所熬茶汁倒进木制的酥油茶筒，再加入酥油、盐及其他香料，用一带叶片的"搅棒"在茶筒中上下抽动，使其水乳交融，然后用一竹篦子滤进木茶碗就可饮用。

理塘长青春科尔寺直径近达2米的煮茶大锅

老嘉黎寺过去煮茶的大铜锅

如果是在野外放牧或行走于路途，打酥油茶就没有如此讲究，一般是将水在一便携的铜壶里烧开，放入茶叶和酥油，用小木棍搅动，再倒入茶碗即可饮用。寺院则用大铜锅煮水，以哈达等包裹茶叶煮熬酥油茶。过去每座寺院都备有巨大的熬茶铜锅，以供应僧众饮用。饮用酥油茶能产生大量的热量，并能提供多种维生素和微量元素，甚至能避免嘴唇干裂。因为藏族居住在高海拔地区，多食肉和乳制品，以及燥热的青稞炒面——糌粑，没有茶不行，于是酥油茶成为其主要饮食，从早至晚，几乎茶碗不离手，每天一人总要饮上十多碗酥油茶，才觉得浑身舒坦有劲，要吃主食糌粑，也必得酥油茶相拌。即使上山放牧和远途

拉萨色拉寺的熬茶大锅,其中一只内有藏文铭文:非凡享受之聚集,渊源无尽之宝藏

旅行,也是怀揣茶碗,随时随地打酥油茶饮用。接待尊贵的宾客,哈达、檀香、藏香、酥油茶是四宝,缺一不可。这种饮茶的特殊习惯构成了高原藏族的一大文化特色。

茶叶一经传入藏地,因它富含高原人们需求的多种维生素和微量元素,它所具有的助消化、解油腻的特殊功能,迅速使它成为以肉食乳饮为主的藏族人民的生活必需品。从接触到内地的茶起,上自王公贵人,下至平民百姓,藏民族饮茶成风,嗜茶成性,纷纷争相竞求。到唐末宋初,藏民族已普遍饮茶,形成了对茶叶的强烈依赖,藏族民众历来有"宁可三日无粮,不可一日无茶"的说法。这也正如任乃强先生所言:"吐蕃崩溃后,部落数千家,小者百余户,各有酋长,不相统属。内受佛教僧伽之化导,人心宁谧;外因邻接诸国之衰乱,不相侵扰。边境安靖,阅400年。惟其时中夏需马,蕃人嗜茶,互通有无,商业勃兴。茶马市易,成为西陲第一要政。"

在茶马古道一线,最大宗最好卖的货物就是茶叶。藏地的寺院一打酥油茶就是一大锅一大锅的,一天从早喝到晚,茶的消耗量特别大。有些寺院动辄几千人,一天不知要喝掉多少茶。据说茶叶所具有的醒脑安神功能,有助于僧侣们念经修行。2012年,拉萨格鲁派三大寺之一的色拉寺整修,将昔日的煮茶大铜锅抬置大殿外,我意外在其中一口大锅的内侧,发现了一段藏文铭文,经曾在西藏社科院工作过的索朗顿珠活佛翻译,大意为:非凡享受之聚集,渊源无尽之宝藏。可见在藏传佛教僧侣和藏族心目中,茶叶有多么珍贵!在藏地,茶叶最大的买主就是寺院。这亦为茶马古道贸易的一个很突出的特色——遍布茶马古道沿途各地区的藏传佛教寺庙成为藏地最大的"商贸公司",寺院派出得力僧人去做生意;它还起到"银行"的作用,因而寺院也是茶叶的集散中心和最大的消费点,大量终日念经修行的僧侣是一大消费群体。再加上数百万嗜茶成性的藏族民众,对茶叶的需求量之大可想而知。

四川甘孜州藏族作家亮炯·朗萨就录有一首流传久远的康藏南路的民歌,真实生动地再现了茶叶产地和汉藏间茶马互市的情景:

老嘉黎寺里供佛的沱茶和砖茶

老嘉黎寺煮茶铜锅上镶嵌的银币

茶叶最先出在哪里?
最先出在东边汉地。
三个汉族子孙种的茶,
三个汉族姑娘采的茶。
雪白铜锅烘出来的茶,
商人洛布桑批买来的茶。
骏马和皮毛药材换来的茶,
驮夫翁塔桑穆驮来的茶。
渡过大江小河的茶,
翻过高山峻岭的茶。
……

不仅茶成为藏族民众的必需品,藏地的马也已成为汉地需求的战略物资。关于文成公主进藏,《新唐书·吐蕃传》里就有"因请蚕种及造酒、碾硙、纸、墨之匠,并许马"的记载。由于自然条件等原因,中原内地很少饲养牛羊,更不要说马。珍贵紧缺的土地必须用来养活人,哪有空阔的地盘来养马?况且南方气候湿热,也不宜养马。所以汉地长期处于打仗缺马的窘境。一地产茶,一地需茶,一地有马,一地要马,于是联系两地

丽江石鼓镇一处木雕门上
的吉祥宝马形象

之间的茶马古道便应运而生。这正如丝绸之于丝绸之路。某一"物"的发现与需求，往往致使人们组成商队，翻越万水千山，年复一年不辞辛劳地往来各地，形成道路。由于往来人众，这些交通道路逐渐就成为联系各地政治、经济、文化的纽带。

唐代，中原内地还主要靠卖丝买马，而到宋时，茶马互市已经成为汉藏间的一件大事。分崩离析后的吐蕃对中原内地已不构成任何威胁，相反还成了中原的大后方，他们不仅在西北一带成为宋与西夏间的屏障，而且还负责向宋廷输送好马，因为宋朝在北方的死对头辽和金，都严禁向宋朝输出马匹。到公元1038年，西夏李元昊称帝，宋朝与之开战，互市贸易断绝，输出西北的"西路茶"受阻，于是宋朝的战马来源就只能寄托于西南的吐蕃故地和大理国。陆游就有诗曰："国家一从失西陲，年年买马西南夷"，宋遂开黎、雅和广西邕州横山等市，并建茶马司，以茶易马成为宋的国策。明人谈修在《滴露漫录》中就说："茶之为物，西戎、吐蕃古今皆仰食之，以腥肉之食，非茶不消；青稞之热，非茶不解。是山林草木之叶，而关国家之大经。"因内敛孱弱的宋朝版图比较狭小，远离产马的游牧地区，特别是南渡偏安之后，国防上急切需要马匹，产马地区又多非自己所辖，只有在西北跟藏族，后来是在西南地区，跟藏族等少数民族换马。以茶易马由此形成制度。如果没有茶马互市，没有茶马古道，宋王朝根本不可能维系那么久长，尤其偏安江南后，还能苟延残喘150年，实与藏族等少数民族对其支援分不开。也难怪蒙古人灭宋，非经由川西、云南包抄不可，这样切断了南宋的供给生命线，才彻底端了赵宋王朝。

宋王朝对茶实行统购统销的官卖制度，甚至由官方自种自焙，在内地是卖给老百姓，在边疆则用以换马，这就是所谓的"榷茶制度"。"榷"，原意是指只通行一人的独木桥，在这里就指官方专卖。"川陕民茶，尽卖入官，更严禁私行交易，全蜀茶尽榷。"各地茶马司的职权已在诸司之上，而且诸道茶场渐增，到元丰八年（1085），蜀道卖茶场就有41处，京西路金州（今陕西安康县）有茶场6处，陕西的卖茶场有332处。"榷茶"出现种种弊端问题后，宋王朝就大更茶法，改为茶引制度，发放茶引给茶商，一引可市茶100斤，茶马互市由官方的统购统销转换为官方控制民间贸易，进一步促进了茶马互市，从而促使茶叶产量大幅度增长，仅川茶的年产量，最高时有3000余万斤之巨，占到当时全国茶叶产量的一多半。宋人黄庭坚诗曰："蜀茶总入诸蕃市，胡马常从万里来。"说的就是作为茶马互市交通道路的茶马古道日益繁忙的景象。据王辅仁、索文清先生所著《藏族史要》记载，当时宋王朝每年以茶叶交换的战马达两万余匹，仅官府因此向藏地输送的茶叶有百余万斤。

及至忽必烈由川西奔袭大理国，进而包抄灭了南宋，建立了庞大的元帝国和更加完善的驿道系统，进一步打通并完善了西南、西北各地间的道路，不仅正式将藏族地区归入中央行政体系，而且加强了各民族间的联系。忽必烈曾匠心独运地在中央政府内特地成立了一个跟中书省、枢密院和御史台完全平级的机关——释教总制院（后更名为宣政院），以藏族帝师领院事，直接管辖吐蕃军民事务，推行政令于吐蕃势力所到达的所有地域，军政、民政、财政尽在掌握之中。这一行政体系虽具有不同于内地的特点，但已将吐蕃完全纳入了中央直接管理之下的全国行政制度内，奠定了后来明清两朝在藏族地区的政治格局。元朝是马背上得天下的王朝，它并不缺马，

藏族造像里的宝马

在其不足百年的统治时期里,就少有茶马互市的记载,但由于政治和宗教的密切关系,以及交通驿运的建立,两地间的物资交流应更为畅达。

明代,封闭内敛的明王朝像宋王朝一样战马稀缺,于是西部地区的茶马互市又有空前发展。佟柱臣先生就指出,明朝吐蕃与内地在经济上有着密切联系,"明王朝更从雅州到乌斯藏修筑了驿路,使内地到乌斯藏直接有了交通往来。"明人王庭相进一步发挥了宋人对茶叶在边疆民族地区的重要作用之认识:"蜀中有至细之物而寓莫大之用,君子不可以轻视之者,茶是也。五谷饔飧非不美也,食牛羊乳酪者则不以为急;布帛帷帐非不丽也,御穹庐毡裘者则不以为重。茶之为物,西戎、吐蕃自古皆仰给之。以其腥肉之食,非茶不消;青稞之热,非茶不解,故不能不赖于此。是则山林草木之叶而关系国家政理之大,经国君子故不可不以为重而议处之也。"明代四川巡抚严清就清楚地认识到："腹地有茶，汉人或可无茶；边地无茶，番人或不可无茶。先此议茶法者曰：'茶乃番人之命。'"马政都御史杨一清说得更露骨："以马为科差，以茶为酬价，使之远夷皆臣民，不敢背叛。如不得茶，则病且死，以是羁縻，实胜于数万甲兵。"

还在明初，太祖朱元璋就特别关注"西番"（指自陕西及四川、云南西徼外各民族）驯养的马匹，因为他"起江右，所急惟马，因设茶马司，与吐蕃互市"，马是帝国军事力量的重要资源："以西番产马，与之互市，马至渐多"，但西番"其所用之货与中国异，自更钞法后，马至者少"，朱元璋"患之"，于是"八年五月命中官赵成赍罗绮、绫绢并巴茶往河州市之，马稍集，率厚其值以偿。成又宣谕德意，番人感悦，相率诣阙谢恩。山后归德等州西番诸部落皆以马来市"。"且多置茶课司，番人得以马易茶。而部族之长，亦许其岁时朝贡，自通名号于天子。彼势既分，又动于利，不敢为恶"。另据《明史·食货志》记载，茶马互市，"其通道有二：一出河州，一出碉门。运茶五千万余斤，获马万三千八百匹"。河州在今甘肃临夏，碉门在今四川天全。其实有明一朝，自明初洪武年间至明后期万历年间，官府设的茶马司有增无减，从最初设于洮州（甘肃临潭）、秦州（甘肃天水）、河州（甘肃临夏），到西宁、甘州、岷州、庄浪，加上四川的雅州（雅安）、碉门（天全），近有屈指之数，跟宋代的市舶司有得一比，尽管其行政级别要低一些。

安多、康区的地理环境适宜产马，而且与内地汉族地区地域相连，自古便是汉藏茶马贸易之走廊地带，在整个明代的汉藏贸易中，这一区域的茶马贸易就占据重要地位和优势。

明末，云南进行了 17 年的抗清斗争，因战乱，对藏族的茶叶供应少了，后来一俟清兵入滇，藏族立刻要求恢复茶马贸易。于是，在平西王吴三桂的主持下，大规模的茶马互市就此展开。据刘健《庭闻录》记载："(顺治十七年)三月朔，北胜边外达赖喇嘛、干都台吉，以云南平定，遣使邓几墨、勒根赍方物及西番蒙古译文四通入贺。求于北胜州互市茶马。"可见藏族对茶叶的需要是多么迫切，更可见经济的市场交换网络不能长期断裂，资源的转输是由供求关系决定的。《清史稿》也记载："顺治初元，定茶马事例。……十八年，从达赖喇嘛及根都台吉请，于云南北胜州以马易茶。康熙四年，遂裁陕西苑马各监，开茶马市于北胜州。"北胜州即今云南丽江永胜。

自清代乾隆后及民国年间，茶马互市逐渐名存实亡，因为清王朝已完全控制西北的主要产马区，并在东北建了大规模养马场，而且随着近现代火器的使用和现代运输工具的出现，冷兵器时代马匹的重要性日益减少。但没有丝毫改变的是，藏族对茶叶的需求，以及迅速增长的人口对各种药材和土杂等的需求。茶叶入藏仍在进行，而且随着清政府对藏地控制的加强而增强。无论在川在滇，还有川西北经陕西、甘肃到青海藏地，茶马古道在继续运行，甚至达到前所未有的高峰时期。

二、普洱茶与滇藏茶马古道

中国西南是世界上茶树的最早原产地，是山茶科植物的故乡，也是人类较早饮用茶并培植茶树的地方，是公认的茶文化发源地之一。

云南镇沅县千家寨据称2700余年树龄的野生茶树,树高25.6米,胸围2.82米,根径1.2米

清代易武茶案断案碑

在云南境内的澜沧江流域,既未遭受过上更新世大冰期的侵袭,大部分地区也躲过了中更新世两次冰期的袭击,因而许多古老植物树种,包括茶树,得以保存下来。这一地区以植物王国闻名于世,至今仍有着山高、湿热、雾大的地理气候优势,特别宜于茶叶生长,也就是人们所谓的"高山云雾出名茶"。1949年以来,人们先后在西双版纳州勐海县南糯山、巴达山,景洪市基诺山,以及勐腊县易武、象明、倚邦山区,还有普洱市山区,大理云县白莺山区以及临沧市的勐库山区,发现了一批野生和栽

2016年仍存活的易武800年茶王树　　位于云南景东县垭口大寨的家培型千年古茶树

培的大茶树，当地人称之为"茶王树"，树龄在八百年以上，两三百年的茶树则成片成林。1980年在巴达发现的一株野生大茶树，初步鉴定树龄达1700年。1983年在勐腊县易武镇发现的人工栽培型古茶树，直径45厘米，树围120厘米，高近12米，叶长24厘米，初步鉴定树龄在1000年以上。在当地主体民族傣族的语言里，"勐"就是地区、部落的意思，"腊"就是茶，所以傣语里的"勐腊"，意思就是"茶叶之乡"，也就是说，勐腊向来是产茶的地方。

历史文献对哀牢山以南澜沧江两岸盛产茶叶早有记载。唐代樊绰的《蛮书》"云南管内物产卷七"载："茶出银生城界诸山，散收无采造法。蒙舍蛮以椒、姜、桂和烹而饮之。"银生城就是现今云南景东、景谷及其以南地区,蒙舍蛮应该就是世代生息于斯的布朗族、佤族、拉祜族,以及白族、彝族、哈尼族等少数民族。也就是说,1200多年前南诏时的银生、开南节度辖区内已产茶叶,而且当时当地少数民族的饮茶方法(以椒、姜、桂和烹而饮之),是古人烹茶饮茶的最早方式,现今白族的三道茶即同出一辙,与有些藏地的酥油茶做法也有相似之处。侗族的油茶,客家人的擂茶,至今也还保留有古人烹茶的遗风。

当年普洱茶古六大茶山倚邦老街上古茶庄建筑的石柱础

在没有文字的布朗、拉祜等民族的古老传说里,就有他们的祖先如何发现茶叶、如何使用茶叶的动人故事。景洪县格朗和乡的哈尼族僾伲人关于茶叶起源的说法就与布朗族的传说相似。据说他们的祖先当年打到老虎烤吃,吃过后浑身发热、口干舌燥,晚上就在火上架上土锅烧水喝,忽然刮起一阵大风,吹落的一些树叶子掉在开水锅里,没想到一喝那无意中煮了树叶的水,格外甘甜、解渴、消火。那树叶就是茶叶,他们从此也就知道煮茶、饮茶了。这种口传历史应该比文字历史悠久。时至今日，布朗等民族，仍将茶树作为必不可少的陪嫁物，可见茶在其生活里的渊源和重要。

《普洱府志》载，云南一些少数民族最早在汉代就已栽培茶树，而大叶子普洱茶，于唐天宝年间就在澜沧江两岸大量种植。普洱茶苦中回甜，在当时就闻名于世。宋代，在今宁洱县境内就已有"茶马"交易市场。到清代，"普洱茶名遍天下。味最酽，京师尤重之。"清人檀萃于1799年撰写的《滇海虞衡志》卷十一记载："普茶名重于天下，此滇之所以为产而资利赖者也，出普洱茶所属六茶山，……周八百里，入山作茶者数十万人，茶客收买，运于各处，每盈路，可谓大钱粮矣。"足见滇茶名重天下、产茶销茶的盛况。

普洱茶古六大茶山上留存下来的嘉庆年间茶人墓碑

作为茶叶原产地的云南向西向北冲破大江巨山的阻隔，把茶输送到藏地，其时间最迟不会晚于唐代，即西藏的吐蕃时期和云南的南诏时期。那时的吐蕃与南诏之间有着密切的政治、经济关系。不过，那时茶叶的交易量也许不大，更多可能是作为礼物来交换，后来我们称之为茶马古道的道路尚在孕育之中。

在传入西藏的茶叶中，云南特产的大叶种普洱茶，由于茶香浓郁，回味无穷，打出酥油茶来分外香醇，而且颜色极好，所以受到藏族人民的特别喜爱。1931年，曾在西双版纳从政并经营茶叶生意的李拂一先生在《西藏与车里之茶业贸易》一文中说："我记得有人这样说过：西藏所需茶叶，自来都是由川输入，近来被印度茶将销场夺去了。其实这种茶是由车里、猛海运去之普洱茶，真正印度产之茶叶，藏人是不欢迎的。"车里即今云南西双版纳景洪县。这些普洱茶是一些富有冒险精神的商人，自民国初年始，在云南勐海（当时称佛海）设号加工，从打洛口岸出境，经由缅甸景栋、仰光海运至印度加尔各答，再由陆路经由噶伦堡，翻越喜马拉雅山脉运入西藏的。

云南普洱茶的制作，一般是将茶叶采摘回来之后，用锅把青叶炒至凋萎，经过一段时间的晾晒，然后倒在簸箕中反复揉搓成条，再在日光下曝晒，或用火焙干，这样就成了粗制茶，也叫作散茶。在过去，茶庄将各个茶农的粗制散茶购入后，挑选加工，分别使用石制或木制模具，压造成圆形茶饼或方形茶砖。圆形茶饼称为圆茶，也叫紧茶、七子茶或筒茶，每饼圆圆的如同饼子，重为老秤半斤或八两（约400克），直径半尺左右，这样七饼茶为一筒，包上笋壳竹箬，用竹篾捆扎结实，印上茶号字样，是为筒茶。24筒为一担，约合现在的120斤，然后分装成两箩，便于骡马驮运。老茶带梗剁细蒸软，压成茶砖，只用于销往藏族聚居区。老茶根本无法冲泡茶水喝，却是打酥油茶的上好茶叶。

进入20世纪，大理喜洲商帮崛起，他们主要经营生丝、茶叶、大烟和矿产，后两者生意很不稳定，贯穿始终的是生丝和茶叶。曾富甲云南的喜洲帮"永昌祥"商号，就在大理凤庆、临沧猛库等地开辟茶场,制作"永昌祥"牌普洱茶,而且多以"下关沱茶"的形式面世,而销往藏地的茶叫"藏庄茶",用作销四川沱茶剩下的茶杆和茶面做成,颜色格外浓,味道苦涩,更有助于消化,并且热量高、营养丰富,正是打酥油茶的上好茶。据永昌祥后人杨克成先生20世纪60年代记述:"最值得注意的是沱茶在西藏的销场特别巩固,藏族喜欢云南沱茶远甚于四川的毛茶,甚至占世界茶叶市场优势的印度和锡兰茶在西藏都没有销路。"哪怕云南茶运程遥远,运费昂贵,藏族同胞宁愿吃云南茶。沱茶经揉制结成如锅底的中空的半圆块形状,既便于长途运输,也易于透气陈化,防止霉坏,每个重约十两。20世纪20年代以后,下关已成为云南沱茶制造业的中心。

我曾多次前往云南南部的产茶区。其中西双版纳景洪县基诺山颇具代表性。早在民国时期,就有人注意到:"攸乐是普洱六大茶山之一,而且是最有名最重要的一个。以前进贡皇室的普洱茶,就是这山上的出产。这里的茶树都是人工种植的,行与行间棵与棵间的距离都一定的,有些老茶树,据说已有几十岁,枝上披满绿色和灰色的地衣……"

过去乃至现在,当地人仍习惯将西双版纳基诺山称为"攸乐

云南基诺族在每年春茶采收前都要祭祀茶神树

基诺山上基诺族妇女在乔木茶树上采茶

山",将世代生息在攸乐山上的基诺族称为"攸乐人",许多人仍像他们祖辈一样,以采茶、制茶为生,只不过他们的茶叶不再是皇室贡品,而进入了海内外众多普通百姓家。

基诺山位于中国大陆西南部最南端的热带雨林山区,这里气候湿热,物产丰富,到处古木参天,河溪纵横,鸟兽成群,还有丛丛浓密的龙竹点缀其间,婆娑多姿。尽管基诺族在这里定居生息了非常久远的年代,但直到20世纪50年代,其进化发展的步伐,仍停留在刀耕火种的原始社会末期的农村公社阶段。进入80年代以后,基诺族的生产生活发生了极大的变化,但也有一些传统幸存下来,极富特色的茶文化就是其中最突出的。这里的古茶园面积很大，估计有两万亩之多，绵延几座大山都是，攸乐人世世代代以这些古茶树为生，乐此不疲。从攸乐山腹地的亚诺寨后上山，山坡上多是上百年树龄的老茶树，几乎每家都有几百株。古茶树夹杂在巨大的樟树、榕树、龙竹林间，完全与茂密的原始热带雨林融为一体，时时采纳着天地大气，刻刻汲取着万物精华，虽已有数百年树龄，但仍生命力旺盛、生机勃勃的样子，一棵棵枝叶茁壮，老树吐新芽，全然与现代文明的化肥、农药无涉，怪不得它们味道醇厚绵长、茶色沉着透亮，拥有那么多的爱好者……连曹雪芹的《红楼梦》、托尔斯泰的《战争与和平》，对普洱茶都有描述。

据云南省农科院茶叶研究所老所长蒋铨先生20世纪50年代调查考证，普洱茶古六大茶山最初的茶树生长远在三国以前，最初为濮人所栽，三国以后被当地原住民作为了商品，到南北朝时逐渐发展，唐、宋已形成茶叶商品基地，明洪武年间"六大茶山"被划为一个单独的行政区划，清中叶市场急剧扩大，大量移民涌入（包括四川人，云南石屏、楚雄人），发展茶树种植面积，茶叶远销四川、西藏、港澳和南洋各地，六大茶山所产的普洱茶蜚声中外。现在的布朗族等民族即由古代的濮人演化而来。基诺族虽属氐羌族系，但当他们的祖先于先秦以前的漫长岁月里由黄河中下游南迁至澜沧江两岸时，就与濮人杂居一处，学着种茶制茶饮茶完全是自然而然的事情。

基诺族还传说，孔明当年征战到这里（基诺山的最高峰就叫孔明山），撤兵时将他们丢落在此（他们因此亦称"丢落族"），为使他们以后的生活有依靠，孔明将手杖插入地下，说以后你们的生活就靠它了。后来手杖果然发出枝条，长出叶子，成为茶叶，于是攸乐人就多了一条生路。六大茶山一直流传着各种与孔明有关的传说，所以六大茶山的各族民众一直将孔明奉为茶神，一些年代久远的古茶树就被视为茶神树。历史上孔明并没到过思茅和版纳，但不能排除被打败的孟获"蛮兵"和受伤掉队的蜀兵流落散居滇南，他们可能从蜀人那里学到了种茶和制茶技术。现在六大茶山一带就分布有不少彝族，他们应是孟获的后裔无疑。

亚诺寨已经108岁的沙麦老人可以作证，在她还是小姑娘的时候，她已经在采摘攸乐山上那些老茶树的春芽了。他们自古以来即以茶叶为衣食住行的主要经济来源，不仅粮食、油、盐、布匹靠茶款购买，而且连盖房建屋、修路架桥也靠茶。

每年第一场春雨一下，他们就该准备上山采茶了。我到的时候时值开春，一年一度的采茶季节即将开始。按基诺族的传统习俗，每年开摘春茶前，都要由村寨长老带领村民举行祭祀"茶神树"的仪式。我们跟随祭祀队伍上山，很快就淹没在原始丛林里。山路小径两侧，都是成片成林的古茶树。终于到了"茶神树"处，那是一株直径三四十厘米，高约三四米的老茶树，树龄当有五六百年的样子。周围还有一些两三百年的老茶树。人们围住茶神树，由寨中长老操持，先敲几个鸡蛋，将蛋清和蛋黄淋在树干上，再将一只公鸡的脖子割开，将鲜血淋在茶神树上，又淋至周边大小茶树上，长老嘴里不停地喊着："茶神啊！我们给你送鸡、送鸡蛋来了，你吃你享用吧！请多多发出青芽，请不要让那些乱七八糟的虫来吃，保佑我们茶叶丰收、生活富足……"

祭祀完毕，女人们就纷纷爬到茶树上采摘刚发出的青芽。以前我就注意到攸乐人无论男女，出门都习惯挎一只大大的土布织就的包，现在才发现它们的妙处——它既可携带上山在外的饭食，又可以轻松容纳劳动所得，挎着它爬到大茶树上采茶，一点都不碍事。

这些姑娘、媳妇手灵巧得很,一会儿就能采上一包。此景此情让我不由得想起《聂耳歌曲集》里收录的《采茶歌》:

> 春风吹,
> 春风暖,
> 茶叶儿发芽遍山青。
> 采茶啊,
> 采茶啊,
> 毛尖、雨前和眉珍;
> 快快采,
> 不要停,
> 谨防错过好时辰;
> 快快采,
> 不要停,
> 谨防错过好时辰。
> 去年采茶数十担,
> 一家大小喜在心,
> 谁知茶叶贱似土,
> 尺布斗米贵如金。
> 捐和租,
> 逼人命,
> 饥寒交迫受苦辛。
> 春去春又来,
> 茶山年年青,

> 人人都说茶味好,
> 吃茶的人儿笑盈盈。

聂耳是云南玉溪人,他的家乡正好在昆明到澜沧江产茶区的路上,本地也产茶,他是应该听到过采茶歌的,将之谱写成曲,实属自然。

攸乐人不仅种茶、采茶历史悠久,而且也有独到的茶文化。凉拌茶、竹筒熬茶、芭蕉叶包烧茶,都让人耳目、口味一新。竹筒熬茶未能亲睹,凉拌茶和芭蕉叶包烧茶倒是领教了一下。所谓凉拌茶就是将新采摘下的春尖,放上盐巴、辣椒等佐料,凉拌了做菜吃,苦凉回甜,不失为一种佳肴。将古茶树上的老茶叶采来,用芭蕉叶包起在火上烧烤,再取出茶叶冲泡开水,味道浓酽,香气十足,是为芭蕉叶包烧茶,被攸乐人视为茶中上品。我还见过云南德宏的傣族和景颇族用鲜茶叶做菜炒吃或煮汤。

有些遗憾的是,这样的饮茶方式大概只适合在本地采用,离了本土,上哪儿去找竹筒、芭蕉叶和青茶叶?所以,普洱茶的真正出路还在于深加工。随着陈年普洱茶在海内外市场身价日高,每年都有外地老板守在攸乐茶山,一俟青茶下山,马上就收购一空,烘炒杀青晾晒,加工成初制茶后,再制成茶饼和茶砖,存放几年后销往世界各地,价格不知翻了多少倍。

想想看,一直处于原始生态环境中的数百年老茶树上的春芽,蕴集了大自然的原生优质菌种,又以累积了千百年的传统方式制作出来,之后再经过长年累月的自然发酵,可以转化出怎样的口感和生命能量?怪不得普洱茶声名鹊起,陈年普洱茶更是价比黄金,它所具有的解油脂、助消化、生津顺气、促进新陈代谢的养生功效,实在是大自然神奇美妙的具体体现，实在不愧为茶中极品。

经由茶马古道运往藏地的茶叶，经过漫长的旅途运输，经过千山万水，经过风吹日晒、霜打雪压，采用透气自然包装的茶叶得以天然发酵，产生了极好的味道和口感，形成了特殊的风味。不管筒茶、砖茶，都深受藏民族喜爱，于是，滇藏茶马古道就日益繁忙起来。

昔日由茶马古道大量销往藏地的普洱茶茶砖茶饼

清朝前期和中期(1662—1870)是云南普洱茶产销的极盛时期，仅西双版纳六大茶山最高年产就达8万担，以致"西双版纳几乎家家种茶、户户卖茶，马帮塞途，商旅充斥。这一时期每年约有马帮五万匹于春秋二季来回于滇西、滇南及缅、越、老等地运输茶叶。""清代乾隆、嘉庆年间，云南的普洱茶、猛库茶、凤庆茶年产量为十万至十二万担，这些茶叶除少量供当地饮用外，百分之八十作为主要商品运输省内各县和四川、西藏，其中部分远销缅、越、老诸国。"

清政府于雍正七年（1729）设普洱府，并在普洱开设茶局，专办茶引，普洱府"以茶为市……衣食仰给茶山"。普洱茶也因此而得名。同时普洱府还负责督办贡茶，每年向政府提供数额巨大的贡茶。这些贡茶的一部分又由清政府赐予达赖喇嘛和班禅额尔德尼，以及藏地的活佛高僧，于是普洱茶以另一种方式进入藏地，成为政府联络藏地、保持边疆稳定的重要战略物资。清乾隆元年(1736)，清政府将云南攸乐同知移往思茅，改称思茅同知，从此思茅成为普洱与西双版纳之间的茶叶中转站，思茅城也因"普茶远销"而繁荣起来。从道光至光绪初年(1821—1876)，思茅城商旅云集、市场繁荣，"年有千余藏族商人到此，印度商旅驮运茶、胶者络绎于途，滇南马道已成为一条茶叶商道。"

在滇南、滇西茶山，许多少数民族妇女都投身于茶叶的采摘制作中，并将收入所得作为自己的嫁妆，因而有了《红楼梦》里提到的女儿茶。"女儿茶亦芽茶之类，取于谷雨后，以一斤至十斤一团，皆夷女采制，货银以积为奁资，故名。"仅清康熙五年(1666)销西藏茶叶就达3万担。在滇西北的丽江贸易市场，每年九月到次年春天都有藏族赶着马队络绎不绝地来到这里，领取茶引（经营贩运茶叶的执照）后，赶赴普洱、思茅贩茶。从丽江经下关、巍山、景东到思茅一带，马帮结队，汉族、白族、纳西族、回族、彝族和藏族商人还常参加一年一度的大理"三月三"贸易活动和丽江盛大的"骡马会"，各族人民互通有无，已经形成相当繁盛的产购运销机制。

进入民国后，滇茶藏销也一直保持旺盛的势头。据谭方之《滇茶藏销》统计，民国年间，滇茶入藏一年至少有1万担："滇茶为藏所好，以积沿成习，故每年于春冬两季，藏族古宗商人，跋涉河山，露宿旷野，为滇茶不远万里而来。是以紧茶一物，不仅为一种商品，可称为中藏间经济上之重要联系，抑且涉有政治联系意义。概藏人之于茶也，非如内地之为一种嗜品成为逸兴物，而为日常生活上所必需，大有'一日无茶则滞，……三日无茶则病。'之慨。自拉萨而阿墩子（今云南德钦），以至滇西北转思茅，越重山，过万水，历数月络绎不断于途中者，即此故也。"王图瑞先生论及云南西北边地状况时也说："云南于康藏一带的贸易，出口货以茶叶为最大。康藏人民的茶叶消耗能力，可算是世界第一。他们每日三餐，一刻不能没有茶叶，所以云南的十万驮粗茶叶，三分之二以上都往康藏一带销售。普思边沿的产茶区域，常见康藏及中甸、阿墩子的商人往来如梭，每年贸易总额不下数百万之巨。"

在近现代滇藏茶马古道兴盛的早期，大约从清代中叶始，至20世纪30年代以前，丽江的地主兼商人就以村寨为单位组成马帮，每年形成几千匹骡马的运力，自己前往滇南的茶山采购茶叶，运回丽江重新包装以后，再以马帮贩运到西康和西藏。当时他们把这种生意叫"走茶山"或"赶茶山"。后来，腾冲帮的"茂恒""洪盛祥""元春茂"，喜洲帮的"永昌祥"等大商帮在大理下关等地开垦茶园，自己制茶并自办运输，垄断了茶叶货源，丽江人才没有了走茶山的。前一段茶马古道的生意断了，但他们并没有停下生意不做，而是像跑接力赛一样，就近在丽江采购别的商号马帮运来的茶叶，大规模走进西藏，将它们运到更遥远的别人难以到达的藏地。

就是这些看似普普通通却关乎民生大计的茶叶，造就了一条道路，塑造了这条路上丰富多彩的文化。

三、川茶与川藏茶马古道

在中原的传说里，茶叶的发现者则是作为炎帝的神农氏。神农氏在教会大家播种五谷后，为寻找治疗百病的药物，又遍尝百草，最后由掉入煮水陶罐的树叶，发现了茶叶的神妙功效。这与云南原住民的传说十分相似，只是不知哪个才是最早的版本。《神农本草经》

里确实有"神农尝百草,日遇七十二毒,得茶而解之"的记载。唐代陆羽在其《茶经》里也说:"茶之为饮,发乎神农氏。"

史籍记载,在古代巴蜀地区,早在西周初年就有人工种植的茶园存在。《华阳国志·巴志》载,分封到巴地的周武王宗亲,曾将巴国最好的物产献给周天子,其中就有茶叶:"其果实之珍者,树有荔枝,蔓有辛菊,园有芳蒻香茗。"周人还将茶作为祭祀用品:"掌以时聚茶,以供丧事。"陆羽在《茶经》里也提到巴川峡山茶树有两合抱者。

在与巴相邻的蜀国,在四川成都平原西端,龙门山南缘,自古也是茶叶盛产区,蜀人也是植茶的高手。后来巴蜀相争导致秦的入侵,但种茶、饮茶之风仍传了下来。在西汉时期,雅安名山县的蒙山就已有人工栽培茶树。唐人樊绰所著的《云南志》记载:"蒙山县出茶,有山曰蒙山,绵延数十里,在县西南。"蒙山茶自唐代起就作为贡茶,进贡一直持续到清朝末年,历时弥久,天下闻名。唐代是蒙山茶的黄金时期,那时的达官贵人不惜重金争相购买。宋代时,蒙山茶继续保持产销两旺,制茶工艺也进一步完善。据称四川当时茶叶产量居全国第一,而以蒙山茶叶执牛耳的名山茶叶又居四川之首。

著名的蒙山茶产地——蒙顶

生于1897年的中国茶学老前辈、中国茶叶学会名誉理事长吴觉农先生考证研究,世界茶树的原产地并非日本也并非印度阿萨姆,而在中国的西南地区。四川学者徐学书认为,四川盆地西部地区在西汉时期已经有了茶叶商品贸易，西汉宣帝神爵三年（前59）名士王褒的《僮约》中已有"烹茶尽具""武阳（今四川彭州市）买茶"的记载，可见当时的成都已经饮茶成风，并有了专门售茶的茶市；唐代晚期，随着以岷山、邛崃山及其周边地区为中心的川西汉区茶叶生产的兴旺、川西高原诸羌部落和吐蕃对茶叶需求的增加，两地间的茶马贸易兴起，尤其是唐末五代的前蜀王建自得蜀之后，大力发展茶叶生产，"始立榷茶之法"，其庞大的骑兵部队的马匹就是用茶叶等商品贸易而来。在前蜀大臣毛文锡所著的《茶经》中，不仅记载了王建实行的对后世有影响的"榷茶法"，而且描述邛崃山南麓一带有"火蕃饼"茶，是专门用于交换川西高原和西北羌蕃部落战马的茶叶品种，而市蕃马的地点就在"文、黎、雅、茂诸州"，即今甘肃东南、雅安汉源、雅安和岷江上游的茂县一带。

从那时起，川藏间的茶马互市已经成为历代王朝重视和推行的政策。这种以茶易马和"羁縻诸番"的政策一直延续到明代，川茶业与藏汉民族关系和经济贸易就紧密联系在了一起。

川西还一直盛传，在西汉末年，蒙山甘露寺禅师吴理真在石栏内栽植七株茶树，首次将野生茶树人工驯化种植成功。据说那几株茶树采制的茶叶能治疗多种顽疾，被人们认为是仙茶，后人于是将吴理真尊为"茶神"，并建起了茶神殿予以纪念。如今，据说从前吴理真居住过的石屋仍保存完好，他在蒙顶五峰中心皇茶园中种下的七株茶树直到清雍正年间（1723—1735）还存活着。皇茶园是宋孝宗淳熙十三年（1186）正式命名的，它在唐代就出产贡茶了，并与历史上的西南丝路互为依托，促进了古道的繁荣、经济的发展、文化的融合和民族的团结。始建于汉代、宋代重修的天盖寺至今矗立在蒙山顶上，中间

四川蒙山吴理真茶神殿

是明代建筑的石柱大殿，据说就是茶神吴理真当年结庐种茶处。大殿里塑有吴理真的全身坐像，每年还有盛大的祭祀活动，有来自世界各地的人们参加，尤其是来自东亚的韩国、日本和东南亚各国的茶客。

在蒙山东麓的新店镇，现318国道旁边，还存有一座茶马司的纪念型建筑，是一座红砂石料檐柱的砖木结构四合院，于清道光二十九年（1849）重修而成，至今保存尚好，据称它最早建于宋神宗熙宁七年（1072）。它应该是茶马古道最佳的见证。茶马司过去就是宋王朝为处理内地与藏地的茶马互市而专门设立的机构，管理茶马互市事宜。茶马司的建立，将茶马互市这一地区间的民间贸易纳入政府管理之下，统购统销，这对稀缺战马的宋王朝十分重要，对内地与藏地间的经济贸易和文化交流起到了积极的推动作用。

四川蒙山县新店"茶马司"及碑记

正如熟稔中国历史的A.S.M.艾兹赫德所指出的："在四川的官僚企业中——史密斯如此称呼，四川的茶叶和马匹的经营在风险管理、激励措施、信用贷款、开辟市场等方面，都达到了相当高的专业水平。"

由于茶马互市的兴盛，促使川茶产量大幅度增长。据贾大泉先生研究，其最高年产量达到3000多万斤，超过当时全国其他地区茶叶产量的总和。这些茶叶大部分向西进入了藏地，其中运到西北熙、秦、河州的川茶，一从青衣江经嘉州、渝州溯嘉陵江至凤州转运；一从陆路经邛州、成都、汉州、绵州、剑州、利州，过金牛驿、青阳驿，至陕西兴州转运。后来到清代的又一个鼎盛时期，这里的边茶贸易达到"岁运名山茶二万驮"之多，以每驮120斤计，一县即合有200多万斤的茶叶运销量。有时仅此一茶马司每天就要接待商队2000余人，驮马不计其数，当年的茶马互市盛况可见一斑。

2000年，当地政府又重新修缮了茶马司，并刻碑悬匾，布置了一些文字和图片资料，以为纪念。经过2008年"5·12"汶川大地震，该建筑屋顶覆瓦大量掉落，连匾都掉了，成为危房，现无人管理。

自唐代天宝年间始，四川"蒙山茶"就作为贡品，被精心采摘制作，进贡西安和洛阳。宋以后大量输入藏地的茶叶被称为"边茶"，采摘的部位和制作方法都与内地饮用的茶叶有很大的不同。"边茶"一般采用老茶叶，并经过发酵，有的春压成砖头形状，以竹篾包装成大长条运往藏地，所以也叫"大茶"。清人江锡龄就提道："茶以太安寺得名，近则遍山皆植……岁得不下数万斤。以其至精者充上贡，余则鬻诸松潘、保县、乌斯藏、外夷诸国及成都、邛、眉各州邑，岁获不赀。"

四川边茶的采茶时节一般是在春耕过后，茶农用特制的小刀将嫩干嫩枝带叶子全部砍下来，带回家里晒干后堆放在屋里，等候茶厂来收购。茶厂购茶称之为"踩茶"——因为购装茶叶时是用麻袋

川茶大茶，一包约 16 斤

来盛，要用脚一层一层踩实，每袋一两百斤。茶商把茶收购进厂后，堆放在四面通风的仓房里，随时进行翻晒。茶叶晒干后就进行分级，去掉杂物，按级别质量分堆；然后将茶叶连枝干带叶用铡刀铡成半寸以内的短节，再将铡好的茶拌上一层熬好的糯米浆，粗茶多上，砖茶不上，金玉少上；然后将茶上"炕"——烘焙茶叶的"炕"是一圆锥体的灶，用石头砌成，在灶内用柴火加热，灶外铺撒茶叶烘焙，再将烘焙好的茶叶，按一定重量（粗茶五斤，金玉四斤，砖茶一斤）用细麻袋盛装，放到大木桶甑里蒸，蒸好的茶叶要趁热连麻袋一起甩到顺墙摆放的有一定坡度的"板凳坡"上，由人上去来回上下踩踏，一直到将茶叶踩绒为止；最后才是舂包、倒包——按茶包的大小尺寸用木头做一个可以拆卸的长方盒子，内放篾箩，再把已经上过板凳坡踩踏又回甑蒸热的一甑茶倒在盒里，用一块木制的舂板将茶冲压成块，此为一甑，四甑为一包，拆盒后就可以连篾箩带茶一起取出，等到过一些时候水汽干了，从篾箩里倒翻出来，一甑一甑连带说明书和藏文商标包好，再用原来篾箩重新包装，并在四面印上藏汉文商标，在封口处还打上黑巴一块表示原封，捆扎后就成一个茶包。砖茶则是一砖包一次，四砖包成一甑，四甑一包。有经验的藏商，无论包里包外，几乎一眼就能辨别出是哪家的茶，并能识别真伪。

边茶一般按质量分为砖茶、金尖、金玉、金仓（粗茶）数级，砖茶、

在"板凳坡"上加工蹂制四川边茶
孙明经摄于1939年

金尖供藏族上层人士饮用,金仓多为农牧民饮用,金玉是中等茶,可上可下。到民国时期的20世纪二三十年代,实际上只有砖茶、金玉和粗茶三级茶了。

四川盆地西缘与横断山脉衔接的雅安、名山、邛崃、天全与荥经一带,就是历史上边茶的主产区。种茶、采茶和卖茶,历来是这一地区农民的主要副业收入。采茶、卖茶一般在春耕以后,秋收以前,既不影响粮食生产,又正好可用茶叶的收入弥补青黄不接时的不足,所以农民都把茶叶亲切地称为"二季粮食"。自打箭炉(康定)茶市开辟以后,作为南路边茶主产地的荥经,茶叶产量剧增,茶农笑逐颜开,茶商获利更丰,当时有人就作了这样的生动描述:"……乃至打箭炉之厅,(茶叶)昂值深藏,以待西夷与胡僧。其人乃环耳蒙首,……争先竭蹶交易而归。神忻气勃,流通运转,东振日域,西厌月滑,泼乳和膏,祷神供佛。是以服贾承引之流,获利十倍。家致富饶,上以充课税于天府,下以佐清谈于雄豪。"其时还流行这样一首观音茶歌:"纷纷儿女叩观音,保佑年年茶事盛;观音有灵应嗟叹,吾民不肯如人家。多年抛弃蚕丝业，竞唱山歌来采茶。"据推算，清代全川茶叶年总产量在20余万担，是明代全川茶年产量不到10万担的一倍以上。现在，这里仍然茶园密布，仍然是供应藏地茶叶需求的主要产地。

名山茶叶味道醇厚，很为西南和西北地区各少数民族喜爱。宋王朝曾下诏："专以雅州名山茶易马，不得他用。"名山茶叶于是成为茶马互市的专用商品和主打产品，成为内地汉族与边地少数民族之间联系的重要纽带。

明末清初，官方控制的茶马互市大为废弛，许多商人纷纷私自来往于汉藏之间贩运茶叶，藏商更是看好茶叶的高额利润，趋之若鹜，各寺院的代理人也纷至沓来，在其他货物贸易中大量夹带私茶，"其由打箭炉入口买茶者，络绎不绝于道。"官方已很难单方面操纵茶叶贸易，而且，茶贵马贱，藏族方面觉得以马换茶已不合算，不愿再以马换茶，再加上清政府控制了西北、西南各游牧地区，马匹已不是稀缺之物。据布罗代尔研究，当时的中国皇帝拥有世界上最庞大的骑兵，数字精确：38.9万匹战马和17.5万匹驿马。"当然，全体臣民拥有的马匹总数看来要比君主的马匹多得多。"因而也就先后裁撤了五个茶马御史，停止易马，将宋、明两代的以茶易马，改为"设引招商"的"引岸制度"，改变了以前"以茶驭番"的政策，积极而开放地推行民间互市，四川的边茶基本由商人经营，政府只收取较前朝为低的税课，而且放弃以往限制边茶引额的做法，实行充分供应，满足藏族民众的消费需求。这样就结束了中国历史上的官营茶马互市，民间的茶叶贸易顿然兴起，虽还谈不上自由贸易，但已经比从前宽松了许多。

康熙以后的统治者继续大力经营蒙藏地区，充分利用茶叶以加强与西藏上层及广大藏族民众的联系，从而造成了四川茶叶入藏的最繁盛时代，甚至清廷历任驻藏官员均在赴藏前于康定购买大量茶叶，以备沿途的赏赐和馈赠。在西藏方面，茶叶和山货贸易成为西藏商人的重要利源，西藏地方政府和寺院，以及上层人士也纷纷经营茶叶，甚至将川茶运销到它曾经管辖过的锡金、拉达克，以及廓尔喀、尼泊尔等西藏边境诸国，使之成为政府、寺院和个人的重要收入来源。《雅州府志》记载，清顺治年间，四川边茶产销就达96902担；雍正八年，四川南路边茶，加上西路边茶，总计达123224担；在康熙三十八年（1699）以前，在打箭炉（康定）上市的茶叶每年达到14万担以上；到光绪年间，两路边茶加起来仍有11万担。直到清朝末年，当时的川滇边务大臣赵尔丰还积极谋划振兴茶务，以便与来自喜马拉雅山南麓的英印商竞争。这在某种程度上增强了茶马古道的活力。

　　清代在大力发展与西藏地区的贸易后，拓宽了地方物资交流，四川边茶已西运到拉萨以远，甚至到达廓尔喀、拉达克地区，北运则到达甘肃、青海藏地，茶驮商旅络绎不绝于途，清政府并采取了一系列有力措施，或征剿，或安抚，保障茶道的畅通，使得茶马古道更加繁盛畅行起来。

　　民国时期，由于长年军阀混战、地方不靖，同时受到印度产茶叶从亚东、帕里入藏的冲击（其中部分是经缅甸跨印度洋运入的云南普洱茶），四川的边茶贸易受影响而呈现衰落迹象。对此，西藏地方感到苦不堪言。民国年间在中央政府与西藏地方政府间起到重要沟通作用的雍和宫堪布、西藏驻京办事处处长贡觉仲尼，在蒋介石接见并宴请时就面陈，十三世达赖喇嘛渴望输诚内向，其中的首要原因就是藏人吃茶，全用中国内地品，断绝交往后，茶价贵至十倍。虽然如此，汉地茶叶与藏地山货的贸易仍在继续。

到了抗战中后期，由于中国各条对外通道均被日军封锁，茶马古道成为通往同盟国的唯一陆上出路，一时间，这条道路上的茶叶山货，以及英印产物资的贸易陡然间兴盛起来，达到了一个短暂的高峰。这些传统经济形态的交通市场网络的一度兴盛，在某种程度上成为抗战期间重要的战时经济支柱，维持了抗战的持久力，为抗日战争的最终胜利，做出了不可磨灭的贡献。

四、茶之余韵

茶马互市萌生于唐代。宋、明时期，将茶马互市当作羁縻诸番的政治手段，显见出卑琐的一面，致使茶马古道的正常交往受到一定的局限和滞碍，但客观上还是使得茶马古道兴盛起来。清代，虽然清朝不再需要藏地的马，茶马互市已经名存实亡，但清政府充分利用茶叶来加强与藏地的联系，茶叶以前所未有的规模销往藏地，藏地的土特产品也源源不断销到内地，不仅活跃了藏汉贸易，而且刺激了藏地商品经济的发展，茶马古道上互惠互利的商贸活动达到了一个高峰时期，形成了基本平衡的交换关系，内地与藏地的关系也达到了历史上最好、最融洽、最密切的水平。

对于中国西部边地来说，产茶区与茶叶消费区之间的距离遥远得不可思议，而它们之间又必须发生联系——如果没有相应的交通运输网络，如果没有商业和市场的中介，茶叶根本无法流通。由于人民的需要，统治者的提倡，茶马互市的商业市场和大量运输茶的茶马古道应运而生，茶像春雨般渗透到藏地的每一个角落。

在很多情况下，茶叶甚至扮演着货币的角色，成为藏地的通货。

茶马古道穿越几乎整个横断山脉，将茶叶从产地输送到了青藏高原的广大消费者手中，因此而形成一个多层次的市场网络，覆盖了藏地的城镇、寺庙和村寨。在这里，茶作为一种商贸物资，形成一种强大的辐射源，使茶马古道成为联接横断山脉与青藏高原的密切而具韧性弹力的网络。一旦这条线路的运输中断，这一区域的整个历史进程立即就会受到影响。

康定锅庄里堆积如山的茶包　庄学本摄于 1938 年

茶叶这种似乎微不足道的植物之所以在藏地具有那样不可或缺的机遇，而且成为藏文化的一种基因和宝贝，就因为它在高原上，是不可取代也无从替代的生活必需品。

与丝绸之路一样，中华文明在茶马古道也有一个西进发展的现象，与藏文明东向发展正好相反，同时也正好形成某种呼应。毋庸置疑，历来文明、文化的交往都是双向的，或有主次之分而已。从历朝历代中原内地对西番马的战略需求，从茶马古道的川藏线、滇藏线的发展轨迹看都是如此。唐宋以前，大致是藏文明东向发展为主，明清以后则是汉文明西行为主。这由茶马互市的贸易点的设立和推进清晰可见。南诏大理国时期，云南方面的互市点在大理，明末清初在丽江永胜，后来逐渐西进北上到中甸和德钦，继而进达藏东昌都。四川方面则是由成都到邛崃和雅安、汉源和天全，再到康定、甘孜和昌都……最后拉萨成为最大的贸易中心。

茶马古道是一条融合之道。这跟茶这种物质与藏族人民的天然亲和力有关，也可能与"凝聚力"有关。像茶这样的物资，在汉藏等不同"民族单位"之间流动，是同样具有凝聚作用的。布罗代尔在经过深入研究后指出："茶在中国与葡萄在地中海沿岸起的作用相同，凝聚着高度发达的文明。"这一文明体现着历史和空间的持久联系，使其历史与它四周的区域的历史紧密地交织在一起。

一个比喻胜过任何冗长的解释：汉地的茶跟藏地的乳，真正做到了水乳交融，藏族嗜爱的酥油茶成了不同地域、不同民族经济、文化相互需求、相互汲取、相互容纳、和谐涵化的象征。这似乎是一种奇迹，却也正好在情理之中。

华裔日本作家陈舜臣在其获得日本第四十届读卖文学奖的作品《茶事遍路》的最后曾发问："世上有许多追求茶的人，他们内心深处必须紧密相连。这究竟是一条怎样的纽带呢？"

第三章
茶马古道上青藏

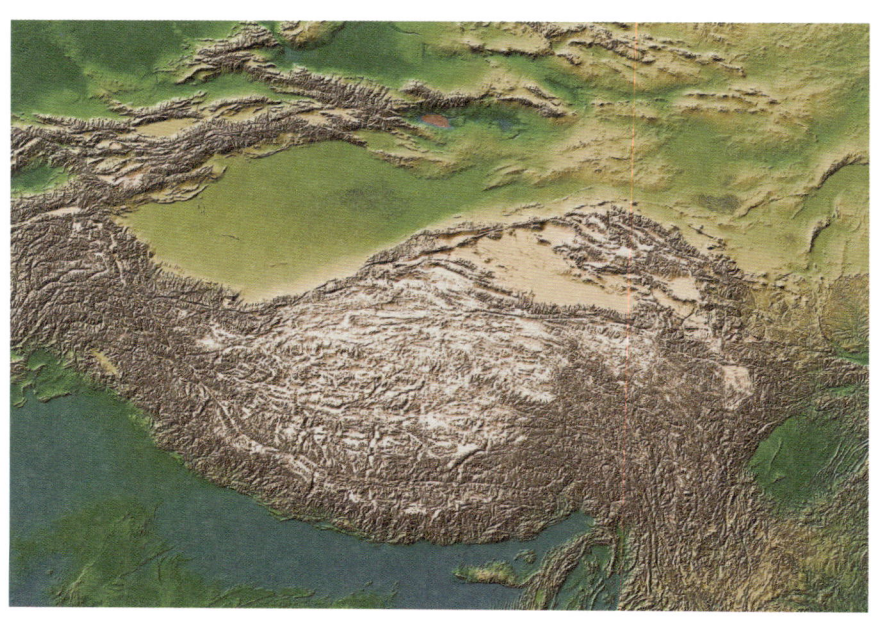

青藏高原及横断山脉卫星鸟瞰图，茶马古道就联结这一区域

茶马古道是这样一条道路：它主要兴起于汉藏之间源远流长的茶马互市；它与藏羌彝走廊形成部分交汇和重合，并成为联接横断山脉与青藏高原两大民族文化区域的走廊；它以背夫、马帮和牦牛驮队作为运输交通载体；它萌发于唐，形成于宋元明，在清代达到商贸互动的鼎盛时期，到民国逐渐衰败，在抗日战争时期一段畸形高峰之后，它的使命和运作在20世纪50年代已基本结束。在漫长的历史时期里，茶马古道有着不同的分布和盛衰起伏，在横断山脉和青藏高原之间起着资源调配和流通的作用，同时联结着中原内地，并辐射到相邻的东南亚、南亚地区。

茶马古道不仅仅是一条茶马互市之路，正如丝绸之路并非只有丝绸贸易，还有玉石、香料，等等。但由德国地理学家李希霍芬提出的这一名称已为世界所接受。运行于茶马古道上的商旅货物，还有盐、铁、皮毛山货、香料药材、布匹，以及其他各种商品物资。而茶与马，正如丝绸一样，只是一种有代表性的象征物，它们在汉藏两端的文化里，的确有着重大的意义。提到汉文化，几乎就离不开茶的悠久浸润，提到藏族，也几乎离不了如影随形的马。茶马古道这一名称，的确准确而生动形象地表征了那一条路，具有其名字所赋予的现实壮观和历史辉煌，并得到了学界、舆论甚至民间的认可。事实上，在出产茶叶的汉地，人们早已习惯将输出茶叶的道路称为"茶叶之路"；在获得茶叶的藏地，不论僧俗官员还是广大藏族民众，也都把输入茶叶的道路称为"加兰姆"，也是"茶叶之道"的意思。

一、走向青藏高原

茶马古道并没有一条完全固定的单一的线路，而是一个庞杂的陆上交通网络。像其他道路一样，茶马古道也不是一成不变的，而是一个历史性的概念，更是一条活生生的、在历史的长河里不断发展演变的道路。在不同的历史时期，在不同的朝代，甚至在同一朝代的不同阶段，它都有着不同的路向，运载销售各种物资，延伸到不尽相同的地区，也就是说，它因时变迁、因地转移，不过，因为它有着茶叶运销这一主要内涵，即使出现不同的外延，其路线还是相当明晰的。

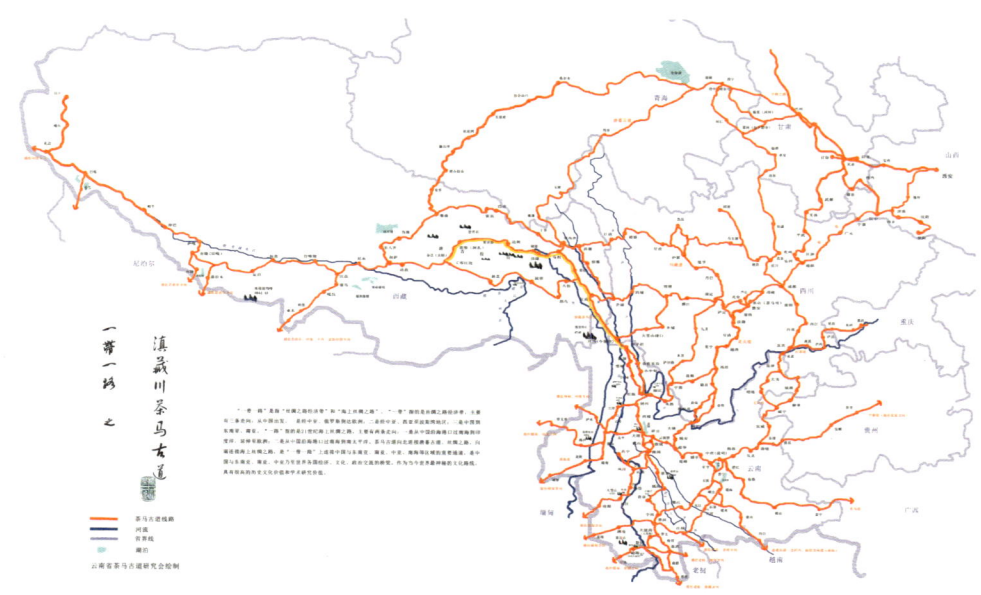

茶马古道线路图

在唐代，由于吐蕃的兴盛强大，以及它的势力选择了向北向东扩张发展，所以青藏线，也就是人们常说的唐蕃古道，成为汉藏间最为主要的通道。吐蕃王朝时期，曾动用数以万计的奴隶维修这条道路以保障交通。这条道路从长安（西安）出发，经陕西咸阳、宝鸡、甘肃天水、襄武，然后或由临洮、临夏到西宁，或从兰州到西宁，从西宁再西行南下，经过日月山、倒淌河、通天河，到达青海玉树结古镇，之后再分为两路，一条大致沿现今青藏公路，由查午拉山口翻越唐古拉山，南下经安多、那曲、当雄、热振、林周到拉萨。另一条则由玉树经囊谦、类乌齐，向西至拉萨，或经过现在划归四川甘孜藏族自治州的石渠、德格等地，南下西藏昌都地区，再到卫藏。与此同时，在四川盆地和川西地区之间也已形成三条道路：一条是由灌县溯岷江而上，经过汶川到松潘的"西山道"，也就是人们后来所谓的"西路"（如果按严格的地理方向说，应该为"北路"）；一条是由雅安循青衣江往西北，过芦山、宝兴，翻夹金山，穿丹巴，到达松城（今康定北）的"灵关道"；还有一条是由雅安经过天全，翻越二郎山，经过岚安、烹坝，过大渡河到松城的"和川道"。在吐蕃王朝强盛时，他们的势力完全控制了这一地区，因而这些道路以及道路上的贸易交往一直存在。

位于甘肃天水的麦积山石窟是连接茶马古道与丝绸之路的一个交汇点

宋代，吐蕃分崩离析，再无能力维护穿过广大冻土带的道路，宋王朝也内敛羸弱，尤其南宋时期，整个政治、经济和文化中心都南移到长江以南，西北青海的通道几乎都已放弃，只余甘南与川西北的线路连通，并在该地区实施对宋朝来说相当重要的茶马互市。

藏东重镇昌都，澜沧江、扎曲、昂曲汇合处

元朝时期，蒙古人的势力不仅横扫北方，也覆盖了西南地区，包括整个青藏高原、川西高原和云贵高原，他们甚至越过喜马拉雅山脉、横断山脉进入南亚和东南亚。他们在其统治区域,在四川,在云南,在西藏和相邻的藏地建立了基本完善的驿传系统,历史上汉藏间的各条路都有所恢复或进一步打通,不过主要线路仍集中在甘南和川滇藏大三角的康巴地区。当年忽必烈的帝师八思巴等就曾常常通行于这一地区,而这一地区至今仍存留不少萨迦派的寺院和势力,也是当时道路通畅的例证。

再往后,拉铁摩尔在考察研究中国的亚洲内陆边疆时就清楚看到:"在明朝(1368—1644)汉族势力差不多完全自宁夏、甘肃及西藏北部的边疆退出。他们和西藏,特别是拉萨的交通,完全依赖于四川及云南的道路。"四川和云南的这些道路成为藏地各部落频繁往来中央王朝朝贡贸易的线路,同时也是官员和僧侣穿梭往来的线路。清朝及民国时期,这样的汉藏交往方式基本未变,西北方向的交通基本放弃,仅余青海玉树一路,主要的交往联系都在四川和云南方向上进行。康熙五十九年(1720),清军分北南两路入藏驱逐盘踞在藏中拉萨一带的蒙古准噶尔部,由青海西宁南下走北路的平逆将军延信部困顿迟滞,已足见北路的荒芜艰难,相比之下,由川西巴塘、理塘南路入藏的定西将军噶尔弼、岳钟琪部则

四川理塘与巴塘间的冷谷寺为川藏茶马古道上的咽喉之地

进展顺利，提前 21 天进抵拉萨。到 19 世纪中期，法国传教士古伯察和秦神父从蒙古经藏北安多地区入藏，又见证西北道路之荒凉。清末民初，作为川边大臣赵尔丰部下在西藏征战驻扎多年的湘西人陈渠珍，率领亲信余部从藏北撤出西藏时，西北的道路已很难觅到踪迹，连经验丰富的向导都无能为力，几因迷路而九死一生，与他几年前由四川进兵西藏完全是天壤之别。

历史上，随着藏汉物资交流，主要是茶马互市和茶与山货的贸易，随着两地间宗教等文化因素的流传，以及政治、军事的关联，中国西南地区的交通不断开拓，川藏、滇藏之间横跨横断山脉直抵青藏高原的茶马古道日益成形，并于清代形成了成熟而完善的交通网络。茶马古道如同经纬之网，壮阔地覆盖了整个中国西南地区，乃至东南亚、南亚等地区，四通八达。

茶马古道几乎是自然而然形成的，换句话说，是千百年来的原住民族、生意人、赶马人和骡马摸索踩踏出来的。以我实地行走勘察，除了在所经过的城镇、村庄附近有人为修筑过的道路痕迹外，所谓的

昔日的茶马古道就在这样陡峭的山壁上穿越

茶马古道，也就是山溪冲刷出来的乱石嶙峋中时隐时现的一道印迹，是在白浪滔滔、汹涌奔流的江河畔浓密丛林中扭曲延伸的一条缝隙。有一些路段，由于多年没有人行走，已经荒芜湮灭，几乎难寻踪影。

搜遍脑袋里有关"道路"的概念和印象,你也很难想象出茶马古道的样子。清人余庆远曾记滇西北道路状况说:"一线幽麓,悉盘曲千磴,上临悬崖,下逼危矶;山从人面,云向马头,未足以方其崎岖……引藤扪葛,险之莫胜;飞渡蓬莱,或可以形。"汉藏等各族民众硬是在这样的条件下交通来往,突破山高水急、气候变化万千、泥石流频发的自然困境,生生踩踏出了这条道路。

川藏公路著名的72拐

如今,在地图上勾画连接横断山脉与青藏高原、横贯世界屋脊的茶马古道网络,发现无论从哪儿到哪儿,竟然都是最便捷的路线,不由惊叹在没有地图、没有勘测数据,甚至没有指南针可供参照的古代,民间先辈们用双脚走出的智慧。

当然,历史上一些大规模的军事行动,也往往会对交通的拓展、商贸的进入产生积极的影响。如清代康熙、雍正、乾隆时,几次派兵进藏,军队的行进,需要铺路搭桥,运输数量巨大的粮秣,设立粮台和驿站。军队的进入和驻扎,也会带动一定的商贸活动。官军还会对路途的阻碍进行征剿并负责一定的安全保障。所以,前述种种,都对茶马古道的开辟和畅通,提供了条件。

在茶马古道沿线,人们很少有尔疆我界这样的概念,也就是说,在从横断山脉到青藏高原这一广大的空间领域里,从来山水相连,没有分明的边界,就像石器时代一样。自古以来,生息在这一区域的人们如同海洋里的鱼,相对自由地游动来往,不存在什么疆界。在这里,文化是无法划界的,尤其对茶马古道这一文化通道来说。这里只有自然而然形成的走廊,有人们不断往来互动的交通线。当然,这里确实存在汉藏等民族间的人文疆界,但作为经济通道,茶马古道则具有最巧妙、最灵动也最强劲的穿越人文疆界的能力。

由于茶马古道的命名是相当晚近的事情,而它发源很早,通行久远,且覆盖的地区十分广阔,要廓清茶马古道的相关线路,竟成为不太容易之事。

早在清代,倪蜕纂录的《滇小记》之《藏程》篇里,就对滇藏茶马古道和川藏茶马古道的主要里程,作了较详细的记录。民国初期陈观浔所编《西藏志》,是诸种西藏方志中纂修得较好的一种,在"西藏道路交通考"章节里,陈观浔详尽记述了八条内地通往西藏、周边诸国通往西藏的道路及大致路况:由西康雅安县经打箭炉以通拉萨;由青海西宁经当拉以通拉萨;由云南大理出西藏洛隆宗以通拉萨;由新疆经后藏之北部喀齐高原而通拉萨;由尼泊尔经聂拉木以达扎什伦布;由大吉岭经亚东关以达拉萨;由不丹经塘售驿以达拉萨;由克什米尔经兰那克驼以达拉萨。这些可作为茶马古道线路的权威参考。

陈观浔所归总的西藏八条主要道路中,除由新疆经后藏之北部喀齐高原而通拉萨这条外，其余七条应该都可以纳入茶马古道范畴，因为它们都有着茶马古道所具有的特征和内涵：它们都主要作为"茶马互市"的交通运输之路，都大致呈东西走向，都将横断山脉地区与青藏高原联系在一起，都主要以马帮、牦牛驮队等作为主要的运载工具，都有着久远的通行历史。

较为成型也较为成熟的茶马古道，应该是在明清时期确定下来的，其主要线路有这么两条：一条是从四川川茶原产地雅安一带出发，翻大相岭、飞越岭和二郎山，经泸定到康定，再由康定西去雅江、理塘、巴塘、察雅到昌都；或经泸定、康定，再经道孚、炉霍、甘孜、德格，由竹巴笼过金沙江到岗拖，再经江达、妥坝到昌都，然后由恩达或至洛隆宗、边坝、嘉黎、工布江达、墨竹工卡、达孜到拉萨；或北上类乌齐、丁青、巴青、索县和藏北重镇那曲，再南下当雄、林周到拉萨，是为川藏茶马古道。一条是从云南的普洱茶原产地（今西双版纳、普洱等地）出发，经景谷、景东、南涧、大理到丽江，再由丽江经中甸或维西到德钦，再到西藏的芒康或左贡、邦达，然后与川藏茶马古道汇合，或直接西去洛隆宗、边坝、嘉黎、工布江达、墨竹工卡、达孜到拉萨；或北上昌都、类乌齐、丁青、巴青、索县和藏北重镇那曲，再南下当雄、林周到拉萨，是为滇藏茶马古道。

在这两条主线沿途，还有无数大大小小的支线蛛网般密布在这一地带的各个角落，将横断山脉滇藏川大三角区域与青藏高原息息相关地联络在一起。因为，不论是茶叶产地，还是茶叶的消费地，都是相当广阔的地区，茶叶的种植采收以及销售，都必然形成各自的网络体系。

由拉萨中心而往后藏日喀则地区、阿里地区等，自然也有茶叶

茶马古道由丽江向北跨过金沙江，与川藏茶马古道连接一起，形成滇藏川大三角贸易区

消费市场，因而也有道路联接，甚至穿越喜马拉雅山脉的一系列山口，而与南亚的印度、不丹、尼泊尔等相通。这些道路也与茶马古道密切相关，或者也可以说它们在茶马古道的网络之内。

除此以外，由陕西汉中经过青海玉树进入西藏昌都地区，自古也是一条茶马互市和各类商品交易之路，不过那条路太过艰险，中间又要经过一些十分剽悍和野性的部落（藏族史籍称为"三十九族"），还有许多强盗，一般很难走通，所以在近现代以来，连陕西商人也大量进入四川，再经由西康做藏地的生意。

从西北的西宁翻越昆仑山和唐古拉山脉，以及从新疆南部穿越帕米尔山脉也有道路进入西藏，有的学者将之称为"麝香之路"或"唐蕃古道"，唐以后似乎就少有大的商队人员来往，但它们与我们所说的茶马古道和丝绸之路一直相通相连。

二、川藏茶马古道

川藏茶马古道是茶马古道的正途。明清以至民国时期,以康定为中心大驿,川藏茶马古道成为进藏的最主要道路。1950年解放军进藏,也以这条道路为主线。它的路况最好,人及货物的通行量也最大。清人黄沛翘在其所撰《西藏图考》中就指出:"川、陕、滇入藏路有三,惟云南中甸之路峻险重阻,故军行皆由四川、青海二路,而青海路亦出河源之西,未入藏前,先经蒙古草原千五百里,又不如打箭炉内皆腹地,外环土司,故驻藏大臣往返皆以四川为正驿,而互市与贡道亦皆在打箭炉云。"经过西康的川藏茶马古道,起始于成都平原西缘的产茶山区,出邛崃、名山、雅安、天全、荥经、汉源等地,翻越以诸葛亮的官职命名的"丞相岭"(大相岭),经清溪、泥头、翻飞越岭、过化林坪,经过沈村、冷碛,于泸定跨过大渡河到当年称为"打箭炉"的康定城。大渡河上的泸定桥建成于清康熙四十五年(1706),在建桥前,茶马古道是由荥经而汉源,翻飞

举世闻名的泸定桥曾是茶马古道的要津

泸定县退休教师董祖信先生指点当年的大渡河沈村渡口

越岭、过化林坪而至大渡河边的沈村,由沈村以船过渡,经磨西、木雅、越雅加埂到康定,这是自秦汉以来就存在的大道,是为川藏茶马古道的"大路"。后因有了泸定桥,大路才改道走冷碛、泸定、瓦斯沟而至康定,路程缩短了一两天。"小路"则由雅安出发,向西经过宋村,渡过青衣江,经天全,由甘溪、仙人桥、紫石关、两路口,翻越著名的二郎山,于冷街会合由化林坪过来的"大路",再经泸定到康定。因此路山高路窄,开通时间较晚,流量规模相对也小,故称"小路"。"大路""小路"在大渡河边合而为一,由泸定桥过大渡河。因长征途中红军勇士飞夺泸定桥而使此桥闻名中外,康定则被一首《跑马溜溜的山上》的民歌唱得远近闻名。民国中晚期时的康定曾为西康省首府,布满了接待来往马帮客商的"锅庄"——相当于马店客栈和商务中心。清代乾隆、嘉庆年间锅庄最为兴盛,著名的有48家。

不论"大路"还是"小路",茶马古道由雅安到康定的这一段路程,由于山高路险,缺少骡马,也由于四川人力充分并十分廉价等原因,这一路运输的主力,竟是由人力背夫来完成。

四川天全甘溪茶马古道

川藏茶马古道重要渡口——巴塘竹巴笼

翻越理塘格聂神山的茶马古道

巴塘鹦哥嘴道光年间石刻"竺国通衢"

川藏茶马古道由康定开始第二段行程。出康定翻折多山到东俄洛，即今新都桥，川藏茶马古道由此分为南北二线：南线继续西去，在雅江以牛皮船过汹涌的雅砻江，翻连绵雪山到高寒的理塘，出理塘沿理塘河经过三坝驿，穿越格聂山，经大片原始森林，从喇嘛垭翻山下巴塘。巴塘气候温和，沃野相对辽阔，北上可到白玉、德格，南下可至云南迪庆，为茶马古道一大市驿，并以丰富多彩的弦子歌舞闻名藏地。19世纪中期，西方天主教会曾推进到此，期望以此为立足点，过金沙江向西藏深入。清末赵尔丰在康区大刀阔斧的改土归流也以巴塘为肇始。至今巴塘城外的鹦哥嘴地方，沿路仍存有大量摩崖石刻，其中就有刻于清道光六年六月（1826）的"竺国通衢"大字。清末震动全国的"凤全事件"就发生在此。

茶马古道从巴塘往南沿金沙江而行，渡江至竹巴笼，经莽里、南墩至江卡，经民风剽悍的察雅到澜沧江上游的藏东重镇昌都。这条路在清代以后也是官方任职官员和军队调动的线路，沿途有军台粮站，所以也被称为"官道"。

澜沧江渡口
——芒康竹卡

川藏茶马古道北线由新都桥就北上塔公，经道孚，沿尼柯河往西北到炉霍，再往西北到雅砻江上游的甘孜，经过甘孜著名的大金寺，由甘孜经马尼干戈翻雀儿山到德格，德格以藏地最宏大完备的印经院闻名于世。由德格南下，至卡松过金沙江到岗托，那里曾是民国政府与西藏地方政府"岗托协议"的签署地。经纳夺、同普到江达，再经妥坝翻越长年雨雪交加的达玛拉山，就到昌都。到了昌都，这条副线就与主线汇合一起，再由此进入卫藏地区。这条路相对上一条路要平缓一些，据说商队较愿意走这一路，所以也叫"商道"。著名的汉人喇嘛邢肃芝（洛桑珍珠）在他 1937 年首次入藏求法时，走的就是这条路。当时年仅二十出头的邢肃芝满怀虔诚和好奇，详细记录了沿途的站次和风情地理等,留下了极其宝贵的资料。

川藏茶马古道南北主副两线在昌都汇合后,主线就由俄洛、恩达寨,往西南方向翻苍茫荒凉的瓦合大山至瓦合寨和马利,在怒江嘉裕桥处,与直接从邦达草原、夏雅、马利而来的滇藏茶马古道汇合一处,一道前往洛隆。恩达今天已成为一个冷清的小村寨,处在茶马古道路口的山梁上,有70多户人家。恩达的意思,是"五条山沟汇聚的地方"。沟里还保留着过去的老路,现还可以通行,但村寨旁也修了大路,能够通行卡车。这里历来是兵家必争之地。民国时中央政府与西藏地方政府的康藏之争就发生于此。另一条线路则往北行,即现在的川藏公路北线(G317),从昌都经类乌齐、卡玛拉、丁青、巴青、索县(古称三十九族地区),到藏北重镇、怒江源头那曲,然后经林周的噶当派主寺热振寺,南下到拉萨。

现在一点不起眼的恩达寨曾为茶马古道的重要道口

茶马古道主线要前往洛隆必先得过怒江。怒江上有一座被马帮叫作"嘉裕"的木桥,藏语叫"吓布野桑巴",有的汉族人将它音译

昔日茶马古道河溪上最常见的伸臂桥

为"三霸桥",意为左脚跨过去的桥。那桥有两三个桥墩,每个都是用圆木架作"井"字形,中间填装上石头,然后在桥上铺上很厚的木方,桥大约有七八米宽,是当时茶马古道上最宽的桥。它有时会被暴发的洪水冲垮。

1880年建于云南普洱景东与景谷县之间南达河上的"难搭桥",高21米,长13米,为茶马古道重要津桥

过桥上山，也是很陡的路，一天就能到洛隆。清人杜昌丁撰有《藏行纪程》，生动记述了他陪送被贬配西藏的官员蒋公，沿滇藏茶马古道至洛隆的悲壮行旅。但杜昌丁也只走到洛隆就折头原路返回。据我所知，由洛隆直接西行的真正的茶马古道主线，在滇藏、川藏公路修通以后，就没有学者之类的人全程走过。从洛隆到工布江达这一段，完全是盲区空白。其实边坝人已于2000年费尽心血和力量，想方设法修通了翻越吓贡

吓贡拉雪山为茶马古道最为艰难的垭口

拉并与嘉黎相接的公路，但一年中只有七至十月能通车，其余时间都为大雪覆盖。我于2019年驾车走完这一段行程，填补上了这一段"空白"。

在洛隆出去一点的硕班多，有一座宁玛派喇嘛寺和一个村寨，清朝时曾在此设立兵站。据说当地居民的祖先是陕西人。陕西商帮在当年的茶马古道上曾经很有作为，像巴塘，就曾设有川、滇、陕三省会馆。从

正在修建的吓贡拉隧道

硕班多直到拉孜、边坝，路上不少地方被漫漶的大水淹没，水深的地方就有一些木桥，水浅的地方就涉水过去。而当路延伸到山槽里，有时就从凸起的石岩上翻过去，有

时则是从山岩上的栈道通过,文献里将之称为"云栈"。

经过险峻临渊的阿兰多再往西,就到要命的吓贡拉和怒贡拉等几座大雪山。它们处于念青唐古拉山脉的主山脊上,所有走过茶马古道的人都不约而同地认为这两座大山是茶马古道全线最艰险难行的路段。许多精彩的传说和故事就发生在这里,包括丹达山神的事迹。在吓贡拉和怒贡拉之间,是边坝县的金岭乡和加贡乡,现已有非铺装公路通往嘉黎的尼屋乡并通达现嘉黎县城阿扎镇,由此有路翻越朱拉山到工布江达的太昭。而昔日的茶马古道还得翻越怒贡拉,三天左右就可到拉里古(今老嘉黎)。向南翻山,经过阿扎错,一直在湖边的水里走,向南翻过海拔超过5000多米的朱拉山,大约一个星期可以到达太昭,在河谷里逆尼洋曲走几天,然后翻越工布布拉,或称鹿马岭,由现在318国道经过的海

茶马古道于藏北嘉黎县的帮达拉垭口

从老嘉黎北部的"比赛顶",已能远眺著名的怒贡拉雪山

从阿扎寺,可见嘉黎翻山过来的路,还有远方的阿扎措

老嘉黎寺扼住的通往阿扎措的山口要道

拔约 5000 米的米拉山口以北的曲罗克拉山口越过，下山就到墨竹工卡，那已是比较典型的农业区。这时道路已进入拉萨河河谷地带，经过甘丹寺所在的达孜区，用牛皮筏渡过拉萨河就到拉萨。

松潘以北位于甘南的郎木寺，曾为茶马古道与青海藏地和丝绸之路的连接点

除大路、小路之外，由四川形成的茶马古道还有这么一条，也就是过去人们所说的西路边茶的"西路"——西路边茶产自成都的西部和西北部，在灌县（今都江堰市）、大邑、彭州、什邡、平武、北川、安县、绵竹、茂县、汶川一带，在此种植生产、加工打包后，一直逆岷江而上，运到松潘（古松州），并以松潘为行销中心，往西北方向销往四川的阿坝和甘肃的甘南，并在甘南的临夏（古河州）、青海黄南的同仁等地，与历史上的唐蕃古道会合，以此进入青海和西藏，一度成为吐蕃、吐谷浑、西夏党项各地方政权与唐宋的茶马互市大道，并与丝绸之路相连。在唐宋元明时期，西路相当兴盛繁荣。一直到明清两朝，西山松茂这条西路，仍然是四川边茶运销的主要道路之一。清末民初，西路茶的运销曾达到一个高峰。民国年间，每年经这条道路运往阿坝的边茶曾有七八千担之数。而且，西路沿

线自古就是一条民族走廊,也就是费孝通先生反复强调的"藏彝走廊"。在古代,它将北方的丝绸之路与南方的"西南丝路"联接在一起,同时也是西南地区连接汉中等中原地区的又一重要通道。人类学家王铭铭在考察研究藏彝走廊时注意到,从成都经过汶川、茂县、松潘,往西北去的道路就曾联接川甘与青海:"这些古道起初主要供军事活动或民间商旅所用,并非官道,但历史可追溯到先秦。魏晋南北朝时期,中原和河西为十六国和北朝所控制。从江南到西域,不能再走传统的丝绸之路干线。于是,四川地区便成为东晋南朝与西域往来的主要通道。唐宋时期,这条古道被称作'西山道',成为剑南与陇右地区间主要的交通线。古道到达松州(今松潘县)分途,一支向西北经叠州(今甘肃迭部县)、洮州(今甘肃临潭县)通河湟,与丝绸之路相连,曾是吐谷浑、吐蕃、党项各族与唐宋的茶马贸易通道。"历史地理学家李孝聪也强调:"千百年来松茂驿路承担了四川盆地与川西北和西北地区各族人民经济文化交流的重要任务。"

三、滇藏茶马古道

　　由滇南普洱茶的原产地通往滇西北乃至更西更北藏地的驿道,经多年的开拓运营,逐渐形成并在清代中期以后日臻完善。因为南诏与吐蕃曾有的密切关系,它的开通时间也许并不比川藏茶马古道晚,但由于云南进入中国版图较晚,汉族移民在明代才大量进入,普洱茶的规模化生产,是清代以后的事情,其社会经济的发达程度自然难与天府之国相埒,所以滇藏茶马古道的运输规模和商品交易量，要比川藏茶马古道小很多。更何况，这条在云南被称为"迤南路""迤西路"一线，自北而南矗立着哀牢山、无量山等山脉，又密集着元江、把边江、澜沧江等大江和难以计数的河溪，而且处于亚热带丛林地区，自然条件不说恶劣，也是十分艰难。从昆明到普洱到西双版纳的普洱茶产茶地区，其间江河横亘，丛山绵延，森林密布，一向以"烟瘴荒徼、人迹罕至"著称，清代以前都是大小土司各自为政，路途常常梗阻不通。自清代后，随着清政府改土归流，内地移民大量深入边远山区从事采矿、垦殖（包括茶叶的种植采收制作）等，才逐渐形成南行北往的主要通道。

具体说来，滇藏茶马古道从云南南端的普洱茶六大茶山的核心重镇——西双版纳勐腊县易武镇起始，经由曼罗、麻黑、曼撒、曼松、倚邦、小黑江（罗梭江）、勐旺、普文到思茅（现普洱市）和普洱（现宁洱县）。这一段全长约240公里，在山间密林中蜿蜒伸展，许多路段都由当地

云南普洱那柯里茶马古道与现代公路和高速交相辉映

由西北而东南的澜沧江全长4300公里，不仅连接着饮茶的藏地和产茶的云南，而且辐射到东南亚5国，滇藏茶马古道基本与之相伴

有名的茶庄茶号出面出钱,当地民众出工,修桥铺石,从道光二十年始修,历时五年方才完成。仅在第一段,茶叶上市季节,每天往来驮茶的骡马多达八九百匹。这些路至今盘旋在滇南的山峦丛林间。易武及思茅一带的人们把它称为"茶叶之路"。

滇藏茶马古道第二段由思茅、普洱经过景东、景谷、南涧、巍山和大理下关到剑川、鹤庆,与丽江下来的道路汇合后再远达藏地。如果从相反的运作方向来看,这一段的道路还涉及另外两条,一条是自昆明向南,经玉溪、通海、元江、墨江、磨黑、普洱、思茅达景洪(车里)、勐海(佛海)、打洛出国至缅甸和泰国。也就是云南人以前说的"走后路",以驮运锅盐和茶叶为主,也有布匹、山货和糖等。再一条是自昆明经玉溪、通海往滇南一线,经建水(临安)、石屏、过红河(迤萨)到元阳、绿春、江城,再经易武(镇越)抵勐腊、磨憨,再往老挝、云南和泰国。这三条线路构成了滇藏茶马古道的第二阶段。后两条线路仅与茶

云南勐腊易武茶马古道

滇藏公路一段

马古道相关,过去被称为"迤南道"。

20世纪20至40年代,大理、丽江、迪庆和腾冲的几家商号,曾与西双版纳的茶商联手,将云南的普洱茶由勐海的打洛口岸出境,用马驮到缅甸的景栋,再用汽车运到掸邦首府东枝,转换火车到仰光,再以海轮渡印度洋到印度加尔各答,辗转至喜马拉雅山脉南麓的噶伦堡,最后以马帮经过锡金、亚东、帕里运至拉萨。当年勐海一带生产的普洱茶,有85%经过这条线路销往藏地。

英国人建立的位于帕里和亚东之间的沟乌驿站

滇藏茶马古道的第三阶段,过去人称"迤西道",其干线也分上、中、下三条支线:上线由昆明经安宁、禄丰、楚雄、姚安、大姚,过金沙江与四川西昌、会理、雅安、成都相连,古代有"僰道""牦牛道"的称谓。中线由大理下关、剑川往鹤庆、丽江、迪庆入西藏,再到不丹、锡金、印度和尼泊尔,也有一条路由鹤庆、丽江、永胜,经宁蒗、四川盐源、木里、九龙到泸定、康定,与川藏大道相接。下线由大理往保山、腾冲或盈江,出缅甸,再联接印度,古代为"永昌道",现在被称为"南方丝绸之路"。迤西干线中、下这两条路也是云南交通国际的最主要线路,并且是绵延最长、行走最为频繁的

古老的茶马古道正与今天的孟中印缅走廊紧密相连

滇藏茶马古道第四阶段有两条路通往云南与西藏交界处的德钦（旧称"阿墩子"）。一条是由大理下关、剑川到长江第一湾处的石鼓镇，经巨甸到维西，然后溯澜沧江河谷，经康普、叶枝、巴迪、燕门直接抵达德钦，或由巨甸、上江翻山到小中甸、中甸；另一条是从茶马古道重镇丽江古城，翻铁架山下到龙蟠，用平底船渡

丽江与迪庆之间的金沙江龙蟠渡口，当年为茶马古道马帮木船过渡的必经之地

过金沙江，到虎跳峡口的桥头，经螺丝湾及艰险的十二栏杆上山，经土官村至中甸（旧时称"建塘"，现称"香格里拉"）。由中甸往北，经奔子栏、书松翻白马雪山到德钦一路。

　　至于当年马帮们走哪条路，往往视生意和商号的需要而定。他们有时走维西，有时走中甸。不管他们走哪条路，德钦都是必经之地。说德钦是滇藏茶马古道的门户，完全是写实。德钦是来往马帮的一大中转站，也是滇藏茶马古道在云南境内的最后一站，马帮们可以在此调整货物，补充给养。今天在升平镇的两条老街上，还可以看到毗连的店铺，能够感受到它昔日曾有的热闹和繁华，甚至还能看到成队的马帮聚集。

出德钦，翻一座小山经奔尖塘再至澜沧江边，由溜筒江溜索过江（1940年代，丽江马帮商人赖耀彩在这里主持修建了铁索吊桥），沿江而下，从梅里石翻过梅里雪山，就进入西藏

茶马古道滇藏间重要津桥——澜沧江溜筒江

境内。翻越梅里雪山是进藏的又一道天堑，其险其艰，远过十二栏干和白马雪山。所谓上山之路，也就是沿雪溪砾石而上，骡马四蹄不能并立。溪水声震如雷，树木阴森蔽日。第一天只能爬到山腰上去一点，住宿休息，寒气逼人。第二天越过海拔5000多米的硕拉垭口（俗称雪垭垭），冰川痕迹处处。曲折跌奔半日，直接下到梅里雪山北麓，出峡口才到怒江支流玉曲江边的加朗村。

加朗的下一站是碧土，碧土有一条小路与察瓦弄相连，并可到达怒江大峡谷一线；而滇藏茶马古道一直溯着玉曲的江水往上走，然后是觉玛、扎玉。扎玉也在玉曲边上，村子建在一片山丘平台上，要从西藏特有的悬臂桥上过江才能进入村子。村里有一座很大的藏传佛教寺院。当时扎玉是西藏的一个边防重地和四岔路口，有20多个藏兵驻扎在那儿，过往马帮在此就要交税。可见扎玉当时为藏地的一个重镇，地位相当重要。近年修通的丙（中洛）察（瓦龙）左（贡）线就经过这一带。

扎玉有一条小路通往号称西藏江南的察隅，察隅出去就要翻野人山。当地的土著那时还只穿一点树皮树叶，前后各几片，所以后人就把那一带称为野人山。所谓"野人"，可能就是我们现在称呼的珞巴族或门巴族，以及僜人。过了野人山就到印度阿萨姆邦的萨地亚，与缅甸相连。抗日战争中，中国远征军就经此山撤退，损失惨重。

从扎玉继续溯江而行，就到了乌雅（今左贡），再沿江上行，经过马科、田妥，然后就是邦达。

滇藏茶马古道到了邦达，就分成了三路，一路到昌都，称为北路。另一路从邦达南下怒江，由白马（今八宿）翻山到然乌，由然乌再向南行，就到察隅、出印度，或从然乌沿帕隆藏布西行到波密、林芝，由林芝又可以向西到工布江达，或向南进入雅鲁藏布江河谷，经朗县、加查、泽当、贡嘎到拉萨。现在的川藏公路南线（318国道）由巴塘到芒康，与滇藏公路汇合后，经左贡过田妥，由邦达下怒江峡谷，经八宿、然乌、波密、通麦到林芝、八一，接上工布江达、墨竹工卡、达孜到拉萨。过去波密一带全是莽莽原始森林，沿途人烟稀少，野兽出没，由波密土王把持，连达赖喇嘛的势力都管辖不了这一区域，

始建于1963年的易贡茶场——西藏第一块茶地

易贡采撷春茶的藏族茶农

虽有不少道路与洛隆、昌都相通，但很少有商旅马帮能够进入这一地区。

过去的马帮商人一般就到其边缘地带，与其交换贸易麝香、贝母、灵芝一类的山货药材。茶马古道没从这里经过还有一个重要因素：这一区域气候温和湿润、物产丰富，人烟又相对稀少，少有藏传佛教寺院，对茶叶的需求远不如更高海拔地区那么大。

1963年，从中印边界战场上下来的张国华将军就来到这里，率部开荒种茶，破天荒建起了西藏第一块茶地。现在这里已开辟了两千多亩茶园，成为西藏的产茶区。

第三路才是滇藏茶马古道正途，由邦达直接西去，那就是长而辽阔的邦达草原（马帮们叫"长草坝"或八百里"长岗子"），它一直延伸过郭庆，直到海拔4800米的莫波拉山口下。从山口下很陡的山坡就到了马利。再很陡地下山，就到了怒江边，在嘉裕桥与从昌都过来的川藏茶马古道汇合，一同西去洛隆、边坝、嘉黎、工布江达以至拉萨。

四、翻越喜马拉雅的道路

茶马古道到了拉萨并没有终止。它又由拉萨向西向南延伸，或经由曲水、贡嘎、扎囊、山南穷结、泽当、日当、错那、达旺，进入印度东北部；或经由曲水、浪卡子到江孜，往南由康玛、帕里、亚东分别到不丹和印度；或由江孜经白朗到后藏日喀则，再西去拉孜、定日、聂拉木或吉隆沟到尼泊尔；或更往西行，经岗嘎（老定日）、萨嘎、仲巴，翻马攸木拉山口到巴噶，由神湖玛旁雍错南下普兰，再进入尼泊尔和印度。

西藏错那山口

千万年来，喜马拉雅山脉如一道天然屏障，横亘在青藏高原与南亚和大海之间。然而，人们似乎无视这道屏障的存在，不断地翻越它，穿过它。布罗代尔的研究显示："喜马拉雅山区的夏尔巴人以刻苦耐劳著称，贩运活动竟远达马六甲半岛。"夏尔巴人不仅仅是登山的好手。山间的无数河谷以及山口成了人们沟通交流的道路，藏人、汉人、印度人、尼泊尔人、不丹人，甚至亚美尼亚人都从这些山路走过。上段所述四条道路都是向南穿越喜马拉雅山脉的。从喜马拉雅的东头到西头,有道路由多个山口穿越。没有人为这些道路刻意命名。它们默默地承载着无数的旅人、骡马和牦牛,以及无数的物资,南来北往,联络起不同的地区、不同的人群和不同的文化文明。现今,它们在历史上已经成形的基础上,成为中国交通南亚国家和地区的重要通道和口岸。

大致讲,穿越喜马拉雅山脉的主要道路有五条。其中最东边的一条就是我们上面提到的由藏东向南行,到察隅,再翻野人山出印度阿萨姆邦的那条。

由此偏西一些,在察隅与错那之间,还有一条小路从林芝往南,过雅鲁藏布江,由米林县珞巴族聚居的南伊、南英到印度东北部的布拉马普特拉河(雅鲁藏布江下游)流域。

再往西,则是由拉萨经由曲水、贡嘎、扎囊、山南泽当、穷结、日当、错那、勒布、达旺,进入不丹王国和印度。当年,十三世达赖喇嘛的贴身侍从土登贡培,西藏著名的奇僧更敦群培等,就是由这条路往返西藏与印度的。

西藏米林南伊沟

过去最好走也最为通行的是拉萨到江孜、帕里、亚东这一条线。从拉萨南行,过雅鲁藏布江,翻海拔4900多米的岗巴拉山口,从静谧澄蓝的羊卓雍湖边经过,过浪卡子,越雄峻的5000多米高的卡若拉山口,进入江孜。江孜以白居寺及其十万佛塔即白科塔和宗山炮台著名。上到宗山炮台所在的崖顶,就能鸟瞰白居寺全景及江孜一大片整齐的民居。这里还以贸易和羊毛制品出名。由江孜南行,经过康马再往南,就是辽阔的草场、戈壁,道路笔直,一直沿卓木拉日峰下行走,有一个浩渺的大湖——多庆错,水面达150多万亩,延伸到山脚。走完湖滨到堆纳,在这里藏军民曾和英国侵略军恶战一场,那是20世纪初的事了。这一带海拔在4200米到4300米之间,随便动动就急促喘息。卓木拉日峰迎面而来。它完全是从平地上突兀拔地而起,不管什么时候举目看它,它都是迎面而来的架势,令人触目惊心。公路绕一圈过来,它的模样都在变化,开始有些像狮身人面像,到帕里,它完全是一座直立的尖峰,像金刚杵。

江孜老城及白居寺和十万佛塔

通往亚东路上的卓木拉日峰

从卓木拉垭口往东翻过去，只有 5 公里就到不丹。

向南远远地就可见草原上的帕里镇，一片石砌的房子，经幡飘扬。这里据称是中国最高的小镇，海拔 4300 多米。这里就是当年茶马古道兴盛时期各家商号的聚集地，也是中国与不丹、印度等国家和地区的贸易中心。

通往南亚的春丕河谷

继续往南下山是亚东，很快就有了灌木，有了溪流，再下就是森林。刚离开帕里十几公里，有一座驿站——沟乌，过往客商、僧侣、官员都会在此停留。现在它成了一个道班。亚东城里还有英国殖民者建立的商务代办处。现在驾车只 50 分钟就可到县城亚东。

当年像沟乌这样的驿站一直延布到江孜。1906 年后，英印当局就以 1904 年入侵时的兵站为基础，在春丕、下司马、沟乌、帕里、堆纳、多庆、嘎拉、萨马达、康马、少康、江孜设置了 12 个驿站，由英国人管理经营。1955 年 4 月，新中国政府正式收回了这些驿站，并向印度政府支付了 30 多万卢比的驿站设置款。

1910 年，大清邮政局所辖拉萨邮政成立，西藏地方政府也建起了自己的驿站，由拉萨、江堆、江麦、岗巴、查玛隆、曲参卡、谢热、卡若拉、白底、浪卡子、江孜、康马、噶拉巴塘、曲美新果、堆纳、帕里、曲旦噶波、下司马，一直通到乃堆拉和则利拉。

从亚东下司马镇下去一公里多一点的地方，就是有名的春丕。当年走过这里的外国人把它描绘得生机勃勃、春意盎然。它的确如此。

过去这里就是马帮驻足的最好地方。再出去一天的路程，就是则利拉山口，过了山口就是锡金。如以现在的里程计算，亚东下司马距乃堆拉山口仅31公里，过山口出境18公里为锡金的从古村，再行48公里就到锡金首府甘托克，甘托克至印度噶伦堡仅58公里，再行80公里就到西里古里，英印早就将铁路修到了那里，再向南行367公里就是当年英印首府加尔各答。也就是说，从乃堆拉山口到海滨城市加尔各答有550公里，与亚东到拉萨的距离大致相当。这是整个青藏高原距离出海口最近的地方。

由于独立后的印度完全继承大英帝国的殖民遗产，以单方面划的所谓麦克马洪线作为其疆域边界，甚至进而占领吞并锡金王国，并于1962年与中国爆发边境战争，从亚东通往锡金、印度的大道中断，也由于世代属于中国西藏的达旺地区被印度占领，由错那、达旺通往不丹、

中尼边境上的樟木镇

印度的道路已中断半个多世纪。2006年7月，中印之间的亚东口岸已重新开通，虽然是季节性的，贸易量也不大，但这对茶马古道，对中印两大文明古国的正常交往，无疑是一件大事。

中国、尼泊尔两国间的樟木口岸

再往西去，由拉孜、定日和定结向南，由陈塘过惹嘎拉山口，就能进入尼泊尔东部。

由定日往西，经岗嘎，越过亚汝雄拉山口，到聂拉木，出樟木口岸100多公里就到尼泊尔首都加德满都。由于2015年的尼泊尔大地震影响，此路现已改道吉隆沟进入尼泊尔。规划中的青藏铁路就要由这条线路延伸到尼泊尔。

如果西行到阿里，由巴噶穿过玛旁雍错和拉昂错，经过普兰出境就可到尼泊尔和印度。

古代，由于喜马拉雅山脉的阻隔，中国与印度之间鲜有交通。到了孔雀王朝时期，印中才有所交往，而且是通过中亚绕道联系的。唐代玄奘大和尚到印度取经，也是经由中亚过去的。唐代，印度文明北上，藏族也翻山南下，同时也向东发展，汉文化也逐步西进南入，多种文明与文化在青藏高原上交汇融合，形成了相当独特的藏族文化。随着佛教信徒的执着穿行，随着物资交换的急剧增长，喜马拉雅山脉不再是不可逾越的屏障，人们已能够穿越上述多个山口，打通了青藏高原与印度次大陆的通道，茶马古道在这里功不可没。

第四章
鲜活流动的血脉

如果我们将横断山脉和青藏高原看作一个有机体，那么，茶马古道就是这一有机体上的动脉和静脉，运行在这古道上的马帮、背夫和牦牛驮队，就如同鲜活流动的血液，将藏地如氧气般必不可缺的茶叶等物资，源源不断地输送到雪域高原。

这是一条遥远艰辛得令人难以想象的物流线路，而且采用的是今人不可思议的运输方式。对于相对来说舒服快捷得多的海运，华裔日本作家陈舜臣也觉得是出于无奈和必需："越过炎热的印度洋，在太平洋的风浪中颠簸，装备着风帆和车轮的早期蒸汽船，在航行中是多么的辛苦。为何如此不辞辛劳,对茶孜孜以求呢？对他们来说，也许这是为了讨生活。但正因为想得到茶的人很多，这样的生计才得以成立。"正是为了生计，也正是由于茶叶如氧气般必不可少，远离大海、身处高原上的人们才义无反顾地用自己的双脚和骡马、牦牛的四条蹄腿，将产茶区的茶叶运送到渴求茶叶的人们手中，将横断山脉与青藏高原，联接在一起。

抗战胜利前一年，刘文辉主政的西康省准备在省会康定建一座500千瓦的水力发电厂，以补充以前仅50千瓦发电机的不足。设备购自美国，经海运跨大西洋、印度洋到印度，从印度用飞机由驼峰航线空运达昆明，由昆明用汽车运到成都，再由成都转雅安，翻大相岭，过大渡河到康定，途中历时整整一年半！建发电厂的费用在1亿元法币以上，而其中仅1%为设备购置费，其余99%为运输费！可见茶马古道的交通运输是何等艰辛和重要。

茶马古道一景

茶马古道主线除云南西双版纳、思茅、大理、丽江至拉萨一条外，还有由成都过西康之打箭炉至拉萨一条。此路第一阶段又分经过荥经、汉源的大路和经过天全、二郎山的小路。后一段分为经过甘孜、道孚的北路，经过德格、昌都的商路和经过理塘、巴塘的官路，以及经汶川到松潘和西北藏地的西路。川藏间的这些道路，自古也是茶马互市和茶叶山货贩运之路，其茶马互市的历史较滇藏茶马古道更悠久，其货物的交易运输量，当数倍、甚至十倍于滇藏茶马古道。四川盆地及周围山地出产的被称为"大茶"或"边茶"的茶叶，由这条路源源不断地运往藏地。

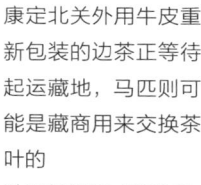

康定北关外用牛皮重新包装的边茶正等待起运藏地，马匹则可能是藏商用来交换茶叶的
孙明经摄于 1939 年

由于横断山脉和青藏高原山高水急，车辆运输和水上航运均无可能，因而只能选择人背马驮这样最古老、最原始的交通运输方式。而在藏北高原，由于海拔高气温低，常年天寒地冻、冰天雪地，所以只有使用高原之舟牦牛，作为运载工具。又由于一些地区的人力费用一直低于畜力，所以在一些较近距离的路程，由背夫脚力来完成相对短途的运输工作。像茶马古道这样远距离的长途贩运，运送的又是价值和利润较高的茶叶和山货，人们也就别无选择，只有使用最为昂贵的骡马运输。因而，拥有特殊生存运作方式的马帮，成为茶马古道运输的主体。从古到今，到茶马古道结束它的历史使命，茶马古道的运输方式几乎没有什么改变。如果没有马帮、牦牛帮这样的运输团体或"组织"出现，茶马古道的长程贸易是无法实现的。骡马、牦牛之于茶马古道，就如骆驼之于丝绸之路。

一、背夫

川茶之所以被称为"大茶"(藏语叫"龙布斯卡"),乃是因为它特殊的包装方式:用竹篾编成长约一米,大腿粗细的容器,将茶叶蒸揉后压成砖块状塞在里面,成粗粗的长条状。这跟云南的沱茶、饼茶形成显著区别。

外国摄影师镜头下的茶马古道背夫

不幸的是,四川缺乏云南那样善走山地高原的骡子和马,而且人力比畜力成本更为低廉,于是乎,在川藏路上,出现了一种奇特的运输方式：人背。许多社会底层的人出于生计，不得不从事繁重的背运工作。四川的背夫有着令人惊讶的韧性和耐力。至今四川人仍以能够负重行走而著名。

背夫当地称为"背子"或"背二哥"。每当农闲时节，汉源、荥经、天全、泸定一带几无其他谋生手段的贫苦农民就大量离家，出来参与背运茶叶。有的跑短途，负责把刚从茶树上采摘下的生茶用大竹篓背到雅安、荥经等处的茶厂加工，每背茶的重量在150斤左右。有的则跑长途，将加工好并用竹篾条包装完备的茶包背送到康定。体力最强健的能背20个茶包，一般体力的背10包左右，妇女孩童只背三四包到五六包。每个茶包重约16斤。所以这些四川背夫一人一次能背200斤重的茶叶，几乎是两匹骡马的负重量。每个人自己还要带一个干粮袋，内装路上十几天的干粮和一块二三两重的盐巴，以便途中就餐时拌豆花吃。他们胸前还系一个圆形

川西背夫留下的拐子窝

的竹篾圈，专门用来刮汗水。脚上穿的，则是自己打的草鞋。在一年里的大多数时间里，山上往往都还积着冰雪，他们就得在脚上套一个防滑的竹圈或铁环"雪抓子"。由于背负太重，他们挪分展寸走上几十步就得歇一会儿，带头的在前面用铁头拐在地上杵几下，后面的就

会依次用拐支住背上的茶包,两脚岔开直立着松口气,刮刮汗水,片刻后再继续前行。有的太过疲劳,站着休息时都可以睡着。在他们背茶的茶马古道沿途,都还留有许多清晰可见的杵拐子的深深痕迹,有的一块石头上就有多达三四十个拐子窝!路途中他们就吃点自带的干粮,晚上就睡在背风的石崖下,有人家就借宿在屋里。在有人烟的地方,会在石头墙壁上留一个洞,背夫往里面投几个铜板,里面就会伸出一支点燃的烟枪,供精疲力竭的背夫吸上几口鸦片提神。

　　出生于 1932 年,家在天全县甘溪坡的李攀祥讲,他十四五岁就开始背茶,那时没有别的活路,一年到头钱都不好找,只有背茶包子。只要地里的农活一忙完,就去干背子。也有妇女背茶包子的,但很少夫妻俩一起出门背茶的。由于他身体棒,一上来就背七包茶,最多的时候背十一二包。再加上自己的吃粮,一次要带 30 多斤,总重就在 200 多斤。走天全这边的小路,因为山陡路险,不能像走荥经、汉源那边的大路那样,背十四五包。去的时候要走半个多月,来回一趟得二十几天。到了康定一般都不耽搁,货一交清就回返。出来背的多为贝母、虫草之类的山货药材,但返回时空手的时候还是很多。

　　从天全出发时,茶商老板只预付不到一半的费用,叫作"发脚",茶引和发单必须带在身上,到康定交了货,货单上盖了印章,带回来才能领到余下的工钱,叫作"清下脚"。他们一般是一伙人一张单子(茶引)。一引五包茶,一伙人无论背多背少,加起来都必须是五的整倍数,和茶引的数字得吻合。没有茶引,就等于是犯法走私茶叶。

　　路途的艰辛一言难尽。走在山路上,脚后跟都给沉重的茶包压裂了,用针线缝上继续走。后背都磨烂了,碰都不能碰。所以背子们最怕搂肩拍背这样的动作,谁都受不了。尽管小腿上打了绑腿,早上起来腿肚子还是很疼,要拍上一会儿,要按摩脚腕子。晚上一般住在路边的民宿,一伙人挤在地板上睡,几个人合盖一条破被子,蚊虫叮跳蚤咬,早已习以为常。住一晚要付相当于现在一角钱的费用,早上有一碗豆花(豆腐脑),汤汤水水地吃了就走,放的盐巴都要自带。山下是酷热干渴,山上是风霜雨雪。

事过50多年,李攀祥回忆说,路上的种种辛苦不说,背茶包子最怕四件事情:一是怕涨水路不通。一涨水桥就给冲了,路也塌了,困在半路走不了,粮食吃完就没办法了。还有人被大水冲走,他们村就有好几个。二是怕土匪抢杀、怕被抓了壮丁。那时刘文辉的24军驻扎在这一带,随时有拉夫抓丁的事情,挨上就惨了。所以一听说要过军队,沿路的人就赶快躲起来。碰上土匪抢劫就更要命,有钱被抢钱,无钱被夺命。三是怕路上生病,生了病根本无法就医用药,要是挺不住熬不过去,就只有死路一条。四是怕雪凌大。雪凌大的时候,就像在玻璃板上走路。脚上不套上"雪抓子"就过不了二郎山。有些留长辫子的,晚上睡觉辫子都会给冻结在床上。

背夫李攀祥先生

李攀祥背茶一直背到1950年代,后来公路修通,他就在家当农民。

更多背夫走的是大路。当时走"大路"的背子们中间流传着这样的顺口溜,是当时背夫生活的极传神的写照,其中一部分也涉及"小路"的背夫:

一出泥头桅杆坝,老君关坡坡是难爬。
爬上关顶歇一下,上关沟再把拐子拉。
马刨石打拐看一下,大湾头有个吕冬瓜。
过了大湾不想走,高桥的店子数马家。
丁字坪,三交坪,韩泥沟的豆花要抢人。

林口打尖缓口气,大家又朝核桃坪爬。
头二三道桥路难行,白果湾土匪要抢人。
钱少难保身,钱多难保命,
无钱又遭一顿打。

伏龙寺的店子竹笆笆,大石包塘的路陡又滑。
汗尽力干才爬上顶,箭杆路滑把筋头打。
理好背子往前行,累了就歇瓦窑坪。
灵官塘下去校场坝,化林坪吃早饭再喝口茶。

三天三个坪,九天到炉城。
隆巴堡去把酱油打,木瓜沟去拌豆花。
冷碛大桥头把工来耍,橙子坡坡实难爬。
破碉房的花生抓几把,腰堂子的烧酒斟满花。
甘露寺和尚没答答,挖脚十里到大坝,
皂角顶过去金钗花。
磨子沟有个曾幺大,大小两路都要去拜望他。

拢了皇桥（泸定桥）杵一下，过桥就是几响刷。
打到大路人不谈话，打到小路人卷他妈。
过河就歇白日坝，去就碰到沙皮娃。
沙皮娃的拐子勒得吓，托得老子头眼花。

浑水沟的萝卜涨了价，弟兄们商量不吃它。
溜马槽的坡坡难得爬，咱里才去把工耍。
象鼻子岗岗风吹沙，伞岗坪的凉水涨了价，
小烹坝的豆花炖空花。
水打沙湾是河坝，大烹坝的臭虫满街爬。
黄金坪的坡坡软塌塌，回马坪的房子矮爬爬。
打窝儿的石头懒得耍，冷竹关尽歇女娃娃。
石门坎的梯梯实在多，大嘴上的凉水不好喝。

瓦斯沟去把青菜买几把，凉水井的水还吃得下。
……拢了大升航，算来银子统身上；
拢了海盘石，算来将够吃；
拢了椒子岗，算来要贷账。
一进东关口，大家邀约绑回手（找回头货）。

背大背，是勉强挣，对对挪挪吃一顿。
背子背上一百八，裤儿拉来挽疙瘩。
背子背得杂，就怕三个砸。

当年经营过边茶生意的高济昌回忆:"康定大风湾有个万人坑,地址在现今交通监理所附近,像一间小屋,全由石灰涂壁,正面下开一个小洞,凡属倒毙的背茶人,无人收尸掩埋,便拖来甩入洞里。正面横写着'白骨塔'三字,一副对联是:'满眼蓬蒿游子泪,一盂麦饭故乡情。'虽然坑中丢的不只是背茶的,但背茶者占多数,每过那里,都叫人望而心酸。"

从四川的雅安、荣经、邛崃、天全等地出发,翻过大相岭、飞越岭或二郎山,从泸定桥上跨过大渡河到康定,背夫们走一趟需要20天左右。这段距离哪怕在修通了公路后,在二郎山隧道没有修通以前,汽车也要跑个两头见黑才能到达,而且大胆的四川司机提起二郎山就摇头。1950年代,由时乐蒙作曲改编、洛水作词的《歌唱二郎山》传遍全国,那是一首歌唱那条险峻的道路和修筑它的部队的豪迈歌曲。近几年,二郎山公路隧道凿通,由成都平原西行康定的道路才真正变成坦途,乘汽车由成都到康定只需半天时间。康定机场的航班也已正式开通。

我这一生恐怕都没有可能去体验身负100千克重物走400多公里山路是什么滋味,但我能想象到那是怎样的一种艰辛。

在经过许多天艰苦卓绝的跋涉翻过飞越岭或二郎山,跨过大渡河后,那些背夫往往一大早天不亮进入峡谷中的康定城,各商号的人员早就守在城外等候他们,领他们到店里下背子,看条子验货,然后就付钱给他们。而那些背夫交掉货物领到钱后,就在路边拣三块石头架起锣锅,烧水打茶喝,喝一口茶,吞一口他们自己带来的粑粑吃。那粑粑厚厚的,又硬,掰都掰不动,不在茶水里泡软了就根本吃不成。他们就这样一二十个人聚在一起,所有人的背脊全磨烂了，就像骡马被鞍子把皮肉磨烂了一样。吃过粑粑喝过茶，他们就一对一对站起来，相互作揖道歉，把丑话说在前头，要对方不要多心，然后其中一个就趴到地上躺着，另一个就用喝过的茶叶搓抹他烂掉的脊背，把烂了的皮肉都抹掉，最后敷上一些大烟烟灰，用来止血封口。背夫们一个个疼得像"挨宰的猪"一样嚎叫，一个做完了，又由趴下的那个跳起来给另一个做，然后又是一阵阵嗷嗷的嚎叫。

这样干完后，有的背夫就跑到大烟馆去，躺在吱吱呀呀的破床上，头底下枕一块土坯就抽起大烟来。

这个故事我是从居住在云南丽江的黄俊生那儿听来的。事隔50多年，黄老先生提起那些四川背夫还唏嘘感叹不已，感觉他们是最可怜的人。

川藏茶马古道雅安至康定段，全由背夫完成艰巨的运输工作
四川背茶背夫塑像——四川蒙山茶叶博物馆

1939 年跟黄俊生同时到康定，借助背夫由雅安步行到康定并在康定停留很多时日的白俄顾彼得先生对此也深有同感。他这样描述："不管阴雨绵绵还是阳光灿烂，风霜雪冻，成百上千的背茶者就这样日复一日，年复一年地来往于雅安和打箭炉之间。当死亡来临之时，他们只是往路边一躺，然后悲惨地死去，没有人会关心他们的死活，这样的事周而复始，没有人会因此而掉泪。由于过度的疲劳，他们在休息时已经累得说不出话来，沿途的一切景物对他们来说都毫无兴趣，他们像机器人一样机械地拖着步伐从一块石板迈向另一块石板，他们仿佛是些'异类'，你无法安慰或是帮助他们，他们已经脱离了人类的情感，比骡子和马匹更加沉默。当背负着重重的货物行走时，他们唯一能发出的声音便是粗重的呼吸声、喘气声。在打箭炉的那段日子里，这种悲惨至极的景象一直萦绕着我，使我感到无比的悲哀和不可言说的无能为力。"顾彼得也注意到有的背夫吸食鸦片的事："做这种没完没了的工作，他们的"动力"完全来源于鸦片烟，没有鸦片烟他们简直没法活下去。他们每到一个正规一点的驿站——肮脏的小吃店便开始用餐，一般是一碗清清的白菜汤或是蔓茎的汤，一点豆腐或是大量的辣椒，然后退到卧房，躺在脏兮兮的草席上掏出一根烟枪或是借一根烟枪来抽大烟，我常常听到小店里幽暗的房间里连续不断地传出的抽吸声，并伴随着一股甜甜的树脂味。他们悠然自得地、忘却一切地躺在那里，羊皮纸一样的脸在黑暗中闪现。"

黄老先生讲，康定那些来商号帮着给茶叶打包的、上茶叶驮的小工也很惨，他们从来都是干完活不洗手就打茶喝、揉糌粑吃，问他们为什么不洗手，他们回答说洗了手茶叶末就洗掉了。他们连手上沾的那点茶叶粉末都舍不得。

黄先生字钟杰,生于1920年,1998年我访问他时,他已78岁高龄。其父黄嗣尧先生就是当年丽江最大的商号"仁和昌"的总经理,老先生在赖家仁和昌干了48年,1960年68岁时去世。可以说,赖家仁和昌的兴盛,跟黄嗣尧先生尽心尽力的经营分不开。当年,年轻的黄钟杰也跟随父亲进入仁和昌工作,从1939年到1944年,他在仁和昌的康定分号待了整整5年,长年累月都是跟马帮、背夫以及茶叶、山货打交道,负责把茶叶等货物发到西藏昌都。1944年抗战胜利前他回到丽江,在丽江待了一年之后,他就跟马帮进了西藏,在拉萨一住就是两年,在那里的仁和昌分号做事,1947年返回丽江。

黄老先生装着一肚子关于康定、拉萨和各马帮与茶马古道的故事。

其实,云南丽江交通川康一带源远流长。早在秦统一六国时,就已将"牦牛种"各部落分布的古邛(今四川西昌)、笮(今四川盐源)等地纳入了帝国

溜索过金沙江

版图,这一带各民族间已有贸易往来,商人们携带铁器等物到这里换取牦牛和笮马。笮马就是著名的丽江马,古代称这种马"质小而蹄健,上高山,履危径,虽数十里不知喘汗"。丽江人很早就把它们作为交通工具。汉代时,雄才大略的汉武帝两次用兵这一带,想由此打通通往印度和大食的捷径。民间这一带的贸易更为繁盛。三国时诸葛亮由蜀渡泸南征,多次深入蛮荒之地,并未恃强凌弱,而意

在"南抚夷越",给西南诸民族留下了至今难泯的印象。唐、宋时期,这里更成为唐与吐蕃及南诏、大理之间争战和各种交往的犬牙交错地区。元时,忽必烈的铁骑就是由这里的山间马道奔袭大理国成功,进一步打通了这些道路。明时,声势显赫的丽江纳西族木土司的军民人众曾经席卷了这一地区,至今他们的后裔还生活在四川的盐源、巴塘、得荣,以及西藏的盐井等地,在那些地方留下了碉楼、开垦水利田地的遗迹。藏族英雄史诗《格萨尔王传·姜岭大战》反映了这段历史上的争战与交往。到了清代,随着民间经济的发展,这一区域更成为茶叶和山货大量交易的场所。

洛克 20 世纪 20 年代拍摄的溜索过江

作为茶马古道的大中转站,丽江与康定之间也有马帮道路贯穿。黄钟杰当年就沿着马帮路到康定经营这一地区的生意。云南马帮走康定,共有十七八站的路程,途中要经过三道湾、米易、拖梁子(金沙江渡口)、翠依、永宁、木里、麦地楼、九龙等地。自古以来,两地的商人和民间人士经常来来往往。有很长一段时期,从丽江运往康定的大宗货物是大烟,也就是著名的"云土"(云南以出产的云土鸦片著名)、布匹和纸烟,还有著名的"云腿"(火腿),回头货是当地盛产的黄金、皮毛等,以及一些丝绵、锦缎被面等。大量的山货经泸定越大渡河,翻大相岭运到成都。但那条路上土匪很多,不加入当地的帮会就根本走不通。

背茶妇女翻越大相岭
孙明经摄于 1939 年

当时的西康省主席是四川军阀刘文辉,他在与另一军阀也是其世侄刘湘争战失败后被迫退居川西,他的军队编为国民革命军 24 军。偏居川西后,刘文辉用心经营,以图再起。1935 年国民政府计划筹建西康省,任命刘文辉为西康建省筹建委员会委员长,1939 年 1 月 1 日西康正式建省,刘文辉出任省主席。针对西康多民族杂居的现实,他采取了不少措施缓和民族关系,安抚、笼络藏族上层,同时也引进人才,发展科技和教育,使得西康边地"气象一新"。刘文辉曾下令,只要哪一县县政府的房子比学校好,县长就地正法。所以当时巴安(巴塘)县立小学不仅有县长义务任教,还有美国博士教英语,甚至还组建了小学棒球队。但刘文辉很少待在省会康定,而是长住成都和川西的雅安。他设在康定的禁烟局实际上早就成了大烟专卖局。即使他在康定,鸦片也一定会卖的。大烟买卖是那里的主要生意之一,也是军饷的主要来源。国军的非嫡系部队大都得自筹军饷。云南军阀龙云亦如此。西康每年还出产约3万两黄金,也是其重要财源,同时也成为中国抗日战争的战时经济支柱之一。1949年,刘文辉率部起义,成为新中国的民主人士和林业部长,1976年去世。

对那些拦路剪径的土匪,刘文辉也毫无办法。连发了大财的禁烟局长都在路上成了土匪绑的票,花了一大笔赎金才脱身。最后刘文辉只有把这些土匪都招了安,全数编入了他的军队,土匪头儿做了警备团团长,来往的商队商人这才能够平安到雅安、成都去。

从德钦的奔子栏,也有马帮路经得荣到四川的巴塘,由巴塘经理塘、雅江,就到当时的西康首府康定。或由中甸的东旺,翻过大小雪山可到乡城,经桑堆后直抵理塘、康定。但走那条路在当时纯粹是冒险,因为那里正是众多土匪强盗的老窝子。只有人多势众、武器精良的大马帮才敢走这条路。

有时,云南的一些马帮商队就在德钦买进由康定过来的四川大茶,再运到拉萨去销,居然也还有利润。大茶压得特别紧,很重,敲一点点就可以煮一大锅酥油茶,所以藏族也很喜欢。四川大茶的味道又浓又苦,也只有藏族能够接受。

二、山间铃响马帮来

马帮拉成一条直线逶迤盘桓在山路上,挂在骡马脖颈上的铜铃随着骡马的迈步而有节奏地叮当作响,宁静的山间回荡着清脆、悠远的铃声。马蹄铁踏在石头上的声响则沉闷而厚重。这铃声和马蹄的嘚嘚声几乎就是茶马古道的标识。

马帮出发前的火供祈福仪式

民国时期,范义田先生就注意到往来于滇藏间的马帮:"古宗(藏族别支)巨商骑马千百,入内地市布盐茶,而普洱茶尤为日常嗜好,每年出而运载,为数不下巨万,名曰:'赶茶山'。归则顺往鸡足山精舍顶礼,名曰:'朝鸡山'。出赶茶山正当夏历九月,常以四五百匹马结一大帮,大老板背负三四寸黄金佛,腰悬金饰挂刀,并佩十响五子新式手枪,烹浓茶,饮酥油,黎明出发,过午便息,耐劳经寒,长于跋涉,非内地赶马人所能及。"

第四章　鲜活流动的血脉

抗战时在昆明念西南联大的汪曾祺先生见过云南的马帮。他在《跑警报》文中这样生动描绘："大西门外，越过联大新校门前的公路，有一条由南向北的用浑圆的石块铺成的宽可五六尺的小路。这条路据说是古驿道，一直可以通到滇西。路在山沟里。平常走的人不多。常见的是驮着盐巴、碗糖或其他货物的马帮走过。赶马的马锅头侧身坐在木鞍上，从齿缝里咝咝地吹出口哨（马锅头吹口哨都是这种吹法，没有撮唇而吹的），或低声唱着呈贡'调子'：

> 哥那个在至高山那个放呀放放牛，
> 妹那个在至花园那个梳那个梳梳头。
> 哥那个在至高山那个招呀招招手，
> 妹那个在至花园点那个点点头。

这些走长道的马锅头有他们的特殊装束。他们的短褂外都套了一件白色的羊皮背心，脑后挂着漆布的凉帽，脚下是一双厚牛皮底的草鞋状的凉鞋，鞋帮上大多绣了花，还钉着亮晶晶的'鬼眨眼'亮片，这种鞋似只有马锅头穿，我没见从事别种行业的人穿过。马锅头押着马帮，从这条斜阳古道上走过，马项铃哗稜哗稜地响，很有点浪漫主义的味道，有时会引起远客的游子一点淡淡的乡愁……"

世界上恐怕再没有别的商路像茶马古道这样走的几乎全是马帮。据我有限的知识，在人类掌握机动能力之前，只有南美洲的高原山地像这样大规模使用骡马作为主要运输动力。马帮们那种长期在野外风餐露宿的生存方式、他们严密而又随意的组织形式，以及种种带有浓厚神秘氛围的习俗，赋予了他们浪漫而传奇的色彩，也赋予了茶马古道一种神奇内涵。

马帮是过去大西南地区特有的一种交通运输方式，也是茶马古道主要的运载手段。众所周知，中国大西南区域山高水急的自然条件使水上航行成为纯粹的噩梦，山道的险峻崎岖，又根本无法行驶车辆，而西南地区自古又出虽矮小却极有耐力的山地马，这样，马帮的徒步运输就应运而生。因而，自汉唐宋时期，到元明清年间，直至现代交通相当发达的今天，西南的驿道交通就有这样的突出特色：骡驮马运，充路塞道。

多少年来，无数的马帮在茶马古道上默默穿行。尤其是在抗日战争期间，所有进入中国的路线都被截断时，经由西藏再转道至印度的茶马古道，成为抗日战争中后期大西南后方主要的国际商业通道。一时间沿途商号林立，马帮云集，其繁忙景象非我们今日所能想象。

在我看来，马帮们走茶马古道的故事，完全是一部只属于过去时代的传奇般的史诗。

中国古代，官方驿制的时兴时废一直是交通方面，也是社会发展方面的大问题。已故谭其骧先生曾讲过，明末，崇祯因为财政窘迫而节俭开支，削减裁撤官方驿站，成了明王朝覆灭的直接原因之一：数十万没有其他谋生技能的驿卒顿时成为李自成、张献忠手下不需训练、不需配备装备且熟悉地理路况的现成战士。

从清中期到民国初年，官办驿运照样大大衰落，而随着商品经济的发展，各地间的商品运输流通需求大大增长，西南民营的商团化马帮便迅速发展起来。专门从事大宗货物长途运输的马帮，骡马多者数百匹,有的甚至多达数千。在云南、四川和西藏之间,就有大量这样的马帮商团来往运作。

云南西双版纳古六大茶山中心易武镇的马帮雕塑

马帮商团化的出现,明显地具有现代运输生产的特征,同时也有着浓厚的传统行会的特色。马帮商团化还有一个特点,就是马帮与工商业主之间建立相对固定的依存互利关系。商号与马帮在产销和运输之间形成的专业分工与依赖合作关系,这对双方扩大再生产极为有利,也是马帮运输业的一大进步。因转手贸易需要,商号一般都自己养有马帮,形成自己的运输力量,少则二三十匹,多则二三百匹,甚至数千匹,来往贸易全靠骡马一站站、一程程地把货物在产地和需求地之间来往运送。

这样的马帮商队完全由"老乡"和"弟兄们"组成,同道的各种危险和忠诚盟誓将他们紧密地约束在一起。团结合作的精神鼓舞

气宇轩昂的马锅头和马帮队伍

玉溪茶马古道上的驿站和马帮饮水的石缸

着大家,好处和利润自然是以股份的多少和出力的大小来合理分配。

一般来说,马帮的组织形式不外三种:一种是家族式的,全家人都投入马帮的事业,骡马全为自家所有,而且就以自家的姓氏或商号名称命名;第二种是凑集帮,一般是同一村子或相近村子的人,每家出上几匹骡马,结队而行,各自照看自家的骡马,选一个德高望重、经验丰富的人做马锅头,由其出面联系生意,结算分红时可多得两成左右的收入;第三种我们暂且将之称为结帮,它没有固定的组织,只不过因为走同一条路,或是接受了同一宗业务,或是因为担心匪患而结合走到一起。这几种组织形式有时会搅和成一团,成为复杂而有趣的马帮景观。因为路途遥远艰辛,走茶马古道的马帮一般都是家族大商号的马帮,他们已经十分专业化。

马帮首领俗称为"锅头",他既是经营者、赶马人的雇主,又大多是运输活动的直接参与者。在茶马古道上，人们习惯将赶马人叫"马脚子"（藏语叫"腊都"）。马脚子们大多出身贫寒，为生计所迫才走上赶马的路，因为走茶马道不仅艰苦异常，而且还十分危险。由于马帮的各项工作完全靠赶马人分工而又轮流着做，所以每个赶马人都必须要具备全部赶马人应该具备的本事和能耐。首先，要懂天时地利人和，也就是说，要会看天气变化，要会选路，还要会选宿营的地方，同时还要通各民族语言，善于和不同地方的各色人等打交道；其次，要识骡马的性情；第三，要会各种马帮生活的技能，诸如支帐做饭，砍柴生火，上驮下驮，钉掌修掌，找草喂料，乃至医人医畜，等等。

马脚子必须听从马锅头的指挥，马锅头就是他们的头儿，是一队马帮的核心，负责接洽生意、各种采买开销、联系事情，甚至在野外开梢吃饭时，也要由马锅头掌勺分饭分菜。赶马人只是马锅头雇用的小工。但马锅头和马脚子之间并不单纯是雇主与雇工的关系。

西藏嘉黎县尼屋乡一位90岁老人家门钥匙串上的云南马铃铛

马锅头，尤其是一些小马帮的锅头，大多是自己参加赶马帮的劳动者，与众多赶马人同吃一锅饭。锅头的名称也就由此而来。有的赶马人经过一段时间的努力，也会拥有属于自己的一两匹骡马，上路时将自己的骡马加入马帮,赚取自己的一份运费;如果再有些本钱,更可以备上一些货物驮上,自己也就有了一份贸易利润。这样发展下去,一些马脚子就成了小马锅头。

走藏地的马帮一般用滇藏、川藏边沿的藏族男性青壮年做马脚子,这样就不存在语言和习俗的障碍,也能够承受得了路途的艰辛。一个马脚子最多可照看12匹骡马,那要极能干的赶马人才能做到,一般的马脚子就负责七八匹骡马。一个赶马人和他所照管的骡马及其货物就称为"一把"。这样几把几十把就结成了马帮。

藏族家庭的男子常常外出赶马跑运输做生意

跟当时那些地方军阀的乌合之众相比,马帮更像一支训练有素、组织严密的军队。他们不仅身强力壮,而且全副武装。马锅头、赶马人和骡马们各司其职,按部就班,兢兢业业,每次出门上路,每天从早到晚,他们都井然有序地行动。

在茶马古道上跑长途的马帮,其实所用的骡马主要以骡子为主,很少用马。茶马古道一路,山高路窄坡陡,用马不如用骡。据司马迁的记述,牡驴与牝马杂交者为"赢"(骡),牡马与牝驴杂交者为"駃騠"(驮骡)。早在西汉甚至更早时期,北方的匈奴已将骡作为家畜广泛使用,被汉人视为"奇畜",后来亦为汉人大量繁殖使用。因为马比骡子笨,食量又大,负载力和耐力也没有骡子好,所以走藏地

马帮头骡大铜铃

马帮头骡装饰

的马帮大多使用骡子。骡子虽然出步小，但蹄与肢之间收得紧，走山路灵活，通过性比马强，食量也小得多，而且其负载能力和行走耐力远远超过马。所以云南历来就有这样的老话："人比人，气死人，马比骡子驮不成。""马帮"应叫"骡帮"更名副其实。

　　骡马行进的队伍也有自己的领导，那就是头骡、二骡。它们是一支马帮中最好的骡子。马帮一般只用母骡作头骡、二骡。马帮们的说法是，母骡比较灵敏，而且懂事、警觉，能知道哪里有危险，而公骡太莽撞，不宜当领导。头骡、二骡不仅是马帮中最好的骡子，而且它们的装饰也非常特别、十分讲究。它们上路时都要戴花笼头，上有护脑镜、缨须，眉毛处有红布红绸做的"红彩"，鼻子上有鼻缨，鞍子上有碰子，尾椎则用牦牛尾巴做成。头骡脖项上挂有很响亮的大铜铃，二骡则挂小一些的"二钗"。头骡、二骡往往要一个毛色的。"头

路途打茶开梢

骡奔,二骡跟",将整个马帮带成一条线,便于在狭窄崎岖的山路上行进。头骡上还插有马帮的狗牙"帮旗",上面书写着该马帮的帮名,让人一看就知道是哪一家的马帮。头骡、二骡一威风,整个马帮就有了气势,一路浩浩荡荡,连赶马人自己走着都有了精神。在整个马帮队伍的最后,还要有一匹十分得力的尾骡,也叫追骡。它既要能紧跟上大队,又要压得住阵脚,使一大串的马帮行列形成一个整体。

走茶马古道的马帮,在路上大部分时间过的是野营露宿的生活。一般天一发亮就爬起来,从山上找回吃草的骡马,给它们喂料,然后上驮子上路。中午开一次"梢"。"开梢"就是吃午饭的意思,也就是打个酥油茶,揉一点糌粑吃。当天色昏暗下来的时候,马帮都要尽力赶到他们必须到达的"窝子"——适宜马帮宿营的地方,在那里才好"开亮"。开亮就是露营。他们要在天黑前埋好锣锅烧好饭,搭好帐篷,卸完驮子,将骡马放到野外吃草。每天的打野开亮,都由大家分工合作,搭帐篷的搭帐篷,钉马掌的钉马掌,找柴的找柴,做饭的做饭,洗碗的洗碗,而且是轮流着做,以免不公平。

这样打野开亮的野外生存，并不是一件容易事，充满了各种危险和变数。这里面就有许多忌讳，主要是行为上的避讳，如煮饭要转锅时，只能逆时针方向一点点慢慢转；架锣锅的石头不能乱敲，连磕一下烟锅都不行；凑柴要从一个口一顺地凑，不能乱架乱放；吃饭时只能由锅头揭锅盖，第一碗饭也要由锅头添，添饭时更不能一勺子舀到底，要从饭锅表面一层层舀下去；添饭时还不能将饭锅搞得转动；所有的人吃头一碗饭是不能泡汤的，因为怕碰上下雨；人不能从火塘和锣锅上跨过，也不能挡住第二天要走的方向；饭锅更不能搞得打翻了。也有语言上的忌讳，如筷子不能说筷子，而要说帮手，因为"大快"为老虎，不能提到那凶猛的家伙，豹子的称呼也不能提。碗要叫"莲花"，"碗"跟"晚"是谐音，马帮们可不想晚到。钵头要说缸钵，"头"与"偷"谐音，马帮也不想被盗。勺子要说"顺赶"，"勺"跟"说"在云南方言中是谐音，而言多必失，那就不吉利了。同样，手巾要叫"手幅子"，因为骡马最怕受惊。甚至连锣锅都不能说，因为谁都怕"落"在江里，所以锣锅只能说饭锅。灶也只能叫"火塘"，大家都不想把事情弄糟（灶）……但"柴"却是个吉利的发音，跟"财"相近，有时马帮过村寨还要去买一捆柴扛来，说"柴（财）来了！柴来了！"似乎这样就能招财进宝。

不要以为这是马帮们迷信犯傻。出门在外，顾忌自然特别多。人又不是神，各种意外随时都可能发生，人们不得不有所敬畏。

无论是谁，凡是不小心犯了以上忌讳，就要挨一顿数落，还要出钱请客打牙祭，严重的就逐出马帮。

马帮队伍里几乎是清一色的男性。马帮是男人的世界。如海上航行不许女性上船一样，过去的马帮也是不许携带女性同行的，更没有女性参与马帮运输活动。他们认为有女性同行就不吉利。这种忌讳跟畏惧自然不同,主要是担心在艰难旅途中发生男女关系,从而引发男性之间的不和与争斗。因为在漫长的旅途中,难免寂寞孤独,一有女性加入,容易出现打打杀杀的事情,那怎么去应对本已艰险的旅途?他们甚至都认为骡马吃了沾染女性经血的草就会大病不治死去——除非以女性阴毛烧灰给骡马服用才能痊愈。马帮里不存在"男女搭配,干活不累"的情形。马帮需要的是同心同德、齐心协力。

马帮们每天的生活几乎都是如此进行,早上找回骡马,马吃料,人吃饭,走路,上驮下驮,扎营做饭,放马,睡觉,周而复始,月复一月,年复一年。

茶马古道上马帮的存在和运作,起码有上千年的历史。马帮的存在和运作,

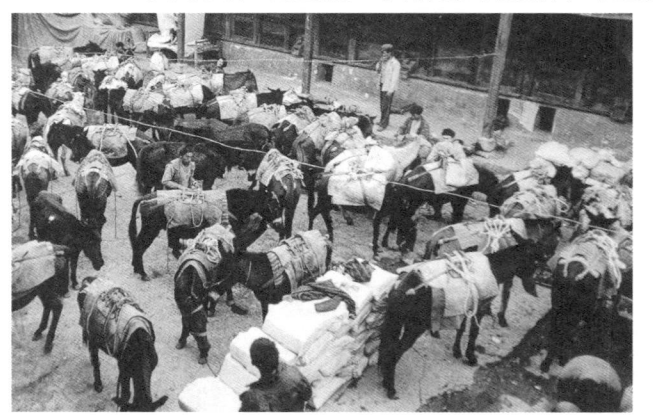

四通八达的大量民营马帮是民族文化交流的最佳载体——昔日热闹繁忙的马店

对茶马古道的通行,有着很大的贡献和影响。至今他们仍在一些不通公路或交通不便的地区辛勤劳作。

就是这些马帮等运输载体,如同鲜活流动的血脉,千百年来贯穿起了茶马古道。1990年时,跟着德钦县的马锅头都吉赶的马帮,在滇藏川大三角区域一趟一百天走下来,我才真正领略到茶马古道的魅力。那异常险恶的生存条件,那长达数千公里,来往一趟需耗

时四五个月甚至半年多的漫长旅途,造就了马帮们为人称道的冒险、合作、诚信等精神特质,这些精神特质成为茶马古道的闪光点,正是茶马古道的迷人之处。

三、高原之舟——牦牛帮

牦牛是藏族人民的"神牛",是青藏高原的原始牛品种。牦牛英语"yak"的发音,就来自藏语。藏族关于牦牛的神话同星星一样多。据说有个土地神名字就叫萨达波保(黑色野牦牛),住在西方,同时有个牧民住在牧场附近,于是人与牦牛就给联系在了一起。在藏族传说中还有八个女王,其中一个叫克鲁波玛的就是长着野牦牛头的白色女神。另有一个故事让人惊奇不已:止贡赞普与大臣罗旺大孜决斗,罗旺大孜用计杀死赞普,夺了王权,命止贡赞普的王妃牧马,王妃在牧场梦见与雅拉香波山神变的一位白人结合,醒来时却看见一头白牦牛从身边走开了。后来王妃生下一个血团,把血团放到一只野牦牛角里孕出一个儿子——他就是西藏历史上有名的如列吉(从角中生出的人)。……仅从这些神话中,就足见牦牛对藏族人民来说是

行走在高原上的牦牛驮队

多么重要。而西藏许多寺庙中供奉的护法神，如大威德金刚，就长着巨大的牦牛头。

藏族人民饲养牦牛主要是从它们那里得到牛奶，再从牦牛奶里提取出他们每日生活中几乎不可或缺的酥油。牦牛皮可做藏靴、皮条，而牦牛毛可以织成氆氇，做成牧民的毡帐，那毡帐虽然黑漆漆的不中看，却结实厚重，能抵御最可怕的风雪以及硕大的冰雹。牦牛肉比一般的牛肉细嫩鲜美，营养价值也高，藏族同胞会长得那么英俊、漂亮又健壮的原因跟牦牛有很大关联。在青藏高原许多地区，牦牛粪还是人们唯一能够得到的燃料，干牛粪生火又快又旺，还没有呛人的火烟，人们烧茶做饭取暖，就全靠牦牛粪这宝贝。在农区，牦牛还要为主人耕地。可以说，牦牛全身是宝，在一般藏族人民的生活里，牦牛就是家庭的主要财产，家家都要养上一些牦牛。一个家庭的富裕程度，往往以牦牛的数量来衡量。

在藏族群众要出远门朝圣的时候，在牧民们要转移放牧营地的时候，在他们需要经商贸易的时候，牦牛又成为高原上最为重要的运输工具。人们亲切地把它们称为"高原之舟"。

过高山雪地时，从云南和四川循茶马古道而来的马帮就要雇请牦牛帮忙，走一天两天或更长一点的路程。马帮们将这种方式叫作"放短脚"。因为马帮的驮子多，过雪山时没法一下子过去，就把马帮驮不了的货物交给牦牛，把钱先付给它们的主人，告诉他们把货物运到某个地方，然后就由牦牛一节一节地把货物运过去。那时路上很安全，货物驮子什么的都不会丢失。有时商号进的货物太多，自己的马帮根本无法一次运走，这时也只有请藏族的牦牛一段一段地像接力赛似的运送。

牦牛力气很大，比骡马要驮得多，但在赶马帮的人们看来，它们比较笨拙。它们从来不会像骡马那样，一个紧跟一个，秩序井然地行进。它们像所有的牛一样，总是挤作一团往前走，一会儿慢下来，一会儿站立不动，一会又不顾一切往前冲，相互之间撞来撞去的，力气又大，还会用它们尖利而又结实无比的角挑斗，有时连驮子都会摔掉下来，所以马帮根本不敢将未包装好的茶叶或是易碎的货物交给它们驮运。它们要是发起脾气来，火气甚至要超过西班牙的斗牛。

交付给牦牛驮运的大多是一些用牛皮包好的硬货。那些货物按分量分成堆后，用毡子裹起来，再用湿牛皮缝好，牛皮一干就收缩，把里面的货物紧紧地包成一个整体。这样的驮子可以到处乱丢乱甩，可以碰撞，也可以当凳子坐在上面，而里面的货物不会受损，走多远的路都不怕。这样的驮子也不怕风吹、日晒、雨淋。只有这样的驮子才能交给牦牛运输。茶叶只是用竹篾包装，要让牦牛运的话，走完一天的路程到了目的地，你就会发现你的茶叶早已变成粉末了。

用牦牛转移放牧营地

而且，牦牛无法走长途，一到人多的地方，它们就走不动了，倒不是说它们怕人，而是因为人多的地方天气往往要热一些，而这些生长在冰天雪地里的家伙根本就受不了热天，一到热地方它们就像得了病一样。

牦牛只能待在寒冷的高山上，那儿才是它们的用武之地。它们耐寒冷的能力让人不由惊叹——在大雪纷飞、气温仅有零下二三十摄氏度的冬夜，它们竟可以在雪地里一动不动地卧到天亮，背上的雪都积起来几寸厚！好像雪地就是它们舒适的床铺，大雪就是它们暖和的被子。天一亮只要将它们背上的雪掸掉，架上货物它们又可上路。

这还不算绝。牦牛最厉害的是能够在空气十分稀薄的情况下上山爬坡。翻越高山的时候，连强健的丽江骡马都显得十分疲软吃力，走上几步就得站下来歇息，而牦牛在这时却显示出惊人的耐力，不管多高多难走的雪山，它们都能一气贯穿，驮着沉重的货物直走到宿营地，仿佛他们根本没有负重爬山。它们的高山耐力简直会让天神吃惊。

在冬季马帮返回时，雇请牦牛放短脚是十分明智之举。牦牛能掘开雪层，吃到雪下的枯草，这样就能少带饲料。而且，在大雪过后，路上坑凹的地方都被掩盖了，骡马误陷进去十分危险。而牦牛感觉灵敏，又常年生活在雪原上，它们会避开这些危险的洼陷之地，选择结实的平地走。而有时雪太深，行走困难，也只有靠牦牛先走过去，把雪踩踏平了，马帮才走得过去。

要是没有这些牦牛，茶马古道上的马帮们就惨了。

仅就抗日战争期间而言，究竟有多少牦牛参加到茶马古道运输之中来，无论是西藏方面还是云南、四川，都没有一个准确的统计数字。由于它们跑的是短脚，来往于一段一段短途之间，一般也就是走一两天的路程，所以，即使是经常与牦牛帮打交道的人，也无法知道它们的数量究竟有多少。从各方面估计的数字来看，在茶马

牦牛翻越雪山如履平地

道上运输最为繁忙的时候,每年有上万头牦牛投入到茶马古道应该是没有问题的。

生活在藏北的藏族往往用牦牛到青海的盐湖去驮盐,在过去,那是每个男性青年必须参加的类似成年仪式的活动。因为整个驮盐过程是对一个男人最严峻的考验,他们要穿过大半个无人区。我的朋友、已故藏族作家加央西热曾在其获得鲁迅文学奖的纪实作品《西藏最后的驮队》写过有关的故事。

历史上参与过茶马古道运输的,还有西藏传统的"乌拉"差役。他们也是茶马古道上的运输力量,大多数时候,他们不仅自己出力,还得动用家庭所拥有的骡马、牦牛和驴。清末在西藏征战多年的陈渠珍生动而准确地记述过藏地特有的牦牛乌拉:"藏地行军,动需乌拉驮运。又须二三日一换,故无乌拉,即不能行一步。盖弹药粮秣,行李乘骑,每营须牛马两千余头之多,悉取给予沿途藏人。长途行军,绝非内地夫役力所能任。即内地之马,一入藏地,亦不堪用矣。赵尔丰以陆军初入藏,情形不熟,恐猝遇战,乌拉不继,故令我军走北路,为策安全也。""途次,见乌拉千百成群,尚未注意。至霍尔章谷换乌拉。先日傍晚,尚未齐。夜半,闻四野声喧,视之,乃藏族人民送乌拉牛马至矣。漫山遍野而来,不下数千。余方虑明晨掉换乌拉,驮装捆载,不知费时几许。迨次晨起视,则一人挟一驼,置牛背上,每驼重逾百斤,竟能举重若轻,约一时许,而二千余驼粮弹捆载已毕,身手敏捷,诚非汉人所及。因见体力强,不觉健羡无已。无怪唐代屡为边患,

今日茶马古道上的运盐马帮队

郭马名将,尚不敢言战,而言和也。

每日宿营,牛马拥挤坪中,藏族人民卸装,更为迅速。驼牛两千余头,不及一小时,即卸毕矣。藏族人民扬声,驼牛四散,满山满谷,

到处齿青。迨黄昏前后,藏族人民呼哨一声,但见山头群牛攒动,皆争先恐后,戢戢归来,勿烦驱策。藏族人民即就平地之桩,系长绳,排列为若干行。长绳中系无数短绳,拴于牛蹄。牛倚绳,或立或卧,秩然不乱。犹忆一日中夜起溲,弥望白雪,不见一牛,大异之。询之卫兵,始知牛卧雪中,雪罩牛身,望之似无数雪堆,隐约坪中。非转侧雪落,不知其为牛也。"

所谓"乌拉",就是西藏地方政府和土司头人强迫其辖区内所有农牧民必须要服的徭役。它原是元朝的一种差役制度。元初,西藏归入中国版图,从西藏至青海之间,供应来往官员马匹、传递文书、担负运输的差役就叫乌拉。以后,乌拉就演变成为西藏地方政府一切劳役差的总称。

其实"乌拉"一词是蒙古语,满语和藏语都意为差役,源于突厥语。在蒙古族地区,历史上指供应来往使臣、客商乘骑的马匹;在藏族地区,指旧时农奴向农奴主支应的各种差役,包括人役和畜役,是农奴的一项繁重负担。差役和税在藏语中是一个意思,内容相当广泛,种类繁多,包括各种劳役、捐税、地租,等等,都叫"乌拉"。所以"乌拉"就等于无偿劳役。各种各样的差役、税都有规定,统治者需要什么,民众就得负担什么。其中,劳役是主要的。藏族民众很形象地把差役税概括为两种:一叫"刚卓",意思是"用腿走路的差",即劳役差,包括用人、牛、马、驴所支应的劳役,其中,长途运输差叫"宗古",中途运输差叫"豁古",短途运输差叫"莎斯"。二叫"腊敦",意思是"用手拿出去的差",包括交纳各种实物、货币等。用于茶马古道的"乌拉"应属于"刚卓",凡政府、寺院活佛喇嘛要上路或是运送物资,沿途百姓都得无偿地提供人力和畜力帮助运输,由各地的头人、村长之类负责组织、指派。当然，作为中央政府的代表，驻藏大臣以及相关的官员、军人，也有支使"乌拉"的权力。对于官方的人员调动和物资运输来说，如果没有"乌拉"的支持，茶马古道的运作就难以为继。要指出的是，乌拉差役是对藏族农牧民的残酷剥削，给无数藏族家庭带来繁重的负担乃至灾难。

昔日遍布云南各地的骡马交易会

茶马古道沿途之所以有着多元文化交汇融合的特征，还在于茶马古道是以马帮、背夫和牦牛驮队这种种独特的载体来运作的。马帮之类无疑是最容易进行文化交流的运输工具。因为马帮、牦牛帮贸易的茶叶和山货等物资，既得自于两地间的人们，也要销售给他们消费，同时马帮、牦牛帮的补给，也仰赖沿途百姓，因而亦加强了信息的传递和人群的融合。虽然马帮当年走在茶马古道上，并没有意识到他们事实上已成为不同地区、不同文化间交流的使者，但他们不仅要跟各地的物产打交道，更要与各地的各族人民交往。他们就像一股股流动的血脉，将茶叶等货物和各种文化因素输送到遥远的地方，直到十分偏僻的末梢。就像活的黏合剂，将各民族及其文化结合在一起。

第五章
行走茶马古道的人们

对于茶马古道这样的远距离、高利润和高风险贸易来说，除了能够长途跋涉的马帮等，如果没有大量的资本，没有大批有能力、有经验的商人，也是不可能进行的。商人在远方市场和地方性生产之间起着必不可少的纽带作用。

虽然对茶叶和高原山货的需求没导致茶马古道沿线大规模的人员迁移浪潮，它们的运输对全国经济的发展也产生不了重大影响，但人们对物质利益的追逐，必然造成人的移动。对茶叶和山货的需求，使得茶马古道这条商贸之路，催生了这样一些人：从赶马人、马锅头、背夫、包装工、皮匠、小商贩，到出纳会计、店主、各种经纪人、经理人、放贷者，直到商人。他们环环相生、相互来往，一切都有迹可循。无疑，他们之所以出现在茶马古道上，是因为获得了他们所期望的利益。否则，这条道路的遥远和艰险，足以打破他们欲求的念头并阻止他们冒险的脚步。虽然地理和气候环境对人类的活动有着极大的限制作用,但人们为生计所迫、为利益所惑,总是不断地突破环境的可能性,商人和马帮的冒险进取精神和创造力,使得他们克服高山峡谷和恶劣气候的阻碍,不仅踏出条条茶马古道,而且前赴后继,塑造出一种新的人生。

茶马古道上的商旅大多来自民间,来自仍处于传统

18世纪中国人口流动示意图

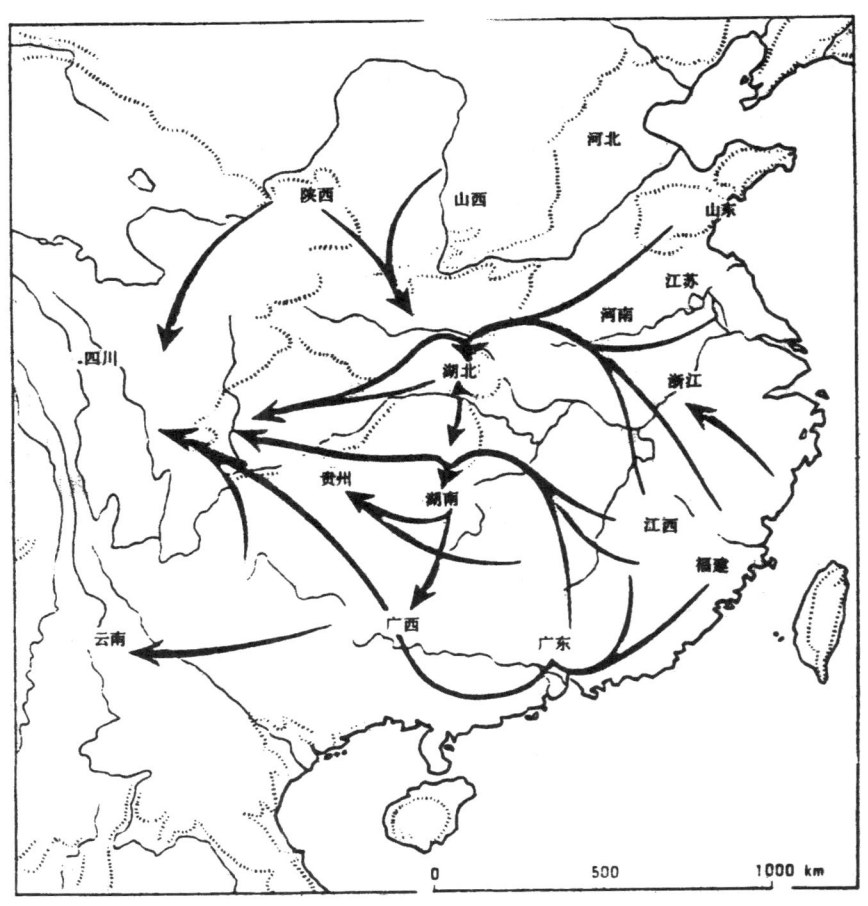

中甸古城独克宗一老人家里佛龛装饰背后，赫然刻有"明崇祯七年陕西焦氏"字样

阿扎寺里收存的立于嘉庆十一年的"马姓之墓"残碑

阿扎寺收存的"某府张捐修……"残碑，背面刻有藏文六字真言

的自然经济状态下的农村，即使那些出自手工业者的商人，其不太远的祖先，也还是农民，但他们后来都定居在大小城镇里，奔波于城镇之间讨生活、做生意，由农民或手工业者逐渐变成商人，由农村人口逐渐变成城市居民，最终成为创造极大价值和物质财富的人群。

1712年，康熙皇帝宣布："盛世滋丁，永不加赋。"加上玉米、土豆、番薯等高产粮食作物的引进种植，中国人口因此超量繁殖、迅猛增长，即便不用交赋税，人们也需要大量往深山绝壑之地迁移。仅1600—1850年这250年间，中国人口就增加了3倍，由1.5亿增至4.3亿，再加上边疆各原住民族关系的稳定，使得越来越多的人离开土地，去从事商业经济。这正如布罗代尔所指出的："如果人口增长了，生产和交换就会增加；在荒地、树林、沼泽或高山的边缘地带的种植业就会发展；手工工场就会兴旺；村庄和城市——特别是城市的规模就会变大；流动人口会增多。人口增长的压力越大,人们作出的反应也越多,这是无声的命令。"这种流动的生活是那些再也无法在土地上安身的人们的命运。只要他们足够聪明机灵,就能抓住很多的机会——比一辈子守在土地上的农民多得多的机会——赢利。特别是在一个交通不便和供消费用的商品相对稀少,因而必然保持高物价的地区,情况定然如是。

有地方志资料显示,在过去的藏地,单一结构的经济畸形呈现,好多地方交换还处于以物易物的阶段。在艾瑞克·瓦利执导的电影《喜马拉雅》中,我们可以看到,那片高原长期囿于基本上以村庄为单元的半农半牧的文明,即使基本需要的粮食,都得靠自己的力量,用千辛万苦从自然盐湖中采集运来的盐巴,去粮食产地换取。适合高原生长的青稞,有着不可"原谅"的缺点,那就是产量低,根本不够糊口。这个故事表明,即便当地出产粮食,也还需要交换流通。人们仅只是为了生存,也必须走出家门去豁命奋斗。

产量低下的青稞很难满足人们的粮食需求

尽管进行茶马古道的远程贸易和促成商品增值殊非易事,但商机的确存在。高原上的人们可以采到盐巴,却采不到茶。中原内地不可能产好马,也没有土地饲养马,更不可能产出虫草、麝香之类的山货。据甘孜文史资料载,过去在康定西路茶马古道沿线的营官寨,两个圆镜可换一斤酥油,五根针或四两碗糖可换四两贝母,一顶呢毡帽就可换一头牦牛;在塔公牧区,一包半茶叶(24斤),就可换羊毛100斤;有的地方一盒火柴就能换一斤酥油,一包针、一束线可换一斤贝母……最为突出的是,在藏地,供日常大量消费用的茶叶,需要从数千里外运来,利润在数倍甚至十数倍以上。几驮茶叶运到藏地,就足以获取巨额利润。这就给了那些善于利用机会的人无数发财致富的机会。对于一个机灵而不怕吃苦的人来说,只要把茶运到藏地,把山货运到内地,就有厚利可图。一段时间之后,这些人就成为较专业的商人,其中有的甚至成为新的富豪,成为一个地区人人注目的新贵,同时他们也会呼朋唤友,让更多的人参与

西藏富商邦达家族一支——邦达多吉解放前和家人的合影

到他们的事业中来。《道光云南志钞》就载:"中甸距前藏凡四十七站,站三十里或四十里,多露宿。悬峰峻岭,高入云表,路逢断壑,辄伐木填堑以度。霜降后,雪已封山,丽江、鹤庆、剑川之行贾其地者,每岁以二月往,次岁六月始归,皆获厚利,藉以起家。"他们在起家拥有财富之后,往往置地置产,换来家族社会地位的提升,或甚至就与走向没落、经济拮据的土司贵族通婚,影响或直接改变家族乃至一个地区的社会结构。这种现象是人类社会历史上常常出现的。《红楼梦》里薛家与贾家就是如此的关系。

位于拉萨八廓街重要地段的邦达昌总号大院

茶马古道上还有一个群体特别值得注意。茶马古道的中间路段,正好经过四川甘孜、云南迪庆、西藏昌都、青海玉树等康巴藏族地区。在整个藏地,生息于藏东的康巴人向来以善于经商著名。以前西藏的几大商帮,大多由康巴人创建经营。西藏近现代史上最强盛实力最雄厚的商帮邦达昌的发展,就是一部传奇。在这一地区,早有不成文的重商文明。是康巴人天生是商人而善于经商呢,还是因为他们所处汉藏地区间的中间过渡位置,决定了他们必然成为出色的商人,以完成汉藏间物质资源交换的当然使命?种种迹象表明,是后者,是茶马古道,决定了康巴人的商

近现代西藏最大商号邦达昌三兄弟

人命运。

茶马古道上兴起的商业贸易,给有进取精神的人提供了无限的可能性。那些利用了这种可能性的人,足以成为一个有社会影响力的群体,他们富有精力、才干和冒险精神,并且十分活跃。

一、云南丽江束河人的选择

沿今丽江市南北向的香格里拉大道一直往北,几公里就到束河。束河的七八个自然村落、1000多户人家背靠聚宝、龙泉、莲花三山,

丽江束河古镇全景

以青龙河、九鼎河、束河三条河溪为带,水到哪里,村到哪里,由北而南串联在丽江坝子西缘,面对着暖暖的朝阳,斜倚着玉龙雪山,幽静雅致而不乏活力,生机盎然而不事张扬,实在是一处理想的生息之地。其实纳西族的祖先早就发现了这片宝地,当他们从遥远的北方跨过许多江河几经迁徙来到丽江,最先的落脚处就在适于农耕、交通也便利的白沙、束河一带,那时,后来大研古城的所在地还是一片沼泽呢。

束河也叫龙泉村。束河的灵气与活力似来源于那座汩汩不绝的九鼎龙潭,来源于那几条奔流不息的河溪,是它们滋养了束河人,也为他们灌注了走出去的勇气和力量,那条条通向四面八方的驿道,就是束河人作为龙的子民延伸到各地的触须。

明代时,木氏土司苦心经营丽江,从外地引进不少手工匠人安置在束河,随着经济的逐渐发达,人口的日益繁衍,束河人就不再天天脸朝黄土背朝天地在土地里刨食,而是争相学艺,代代相传,做皮鞋,作各类皮革加工。束河皮匠进而"一把锥子闯天下",沿着日益繁盛的茶马古道走向西北藏地,甚至在中甸、德钦、宁蒗等地形成一个个束河皮匠村落,于是束河便成为滇西北乃至滇藏川地区有名的皮革加工基地,束河也就有了"皮匠村"之名,到1950年代初期,束河一带从事皮革业的人家就有三四百户,日产皮鞋500多双!

生于1924年的杨沛诚老先生,可说是束河古镇的文化活地图。早在1980年代,我就读过他写的关于束河皮匠和马帮商人的文字。老先生讲起束河来如数家珍:在皮革业的带动下,束河成为丽江坝子里最早从传统的农耕文明向手工业和商业过渡的样板。明清后的束河已不是男耕女织,而是男人在外面闯荡,做手工做生意,女人

丽江杨家经过几代人在茶马古道上的努力,终于发家致富,在老家兴建起豪宅,此为老宅刚建好时的家人合影

在家务农和照管家务,他们就这样里外配合,积累了越来越多的财富,盖起了一院又一院宅院,使得束河居民日多,铺面一家接一家,并有了洞经古乐会,甚至有了热闹的夜市。靠手工业完成了原始资本积累的人们又赶起马帮,做商业贸易,以谋求更大的发展,而有了一定经济实力的乡人又积极发展教育和其他文化事业,从外面带

因茶马古道的贯通,沿途的人们有了特殊的气度和精神

回三教九流的东西，使得束河成为难能可贵的文化盆地，汇聚了深厚的人文景观，最终成为丽江古城"世界文化遗产"的一个当然部分。

1926年的老马锅头杨春林说起当年的事迹滔滔不绝

马锅头杨春林22岁时于缅甸留影

与我有着同好但却一直未曾谋面的纳西族文化人夫巴先生，正致力于束河文化的发掘、保护和开发，他带着我们看了乡贤和氏三兄弟的老宅，看了三兄弟之一的和志钧及众多马锅头捐资改造扩建的束河完小，看了大觉宫保存下来的三面精美壁画，看了现在日渐热闹拥挤的束河小四方街。由四方街转上丽江坝子里最为壮观的一座石拱桥——建于明代万历年间的青龙桥，桥面早被多年过往马帮的铁蹄磨得像镜面一样光滑，桥栏杆是一条条巨石，那是过去人们交流商业信息的地方，也是村民眺望雪山、凝视河溪、坐而休闲论道的好去处。青龙桥的中轴线正对着聚宝山的主峰，桥与山之间，就是鳞次栉比的民居建筑群落，里面有现做了老年活动中心的著名马帮商人王润家的大院，窗户上的防盗钢条还是马帮从印度驮来的呢。清澈流急的九鼎河贯穿全村而过，河里还有当年泡皮子的木桩，河边有做了洗衣板的古石碑。西北方向有通往藏地的石板巷道……步履所及，处处是数百年的历史累积下的痕迹，处处有茶马古道多元文化积淀下的印记。

不知是该遗憾还是该庆幸，昔日俯拾皆是的束河皮匠如今只余两户，他们还在维系着束河的命脉传统。

64岁的李金凤个头高大，随时穿着自己手工缝制的皮马甲，而他父母为了让他心灵手巧，特意为他取了个女孩子的名字，以便他能继承家传的极细致的拈针引线的手工皮匠活儿。早在李金凤祖父那一辈，他家就背井离乡去到澜沧江边的维西，在县城附近一个叫"洛鲁"的地方开起了皮匠铺，制作皮鞋、藏靴和其他马帮用具销售，为茶马古道上的"藏客"们服务。李金凤读过几年书后，在12岁上就学起皮匠活儿，至今他的皮匠生涯已超过半个世纪。在1950年代茶马古道上的生意终止后，他家迁回了束河。在后来的年月，皮匠活儿，不能公开做了，李金凤只有私下里接一些活干。他说在"大跃进"年代，要是他不会皮匠手艺，一家人可能就饿死了。直到1985年，李金凤才公开开张了自己的皮匠铺子，亮出他全套保存下的束河皮匠的各种手艺，成为束河皮匠村硕果仅存的一家。李金凤在重操旧业后淘到的第一桶金就得于他作为束河皮匠的天赋。他跑到中甸，一口气盘下了别人不敢要的8000多元的皮料，加工成产品售出后，他赚进了18万元。现在他在大研镇五一街开了一间"龙泉皮革皮毛店"，加工纳西族妇女最为钟情的七星披肩，还可以量体裁衣，为游客，包括外国人定做各种皮货,什么都能做,仿制能力也很强。李金凤还带出了几个徒弟,他的姑娘、儿子都在店里干活,一派生意十分兴隆的样子。

生于1925年的张绍李几乎是昔日束河皮匠的一个缩影。他的祖上像许多束河人一样,很早就沿着茶马古道到藏地闯荡,做皮匠。张绍李就出生在中甸的独克宗古镇,因为生活艰辛,他家六兄弟还流落到四川乡城当了许多年农奴,后来又转回中甸小街子,到张绍贤家当皮匠学徒,又到李崇德家做皮匠帮工。张绍李的皮匠手艺就是在那些年里学会的。成年后的张绍李还赶马进了四趟西藏,还去过思茅驮茶,因为母亲病重才结束了茶马古道上的马帮生涯,22岁时到张家上门安家。1951年,张绍李结束了他四处漂泊不定的生活,回到束河老家务农。在以后的几十年间,做皮匠成了资本主义的尾巴,沿袭了许多代人的传统被割断,直到改革开放后张绍李才重操旧业,帮人缝制皮口袋,做藏靴。他的后人对此已经不屑一顾,因此他将成为束河最后一个老皮匠,一天天继续着那门古老行当。

束河老皮匠张绍李先生

进驻丽江古城的龙泉皮革皮毛店

束河藏客马帮巨子王家后人搞的茶马古道纪念馆

赶马人穿用的羊皮背心

　　86岁高龄的王茂本虽然只走过茶马古道一趟,但他在拉萨一住就是三年,给束河在茶马古道上的大商人王润家做小伙计,学会了一口拉萨藏话。正因为只走过一次,茶马古道给老人留下了终生难忘的记忆,他甚至清楚地记得那一趟进藏他们走了整整102天!说起茶马古道上的事情,老人一下子精神焕发,眼睛发亮,自有一种走南闯北、见过世面的人才有的豁达开朗气质。

80岁的杨克刚老人上过四年初小,会打算盘,这在当年也算是有知识的人了,他因而成为大研镇四大家族之一的牛文伯家的马锅头,手下有四个赶马人"腊都",他们一人能赶七八匹骡子,走了无数趟西藏。杨老先生的祖父就是靠做皮匠发的家,到杨老先生的父辈,兄弟六人都到了中甸住下,继续做茶马古道上的皮匠生意。杨老先生带我们去看了在他爷爷手上盖起来的老房子,算起来该有200岁了,杨克刚就出生在这院老宅里。在自己垂垂老矣的时候,还能原样看到自己出生的地方,真是件幸福的事情。

折回农耕时代的象征——晒粮架

后来,束河一度兴旺发达的皮革业和茶马古道的商业贸易颓然衰落,村民们又像他们很久以前的祖先一样,成了地道的农民,天天背着箩筐、掮着锄头下地干活,做皮匠、赶马走天涯完全成为遥远的过去,原来晾晒皮革的地方竖起了一簇簇旗杆般的晒粮架,原来喂养的骡马换成了耕地犁田的黄牛，只有几户人家还依依不舍地养上一两匹骡马驮点柴火、粪肥之类，束河一度热闹熙攘的小四方街店铺萧条，门庭冷落，灰尘几乎完全遮蔽了原来整洁光滑的五花石板地面。

直到今天，束河那已经将一条腿迈入现代商业文明而又突然缩回了农耕文明的独特景况，雕塑般、活化石般凝聚在了它的建筑、它的格局、它的山水和巷道间，凝聚在了束河人的脸面、笑容和神态举止间。它由农业而手工业而商业的发展步伐，到1950年代就戛然而止。土改大潮掀起之时，由于听说家乡要进行土地改革，许多滞留在西藏的藏客，包括已经在藏地落脚经营的束河人转让掉他们的作坊和店铺，纷纷回到丽江，以等待和观望自己家土地和财产的命运，生怕就此失去他们祖辈生息的土地。据龙泉村的老人回忆，当时从茶马古道沿途返回的人家计达100多户。在过去的许多年里，大大小小的"藏客"在茶马古道上多少也赚到一些钱，像旧中国的许多土财主一样，他们不想，同时也很难将积聚的资本进行再投资，使生意越做越大。他们大多是将赚得的钱财带回家乡，置购一些土地，盖房子，使家人有份较固定的产业和收入。

在以后的半个多世纪里，绝大多数的纳西族人家又过起了日出而作、日落而息的农耕生活。只是在最近几年，它也跟随丽江古城一起走上了发展旅游的道路，茶马古道同样成为其旅游卖点，越来越多的游客已经给这座宁静的边陲小镇带来了几乎不可避免的冲击。一家家接待游客的客栈和休闲吧，以及旅游品商店在古老的宅院里开辟出来，一个个慕名而来的淘金者戴着墨镜、牵着狗在昔日马帮走过的巷道里溜达。束河如何在保存好古老多元文化的同时，又能踏上发展之路，这恐怕是个世界性的两难难题。

二、一妻多夫和多妻一夫

熟悉藏族文化的人都知道，生息于藏东的康巴人，主要包括今西藏昌都市、四川甘孜州大部、云南迪庆州，以及青海玉树州的藏族，以擅长经商著称。他们经商的足迹，常常遍及所有藏地，甚至延伸到其他民族地区和其他国家。就在这些康巴人生活的一些地区，世代盛行一种比较奇特的婚姻家庭形式，那就是一妻多夫。当然，也有一夫多妻的，那一般是家里只有几姐妹，然后共同招一夫婿入赘，构成多妻一夫家庭。

在西藏，一妻多夫或多妻一夫的家庭并不少见，尤以一妻多夫的家庭为多。这在藏族，原已是源远流长之事。仅从汉文史籍来看，就有藏族先民之一的苏毗人保留许多母系氏族社会痕迹的记载，他们重女轻男，实行一妻多夫制。《隋书·女国传》说："其俗贵妇人，轻丈夫，而性不妒忌"，故称其"女国"。《唐会要》记载："其女子贵者，则多有侍男。男子贵不得有侍女。虽贱庶之女，尽为家长，尤有数夫焉，生子皆从母姓。"现代藏族概由吐蕃、象雄、苏毗和吐谷浑四大部族融合而成。吐蕃松赞干布时，前往长安迎接文成公主的吐蕃权臣禄东赞就是苏毗人。苏毗人起源于青藏高原西北部，又称"孙波"，他们最早的故乡应在西藏日喀则地区南木林县的襄曲河谷。后来他们逐渐向东迁移，一直抵达拉萨河流域和昌都西北部。公元7世纪，生息于雅鲁藏布江中游雅垄河谷的吐蕃迅速崛起，北伐西征东进，建立起庞大的帝国。其间征伐的吐蕃军队，主要由苏毗人组成。他们随着吐蕃的扩张，不断向东迁移。据《两唐书·东女国》记载，一部分苏毗人从西藏昌都迁入四川西北，建立了"东女国"。苏毗人东进的路线，与茶马古道相吻合。至今，在四川西南至云南西北和藏东南，以泸沽湖为中心，仍保留母系氏族家庭，人称"女儿国"。在横断山脉的高山峡谷地区，则保留着许多一妻多夫的家庭模式。2004年5月，《中国国家地理》的记者和专家们在采访川滇藏"大香格里拉"区域时，注意到

位于怒江峡谷里的左贡东坝乡

了从大渡河流域的金川县、小金县和丹巴县到雅砻江新龙、雅江、九龙和木里等地，直到四川与云南交界处的泸沽湖"女儿国"，形成了一条"女性文化带"，多多少少保留着"走婚"的习俗，而古代的"东女国"也就在

这一地区。再往西，在澜沧江、怒江的峡谷地区，则有大量一妻多夫家庭存在。我到过的茶马古道上的左贡县东坝乡，位于怒江峡谷的一片冲击台地上，土地的贫瘠和狭窄自不待言，但他们却盖起了十分宽大甚至可以说恢宏的住房，生活相当富裕。他们的主要收入，就来自于大规模外出经商运输所得。很突出的是，那里一妻多夫家庭占到绝大多数，角荣村的一妻多夫家庭占90%以上。一妻多夫的家庭结构，给了他们外出经商运输的条件。

这一特殊家庭模式大致呈东西方向分布，并没有沿江河南北纵向分布，而与茶马古道的走向大致相当。

我在考察茶马古道时早就注意到，生活在泸沽湖地区的摩梭人，在茶马古道盛行的时期，男人多有赶马帮走藏地的经历。他们实行的"走婚"方式，一方面可能与"东女国"的传统有关，另一方面是否与常年行走茶马古道有一定关系？资深民族学者的调查给出了肯定的答案：在茶马古道途经的许多藏族村寨，尤其在横断山脉高山峡谷地区的村寨，几乎都有一妻多夫的家庭。像在云南德钦县、西藏左贡县，这样的家庭是很常见的。有些村寨一妻多夫或多妻一夫的家庭，占到总家庭数的百分之三四十。

在中国与尼泊尔交界的喜马拉雅山区，也大量存在一妻多夫或多妻一夫家庭。当地人都比较推崇这样的家庭模式，因为这样的家庭，生产生活都搞得比一夫一妻家庭好。在这么一个广阔的地域里，藏族社会都突出地表现出对一妻多夫或多妻一夫的家庭的认可。美国人类学者巴伯若·尼姆里·阿吉兹在其《藏边人家——关于三代定日人的真实记述》里，就通过大量个案分析，深入了这一奇特的婚姻形式。巴伯若在定日记录了430起婚姻，其中122起是一妻多夫或多妻一夫婚，占28%。巴伯若发现，"这类婚姻几乎都发生在村里最富的人家里；在地位较低、属于'堆穷'阶层的农村人口中几乎见不到这类婚事。"他们认为"住在一起便兴盛，分为两家则贫穷"。经济利益的考量是一妻多夫或多妻一夫婚姻主要原因。

  1990年我们第一次正式考察茶马古道时，所雇请马帮的马锅头都吉就是与他哥哥共有一个妻子。我们上路的时候，做哥哥的让他们的妻子跟着都吉和我们走了几天，晚上那妻子就和都吉睡在一个帐篷里。看得出那女的比较喜欢都吉，但都吉对她带理不搭的。他们的妻子还带着一个几个月大的婴儿，都吉也从来不背不抱，尽管山路十分崎岖难行。到溜筒江，在翻越梅里雪山之前，那女的才折返回家去。后来都吉告诉我们，他自己在外村有一个相好的，他一直在争取跟那姑娘结婚，但他哥哥说什么都不答应。鉴于传统和兄长的权威，都吉只能和哥哥维持一妻多夫现状。如果都吉真要结婚分家出去，家产如何分配？家里的马帮又由谁来管理呢？

  在我看来，藏族之所以采取这种奇特的婚姻制度，主要是由于经济生产方面的原因。一方面西藏山高水寒，农作物产量不高，而且还要面对多种多样的自然灾害，要投入很多劳力；另一方面，西藏大部分地区都采取半农半牧的生产方式，牧业一般都采取半游牧的方式——春夏季上高山牧场，秋冬季下到定居谷地。牛羊放养在高山牧场的半年时间里，都需有专人看护，并挤奶打酥油等。任何一种单一的生产模式都无法应对那里的自然条件，一个家庭同时要从事农业和畜牧业，那就需要人手；如果他们再经商做生意，那就得有人在外面奔波；再有，西藏过去在很长的历史时期里，实行严苛的"乌拉"差役，西藏地方政府、土司头人和寺庙每年都会大量征用乌拉差，派到谁家，谁家就得无偿地听从差遣。所以，一夫一妻制的家庭很难应付家庭经济和社会权势的需求。而且，如果实行一夫一妻制，兄弟姊妹就得分家。在西藏家庭，并无男女之分，而以长为尊，其余酌情能分享一份家产。这样的话，一个实力雄厚的家庭就会分裂成几个脆弱的小家庭，很难与西藏高原那恶劣的自然环境对抗，甚至连生存都成问题，所以他们就采取了兄弟姊妹共有一个妻子或一个丈夫的办法，尽力避免分家，以保持家庭的经济生产能力。美国藏学家梅·戈尔斯坦曾分析比较了印度巴哈里和西藏的一妻多夫家庭，他认为："西藏一妻多夫制明显地与经济因素相关，它本质上不是对生存的适应，而是对生产力和经济水平导致的社会结果的适应。"著名经济学家、1992年诺贝尔经济学奖得主加里·斯坦利·贝克尔更"把微观经济学的研究领域延伸到人类行为及其相互关系"（瑞典皇家科学院授奖词），在家庭范畴全面应用了传统上只用于研究企业及消费者的分析框架，探讨了家庭内的劳动分工和一夫多妻制现象，认为家庭是由多个人组成的生产单位，不同成员的商品、时间、货币和技能等生产要素的投入会产生联合效用，当一个家庭的时间和货币为既定时，为了使家庭行为最大化，家庭成员就在户主的组织下，对有限的资源进行最合理的配置，进行家庭生产，因此家庭就是一个有效率的经济单位，这也正是家庭能够亘古已有、绵延长存的原因。茶马古道上不少家庭实行一妻多夫的模式，显然是对其有限资源的一种合理配置，这种配置，使得他们的一些家庭成员走出家门，去进行更有效率的生产。

青藏高原和横断山脉地区一些地方，特殊的地理生态环境和条件，迫使其保留某种程度上的"集体"所有制形式，如过去的"房"、一妻多夫的复杂家庭；核心家庭在这些地区是难以生存的，更提不上发展。任何一种存在的文化现象的背后，肯定有它实现并存在的原因，而这原因往往就是人类要怎样适应自然环境，用最经济的手段，以利于自己的生存发展。再说，它还有那样一个历史传统。

那些从一妻多夫家庭里走出来经商的人，就加入了茶马古道上的商旅队伍，长时间脱离农村的农牧业劳动，成为在城镇和市场里流动的人群。久而久之，有的虽还与原先的农牧业家庭保持血缘亲情关系和松散的经济联系，但最终在城镇里定居下来，成为城市的居民。

另外还有一个因素促进了茶马古道上人员的流动。生息在青藏高原上的藏族不仅有一妻多夫的婚姻家庭结构，而且他们的家庭财产的继承方式与汉族有一定区别。汉族一般是以父系家族作为传承的血缘基础，而且家庭往往是一个扩大家庭，家庭里的所有男性成员都有大致同等的继承权，精耕细作的农业生产也需要他们留在家庭里，男性劳动力就是中国家庭的最重要生产力。所以，几乎每个儿子都留在家里，即使大家庭分家的话，他们也都有自己的一份。他们没有理由走出去。欧洲社会家庭实行的是长子继承制，除长子外，其余的儿子都只有离开家，自己去创业。日本也是这样。藏族则更有甚者，他们一般实行的是长子长女继承制，只要是家庭里的老大，不分男女，就得继承并支撑起这个家庭。如果家里的老大是女儿，她就很可能招其他家庭的几个兄弟入赘，家里的弟弟妹妹等其他成员，既可以选择出家当僧侣，也可以出嫁和入赘其他家庭，还可以作为这个家庭的一员而外出谋生。他们也可以继续留在这一家庭里分享其利益，但一般却不会那么选择。至于他出去后与原来家庭关

当年格聂神山下的藏族人民也积极参与到茶马古道的驮运中

系的疏密程度，完全依个人的情况而定。他们有的出去以后还与原来家庭保持一定的联系，有的则在外自立门户，脱离了原来的家庭关系。茶马古道上的许多马帮商人和赶马人，就在这种情况下走出家门和山谷，就此投身于商业。

还有一部分商人来自贵族上层，以及有些寺庙的僧侣。他们看到茶马古道有利可图，也从原来的社会阶层地位里剥离出来，去追逐财富和利润。

在藏地巨大茶叶市场和其他贵重资源，如马匹及皮毛、麝香、虫草等山货药材的吸引下，成都平原西部，以及云南西部的大部分商业都朝向西边的青藏高原。这里更存在布罗代尔在研究15—18世纪的物质文明、经济和资本主义时经常提到的"压差"现象，也就是说，不同区域间，由于发达与不发达、进步（强）与落后（弱）等因素，从而造成经济的流动。明代时，丽江的纳西族木氏土司因为农耕文明发展成熟，实力雄厚，就向北向西扩张，在一个相当长的时段内，进入并掌控了广阔的藏地，当它势力衰减，又退回原有的地域。民间经济势力的变动就更是如此。这里也存在人文地理学者唐晓峰谈到长城地带时所提及的"过渡性"："在长城地带，人文地理与自然地理一样具有过渡性，它是一个渗透着农业和草原势力的世界，一个两种势力接触并汇合于此，而不能被任何一方永远统治的世界。……在'过渡'社会中，因'正常'社会的统治者无心认真经营'过渡'政治，这里的政治永远是消极的。但'过渡'却是进行贸易的绝好地方，在这里，贸易永远是积极的。……过渡地区的人们有机会较多地受到自己利益的支配。……徭役租税的疏漏，人口的疏散，造成更灵活自由的集市经济，官府更易于同商人勾结，向来严谨的军事活动，在这里，也充满商机。"茶马古道正是穿越汉藏过渡地带的走廊，自明清以来，由东向西，不仅川蜀、滇民众，甚至

老嘉黎寺收存的清帝钦赐给拉里兵马钱粮把总、抚边营把总、千总的残匾

北京、陕西一带，也有商人、手工业者、军人及其家属，逐渐进入高原定居谋生。1930、1940年代居住在拉萨学经求法，1945年成为汉人第一个获得藏传佛教最高学位——拉让巴格西的邢肃芝，详细记述了内地商人在拉萨的生活和经营情况。看到这种趋向，有人甚至提出"实边以民不如实边以商"的主张，因为"多增字号（商家）一家，生活贫民数百"，商业一来，带动"农工自然发达，其余各项

实业随之。"

20世纪初,川滇边务大臣赵尔丰在康区强力推行"改土归流",客观上强化了藏地与内地的政治联系,并以军力疏通了茶马古道,促使大量陕西、四川、云南各族商人进入藏地经商贸易,有的还定居下来。像在西藏的昌都,清末民初时就已有300多家汉人的后裔,并以各自的职业组织了行帮组织,如三省会等,在当地深深扎下根来。像康定,到抗战初期,其汉族居民人口已占到47%,泸定甚至高达95%,其他西康各县的汉人也占相当比例。

正如费孝通先生所言:"汉族通过屯垦移民和通商在各非汉民族地区形成了一个点线结合的网络,把东亚这一片土地上的各民族串联在一起,形成了中华民族自在的民族实体,并取得了大一统的格局。"茶马古道显然就是费老所说的这种点线结合的网络之一。

这种人口迁移现象,在20世纪80年代改革开放后,更呈现潮涌之势。在川藏、滇藏一线,乃至藏地各个僻远角落,只要有人烟之处,皆可见川渝人落地生活。在青藏一线,则有不少甘肃、青海人谋生。这样的民族来往和交流,一直延续至今。

在遥远的古代和并不遥远的近现代,滇西北都有这样一些人,他们赶着富有传奇色彩的马帮,将云南的茶叶和铜铁等器具带到西藏雪域出售,又把那里的山货皮毛等带回来。大家把这些在两个高原的大山大川之间走来走去谋生的人叫"藏客"。这些藏客不仅有丽江的纳西族,还包括世代生活在云南大理鹤庆县的白族,张家商帮"恒盛公"就是其中最著名的一家。直到20世纪50年代几条入藏的公路修通,这些"藏客"才没有了自己的生意,连"藏客"这一称呼也几乎消失得无踪无影。然而,至今张家仍有后人生活工作在西藏,他们当年带进藏地的白族文化，仍在那里留有痕迹。藏地一些建筑，尤其是木结构部分，不乏白族工匠的心血结晶。在西藏左贡县碧土乡，原遗存大片寺庙废墟，依稀呈现出这座当年位于茶马古道多岔道口上的寺院的宏大兴盛。1990年考察茶马古道时，我们冒险钻入一座半坍塌的大殿中，惊讶地发现其内部竟然是汉、白、纳西族式的四合院结构，中为天井，楼上是回栏式勾栏，精致的木雕花门扇上赫然镂有双"喜"字样！

在茶马古道上，寺庙往往就是驿站，来往马帮商队常在寺里驻足，由寺院提供食宿、马料，许多商品也就在寺里交换出手，由僧商再与民众买卖。这样由马帮商队从各地各民族间带来的各种文化因素就沉积下来并扩散出去。

从横断山脉到青藏高原的广大区域间，人们流动的范围和程度远远超乎我们的想象。

在一般人的心目中，包括过去的我自己，都以为中国人是极其安土重迁的。因为惯于精耕细作的中国农民，特别留恋祖祖辈辈辛苦经营的土地，也因为重血缘亲情，离不开祖宗埋葬之地，更因为历代统治者强调以农为本，重农抑商，采取各种政治手段将人口固着于土地上，使其交粮应差，永做顺民。这一传统，使得中国绝大部分的经济形态保持为小农精耕与市场交换的农村经济。可当我在茶马古道上走动起来，发现并不完全是那么回事儿。茶马古道上历来不乏人口流动，这一流动一直是这一区域各民族的基本生存策略。他们为了谋生存求发展，前赴后继背井离乡，从宋元明清到民国时代，未有停止；他们的家庭，从横断山脉东部，一直延伸到青藏高原，甚至喜马拉雅南部。

历史学家许倬云先生指出："细看中国的历史，没有一个地方的人群是真正的安土重迁，一波又一波大小移民潮，从东到西，从北到南，不断地彼此混合与影响，终于融合成一个大同小异的中华文化。"

从横断山脉到青藏高原的广袤地域间，在那不可思议的高山深谷里，都留下了人们你来我往的身影。很少有人真正守着一片土地不动窝地过一辈子。在这里，许多人都有着流动的经历和经验。那些马帮商人就更是如此。山川丛林，甚至国界，从来都不足以阻止他们流动的脚步。熟谙汉文化，并深得农耕文明之利，且生息在金沙江流域的纳西族、白族，他们不仅在自己生息的区

西藏当雄的云南白族金银加工店

域内频繁流动，甚至远走他乡，跨过区域，深入到青藏高原，进而又跨越喜马拉雅山脉的巨大屏障，走到了南亚次大陆的印度。

说起来，四川人、陕西人、云南人等出现在茶马古道所通往的青藏高原，是再自然不过的事情。那是商贸和商贸之间的自然吸引，是出于经济目的的自愿迁移，以及地域环境自然相连并扩展、历史发展一脉相承的结果。青藏高原上的江河水能够流到横断山脉下边的这里，这里的商人就能追溯河流走到那上边的人众那里。

对于这些相距遥远地域的人来说，军事争战，甚至抢掠的成本实在太高了，致力于贸易是他们最为明智的选择。

在商业的影响下，茶马古道沿途的一些城镇诞生了，居民人口在增加，就在原来的土司官寨和寺庙的墙脚下，大大小小的市场由于商人们的聚居而形成，它们向广大的农牧区提供他们远途贩运来的茶叶等商品和产品，而农牧区将他们出产的酥油、糌粑、皮毛、药材等送到市场里来交换，并由此又转销到远方。这已经不同于传统的中国城镇的功能。在传统的农村经济网络下，中国的大多数城镇只是附近农副产品的集散中心，而在茶马古道上，城镇是由远程贸易促成的，它的居民大多来自遥远的他乡，基本上割断了与农村的联系，他们趋利而来，为利而往，成了一个新的社会阶层，成为茶马古道上一道亮丽的人文景观。

第六章
茶马古道的城镇

茶马古道的通行，茶及其他货物在茶马古道上的流通，大量为寻求生活出路的马帮驮队、人力背夫等在茶马古道上的运行，不仅孕生了不少城镇，而且促进了沿途城镇的兴盛和繁荣。市场促生了城镇，而城镇拓展了市场。没有茶马古道的通行，就没有沿途的城镇，而没有城镇，就不会有对外面世界的开放，不可能有远程贸易。

　　茶马古道的开通和延伸，各民族商旅的频繁往来，为中国边疆的开拓发展，为中华灿烂的古文明在边疆的传播和扎根开花，为多民族经济、文化的交流融合，为国际间的经济贸易合作和友好往来，起到了难以估量的作用。这些都较为集中地汇聚在茶马古道上的城镇中，而且，茶马古道上的城镇具有施坚雅所指出的中国边地城市在军事防守与社会管理两方面的职能的和谐性，同时也显现出传统的农业中国社会在世界性的近现代化的大背景下的某种转变、摸索及其坎坷行程。

坐落在茶马古道沿途的城镇因商业的发展而受益匪浅，有的甚至就直接因茶马古道而生。像滇藏茶马古道上的易武、思茅（今普洱市）、巍山、丽江、中甸（香格里拉）、阿墩子（德钦）、昌都，川藏茶马古道上的雅安、荥经、汉源清溪、天全、泸定、打箭炉（康定）、理塘、巴塘、道孚、甘孜、松潘，等等，基本上是伴随着茶马古道的通行而逐渐商贾聚集、人烟辐辏、店铺林立，从而形成城镇并兴盛起来的。

中甸独克宗古镇一度也是茶马古道的重要集散地

一、普洱茶古六大茶山之中心——易武镇

由云南思茅至江城，有一条省级公路径往西双版纳勐腊县易武镇；也可从思茅往南过大渡岗，从小勐养向东经基诺山，由勐醒转上易武。如果已经南渡澜沧江到了景洪，那就得沿澜沧江东下橄榄坝，再到勐醒北上易武。

过去几十年间，很少有人到易武。易武早已萧条并默默无闻，像一段盲肠被人们遗弃在大山深处。只有不多的一些人还记得易武曾有的辉煌，还知道易武曾是普洱茶的中心，是茶马古道的起点。说起云南普洱茶就不可能不涉及易武。到易武，最大的享受就是品普洱茶，能看到的，就是各种与普洱茶有关的东西——古老的茶庄、

易武老茶庄

古茶树和茶马古道。

古代思茅、普洱并非普洱茶主产区,而是主要集散地。现属普洱市辖下的宁洱县,原为普洱府治所在,它管辖的范围,包括现在西双版纳勐腊和景洪与思茅江城交界地带,包括人们常说的普洱茶古六大茶山,普洱茶就由产自普洱府辖地并在普洱集散而得名。普洱茶真正的主产区,在今属西双版纳的古六大茶山——基诺(孔明)、象明、蛮砖、倚邦、曼撒和易武。易武镇就处于这六大茶山的核心地带,民国时曾为镇越县县治所在,并为普洱茶的制作销售中心。

1992年我就到过易武。时隔整整一轮的2004年,我再次来到易武。一到易武就找到了12年前就认识的老镇长张毅先生。易武毕竟是个很小的镇子,而老镇长张毅无人不知晓,他家是各路探寻普洱茶人的必到之地。他跟12年前一个样子,也许常饮普洱茶的缘故,神采里多了几许飘逸,而且完成了一部关于普洱茶六大茶山的书稿,正待在台湾出版。张毅先生1996年也搞了个"顺时兴"茶庄,自封庄主人,按他从过去老师傅那里用心学下的制茶功夫,精选原料,做出了上佳的茶品,声名远及四海,产品供不应求,而且都是预付了款的,连我们多年的交情,都难以匀出一点出售,仅混得喝了几盅,顿时唇齿生津,茶液犹如春风,清香之气上透囟门,下沉肺腑,致使浑身整日和畅无比。

当年茶船遍河的许多小码头都是民间交流的遗迹

担任过易武镇镇长的张毅先生满怀深情地跟我讲:"茶叶不仅是易武地区的大宗商品,也是历代政府财政收入的主要源泉之一。历史上由于茶业的发展,易武曾是西南边疆政治、经济、文化、交通的重要集镇,曾一度商号、茶庄、店铺林立,修路、造桥、建房、盖庙等各业欣欣向荣,热闹非凡,一派蓬勃发展的景象。一千多年来,这里的各族人民只有十分之一的人口从事粮食生产,十分之一的从事纺织、糕点、酱菜、饮食等产业及其他加工,十分之八的人口从事茶业的种植、采摘、加工和销售。粮食、猪、鸡、鸭、鱼、盐、糖、烟、布（进口布百姓称洋布，当地纺织的布称土布），及生活日用品，全靠外地运入供应。那时人们穿靠茶，吃靠茶，住靠茶，就医、上学全靠茶。大街小巷、男女老少谈论的也是茶，茶是易武的象征，茶成了人们赖以生存的命根子，茶是人们致富的'摇钱树'。"在清光绪年间，易武茶山……方圆320余平方公里，到处都有茶园，全茶区有78个村寨，常住人口11000余户，63000余人。"比现在易武镇的人口还多出5倍！民国初年，六大茶山共有茶号38家，其中易武21家，现属易武的曼撒9家，年加工圆茶5200担。

在张毅先生的亲自带领指点下，我们看了过去的石砌城墙、商号、会馆，以及运茶道路大段的遗迹和马帮歇息的山洞。那时，易武镇的居民人口，几乎完全由外来的移民组成。原先居住的"本人族"，以及后来迁移而来的彝族，还处于原始的农业状态，加上一点狩猎和采集过日子，哪里有市镇的影子。而更后来这里的大量汉族移民纯粹为茶而来。他们来这里种茶、制茶、贩卖茶叶，使易武很快成为一个商贸小镇。易武完全因普洱茶而兴。

来易武开发茶叶的大多是云南本省石屏县人，现在五六十岁以上的人，已经是到易武的第六七代了，依然一口石屏口音。石屏人多地少，他们就前赴后继"奔茶山"而来。石屏人来这里种茶、制茶、贩卖茶叶，使易武很快成为一个商贸小镇，并

云南历史文化名邦石屏，当年的石屏人是滇南茶山的开拓者

兴建起了会馆。那是易武过去最有代表性的建筑，大约修建于清道光年间。会馆占地5亩多，建起房屋18幢，供奉有马王爷和骏马塑像，有文昌圣君、岳圣殿，大殿内供奉关帝，大殿一侧的厢房是孔明殿，另一侧塑有医圣、财神和雷公，还有观音殿、如来殿，山神老爷和土地老爷等，几乎容纳了中国民间所有的神祇信仰，供有各种需求的人们祭祀礼拜。值得一提的是，大门内侧两厢还各有一幢楼房，堆放义仓谷，以庙馆购置的田产补充义仓，以备不时之需，如在青黄不接或受灾时，都可以平价出售，甚至赊账，乃至无偿救济。这也是中国传统会馆一直具有的功能。20世纪八九十年代，易武的石屏会馆只剩几间屋架，砌上砖成了易武小学校教工的宿舍，墙上嵌了一块当年判决茶案的断案碑。大殿仅存地基及柱脚、屋檐。原来生长在院里的两株老茶树不知去向。会馆前后原有的12条青石板铺就的老街还余有几段，另遗存30多座传统土木青瓦的院落，有的就是过去的茶庄茶号，如著名的同兴号、福元昌、同昌号（鸿昌号）、庆丰号，还有车顺号等。进入21世纪后，随着茶业的复兴，一些老商号的老房子得到修复，小学校已另建搬迁，原石屏会馆经修缮挂牌为"茶马古道博物馆"，收集、陈列有一些相关文物，如断案碑、建桥碑、马帮用具等，由易武镇广电文体中心管理。

易武一带的茶树大多是自然生成，是典型的大叶种。因为没受第四纪冰川

镇沅千家寨3号千年野生古茶树

的影响，原生植物基本都保存下来，而 1300 多米的海拔以及多雾的气候正适合茶叶生长。人类对茶叶的开发始自中国汉唐时代，云南普洱茶的利用大约也在那时，由一些原住民发端，这些都已留存在他们的传说里。在易武的一些地方，有不少古村寨遗迹，甚至有人们称为"千家寨"的，规模很大，从弃荒的茶园规模看，年产万担没问题。

易武产的茶叶一般分三级，一级为尖子，要盖章；二级为粗尖，也叫二梭；三级就是老叶子，主要压成茶砖、茶饼销往藏地。普洱茶包装有圆宝、砖茶、散茶几种。老茶叶先剁碎，蒸熟后用大石头压成茶饼。

茶叶压成圆饼茶，便于后发酵（普洱茶的最主要特征就是后发酵），也便于运输，再用竹箅笋壳包装，透气，而且吸味，一路上要过无数山河和森林，香气四溢，同时也使得茶叶味道独特。最好的茶出自象明的曼松，历来为贡茶，打的就是普洱的号头。据说每年的贡茶要运足 66666 斤，从清雍正十年直到光绪三十年，整整 189 年没有中断。这应该是云南出产的贡品中持续进贡时间最长的一种。

易武镇的四面八方，石铺马道比比皆是。还有过往马帮经常歇息的"马驮子洞"。过去茶叶全靠马帮、牛帮运走。马帮走时驮茶，来时驮瓷碗、煤油、洋纱、香水、洋胰子（肥皂）、洋靛（染料）、洋发烛（火柴）等，有时也有象牙、犀牛角等名贵货。马帮都带有武器，有名的刁家马帮还养有虎豹，但这一带抢人的不多。这是块奇异富饶的土地。据说在南邦河的三岔河河头还有犀牛脚印化石。彩云洞有石人、石棺、石匣子和木雕佛像。南腊河上有天生桥。传说原始森林里有野人，有人见他们在拣笋壳，还见大野人为小野人找虱子。运送茶叶的茶马古道就从这神秘的丛林山岳中穿过。

当地人把茶马古道称为"茶叶之路"。往南出泰国的路经曼腊、猛板田、猛乌、乌得、南乌河，南下澜沧江出境。走思茅的路经曼罗、麻黑、曼撒、蛮砖、倚邦过小黑江，再经勐旺、普文，直到思茅。这条路从道光二十年始修，由地方茶庄商号出资、当地民众出工，从四五里以外的地方背来石头铺设，先后干了五年才完工，全长240公里，都是用石板、石块铺的路。现还留存一些路段，已成为国家级保护文物。也有经由勐海出境到缅甸再到印度、西藏的通道。民国时的县长柯树勋开通了几条路。货物用猪槽船渡过江河，马则涉水而过。到了平坝热地方，则换成黄牛驮运。

易武镇因茶而兴，也因茶而衰。辛亥革命以前这里由土司管理。因为易武太过偏远，连土司都很少顾及这里。抗战以前，易武的茶叶采摘、制作和商业贸易很兴旺，仅经营茶叶的商号就有数十家，著名的有袁家的"乾利贞""宋聘号"、向家的"同兴号"、刘家的"同庆号"，以及"元泰丰"等。大多数商号走河口到越南、泰国猛莱到香港。也常有藏族来驮茶，一次来很多人马，将全部老茶都收走。他们付的是半开银圆，满桌子堆起来，一垛一垛地计算才算得清。沉重的银圆压得桌子吱吱响——这是张毅先生少时亲眼所见。后来因日本侵略销路不通，茶业就停滞了，茶农纷纷转行搞手工业，茶园也就放荒了。新中国成立后搞以粮为纲的政策，茶园改种粮食，茶农成了真正的农民，还割"资本主义尾巴"，普洱茶产销一直不振。屋漏偏逢连夜雨，船迟又遇打头风。1950年代后，易武不仅撤县归并入勐腊，而且还屡遭灾难。1970年4月12日的一场大火烧了镇上

87幢房屋，乾利贞、同泰昌茶庄的老屋葬身火海，许多人家就此搬走。1978年、1999年又先后拆除了元泰丰、庆春号，仅有同兴号、同昌号、余文昌、迎春号、宋兴昌、车顺号六家茶庄的传统楼房幸存下来，易武落了个冷清和荒凉。20世纪末只有100多户、500多人在此生息，而且大多是老人和孩子，年轻人都奔别的出路去了。

近代以来，四川巴塘成为川藏茶马古道上的重镇

　　1982年土地、茶山承包到户以后，六大茶山的茶叶生产又逐渐恢复，普遍种茶制茶。1985年后国家"粮食茶叶统购统销"政策稍有松动，仅仅3年后的1988年，勐腊全县茶产量就达9457担。到20世纪90年代中期的1995年，在老镇长张毅的带领下，易武重新出现私人普洱茶茶坊茶庄；进入21世纪后，易武镇的普洱茶事业迅速兴旺起来。2006年底，六大茶山的普洱茶工厂和作坊已达到100多家，其中大多数集中在易武。现在，众多茶农大都在家建一个作

坊，设一间茶室，接待各方到访茶山的茶客、茶商，自己初制散茶出售，或将初制茶供给本地或各地的茶商，有能力有资本有一定销路的，就自建茶厂，采收制售一体。易武镇街上，茶庄茶店星罗棋布。据不完全统计，到2018年底，仅在易武镇注册的本土茶叶公司、茶庄、茶厂和茶坊就有63家，更有一些外地的茶业公司入驻易武，如台湾大友茶业公司、安徽合肥祥源茶业股份有限公司、昆明安宁海湾茶业公司，等等。

与此同时，更有许多人慕名而来，国内的有大陆各省区的，台湾地区的，香港地区的；国外的有日本的，韩国的，马来西亚的……我们还见一群老外从贵州租了车来，把镇上不多的旅馆、客栈挤了个爆满。这些人来易武当然就是冲着普洱茶来的。台湾的著名茶人陈怀远等，十多年里每年都不间断地来易武茶山。著名的大企业家何作如先生，在卖掉自己的企业后，在易武租地建房，大量采收当地茶叶，以其企业家的精神和魄力，以及科学的方法，潜心钻研普洱茶的历史文化和传统工艺，一心要做出跟前人相似，甚至超越前人的好茶。

近十几年来，随着普洱茶的声名大振，易武无山不茶，无人不茶，易武小镇重新繁荣热闹起来。2005年，易武镇被云南省政府列为"特色旅游小镇"。2007年，易武镇被云南省政府列为"历史文化名镇"。易武抓住这个机遇，秉承"绿色发展、生态优先"的理念，遵循"绿色、有机、生态"的发展思路，保护古茶园，建设古茶镇，弘扬茶文化，保护与开发并举，传承与创新并重，稳步推进特色旅游小镇和历史文化名镇建设，着力打造"易武——中国贡茶第一镇"实效显现：全镇茶园面积稳定在9.8万亩，其中生态有机茶园认证2.5万亩，完成低产茶园改造 1 万亩，平均亩产达 30 千克以上，全镇干毛茶产量 2500 吨，茶叶综合产值达 2.5 亿元。至 2015 年，完成了"特色旅游小镇""历史文化名镇"规划及修编，并对镇辖 25 个村进行统一规划编制，规划率达 100%，同时引入社会资本，通过项目招商、土地招商等方式，盘活土地资源，先后投入 3000 余万元，完成贡茶文化广场主体及附属工程、易武茶山博物馆修缮、茶马步行街铺设、易武正山地理标志认证、"易武——中国贡茶第一镇"景观镇门建设；还多方撬动民间资金上千万元，建设商铺 662 家、宾馆客栈 50 多家。于是，易武到处是建筑工地，新建了不少旅舍、客栈和餐馆、超市商店和小卖部，镇里镇外新开的普洱茶庄如雨后春笋。看那样子，易武镇作为茶马古镇的典型，又该走上它另一次兴盛的舞台。

二、滇藏茶马古道重镇——丽江古城

半个多世纪前，由新西兰友人路易·艾黎和宋庆龄组织并主持的国际工业合作社，派了一位叫顾彼得的白俄后裔到丽江，他在丽江工作生活了 9 年之久，当他后来不得不离开的时候，这位十分风趣幽默的俄国人严肃而满怀深情地写下了这样的话："离开丽江的念头或许永远是不可忍受的。在我动荡的人生中，我没有在任何地方欣赏过像丽江那样宁静、那样幸福的生活。对我来说，那是天堂。"

在那天堂里，在那像一片大砚似的窝在金沙江臂弯里的丽江古城里，在玉龙雪山的守护下，纳西等民族世世代代创造并享受着平和宁静的生活。

丽江古城全景

那是座与茶马古道息息相关的古城。城西有狮子山,北有金虹山,背西北而面向东南,避开了西北方向来的寒气,接迎着东南暖风,占尽了天时地利;而且,从雪山冰川融化而下的洁净水源与在城西象山山麓的黑龙潭中冒出的清泉汇成玉泉河,欢快地涌入古城。那玉泉河水入城后,一分为三,三分为九,再分流成无数的小溪流,流遍了全城的小巷窄街。汩汩而流的溪水倏忽消失,又突然急转而现,使得古城主街傍河,小巷临溪,十分清爽并充满活泼的生机。有的人家在厨房里就可用瓢舀水而用。条条溪流在丽江城内淙淙流淌,溪边杨柳依依,石砌拱桥和木桥,古貌斑驳,使得古城有了极为独特的风貌。

那是一座古老得有些陈旧的城市。传统的纳西族三方一照壁的古朴民宅院落就沿着街巷及河渠,以四方街为中心放射到坝子里。古城的民居大多是土木结构的瓦屋,照壁既挡风又美观,粉刷得白

丽江古城老人的雅居生活

白的,上面有水墨山水画,衬之以雕花格子门窗和满院的松、梅、竹、菊、兰,座座庭院古雅而生机盎然。走廊及院内的地面皆用五花石子铺成富有文化内涵的图案。院子宽敞,节日可摆设几十桌宴席,平日里则可邀请好友赏花吟诗,品茶聊天,或演奏古乐。加上光滑的五花石板路、木头桥和石桥,以及各家庭院里的花草树木、游鱼鸣鸟、琴棋书画,使整个古城显得十分美好和谐。街巷两边低矮、陈旧,由青砖和土坯、灰瓦和掉漆的木板构成的房屋透露出古铜般的沉静气息,时时会听到里面传出天籁般的音乐,就像古城里那一股股清澈纯净的溪流,温柔地淌过人心。

纳西族的传统绘画东巴画,画风古朴,造型简练、传神,由其巫师东巴绘制,有木刻版画、卷轴画、经书封面画等,画笔是用竹子削成的。每个东巴经师都能画一手好画。现在一些纳西族画家就取东巴经的内容,自绘东巴风格的绘画,很有特点和欣赏价值。而东巴画,与西藏的本教、藏传佛教有着很深的渊源,这种渊源又与茶马古道相系。

古城是茶马古道上的重要集镇,散发着古朴的商业气息。城内店铺比肩接踵,前店后院,别有洞天。街道布局看似规矩的井字形,实为"丁"字形,若干个"丁"相套,古城既规矩又扑朔迷离,通而不透，严嵌整一。古城的中心是由铺面簇拥近 6 亩的方形广场围成"四方街"，这里摊贩云集，货物五光十色。过去，那些来往于滇川藏茶马道上的茶叶、山货、铜器，以及说不清的民族用品，就在这里集散。每年三月开春时的棒棒会和七月的骡马交易大会，更将古城及四方街的声望传播至滇藏川地区。棒棒会交易的主要是农具，骡马会买卖的主要是用于运输的驮畜。

后来由于地处偏僻和多年的封闭，丽江古城优雅而又较完好地保存了它的古风。它融汉族、藏族、白族等各民族城市格局和建筑特色为一体，兼具纳西族独特的建筑风格和文化内涵，与茶马古道的贸易交相辉映，是一座至今保护完好并有民众生活其间的活着的少数民族古城。它还与周围优美而壮丽的自然环境和古老素雅的村庄紧密相连，依山傍水，既有山乡之容，又有水城之貌，庭院瓦屋鳞次栉比，石板街道整洁幽静，家家流水潺潺，户户花草簇拥，加上相应的丰富深厚的民族风情和人文景观，成为名副其实的世界文化遗产。

顾彼得在他的《被遗忘的王国》的最后这样写道："……丽江很少为外界知道，是几乎完全被人遗忘了的中国西南部古纳西王国……我一直梦想找到并且生活在那个重重大山使它与外部世界隔绝的美丽的地方，也就是詹姆斯·希尔顿在他的小说《消失的地平线》中所想象的地方。小说中的主人公偶然发现了他的'圣山'，凭着我的设想和不屈不挠精神，在丽江我也找到了自己的'圣山'。"

作为在中国从事过好几代茶叶贸易的俄罗斯商人的后裔，顾彼得也注意到了当时中国和印度之间急剧增长的贸易对丽江古城的意义。他的记载和描述，让我们对丽江古城和茶马古道有了难以忘怀

茶马古道著名云南商号"铸记"老板甲米次仁,"铸记"的发祥地即为中甸独克宗古镇

中甸独克宗古镇里的百年老屋

的印象:"当所有中国沿海地区落入日本人之手,而缅甸正在迅速陷落时,中国与外部世界的商业往来,就只有两个'入口'了,即云南的丽江和西康的打箭炉。另一端是印度的卡里姆邦,货物从加尔各答和孟买用火车运到那里。拉萨是货物集散地,而天生是商人的西藏政府官员们毫不犹豫地抓住这个自然而来的极好机会,迅速动员其所有财力。我甚至被告知,达赖喇嘛的相当一部分私人财产已经投入到这个相当赚钱的事业中去。信用状、汇款单和普通的货到付款书源源流入印度。藏族商人和其他小商贩组成的大军从冰天雪地的西藏高原下来,进入加尔各答闷热的商场和旅店。一切都订契约、立合同,能用牦牛和骡子运走的东西就立即购买。缝纫机、棉布、高级香烟,不管是英国造的或是美国造的,威士忌和名牌杜松子酒、染料、化工品、罐装煤油、梳妆用品和罐头,以及成千上万各种小商品开始流成一条不断的河,用火车和汽车运到卡里姆邦,迅速重新包装分发,用马帮运到拉萨。在那里这股商品流涌进宫殿和喇

嘛寺的厅堂和院子，转交给一大群分类工和职业包装工。最不易碎的货物挑出来放在一边，由北路用牦牛运到打箭炉；其他货物打包后运到丽江，特别是到昆明，那里挤满了干渴的美军和英军……

"据估计，战争期间所有进入中国的路线被阻时，这场'马帮运输'曾使用了8000匹骡马和2万头牦牛。几乎每周都有长途马帮到达丽江。生意如此兴隆。甚至多雨的季节也无法阻止那些具有冒险精神的商人。这是极大的冒险，由于他们贪婪，他们才这样干。西藏雨季很可怕，在边界上所有的马帮和香客来往交通通常停止一段时间。山路变成泥潭沼泽，江河暴涨，大山为云雾所笼罩，冰雪崩落和滑坡与其说是例外，不如说是常规。许多旅行者被永远埋在几十吨重的岩石下或葬身于急流中。

亚东的街道，至今还保留着浓厚的商业气息

"印度与中国之间这场迅猛发展的马帮运输是多么广阔而史无前例。但是认识它的重要性的人极少。那是独一无二非常壮观的景象。对它还缺乏完整的描述，但是它将作为人类的一个伟大冒险而永远铭记在我的心中。此外它非常令人信服地向世界表明，即使所有现代的交通运输手段被某种原子灾难毁坏，这可怜的马，人类的老朋友，随时准备好在分散的人民和国家间又形成新的纽带。"

可以这样说,丽江古城的形成和兴起，既有其地理学上的必然性，也有历史的经济发展的必然性，跟茶马古道有着相生相旺的关系。

旧石器遗迹、古人类和古生物化石、"金沙江岩画"、先秦石棺墓葬和青铜器，等等，陆续在丽江发现，反映了丽江地区在秦汉以前数万年间，就有古人类活动，木家桥所发现的古人类距今 2 万年左右，考古学上称为"丽江人"。这些，都炫示着丽江灿烂而辉煌的悠久历史。到战国时期，丽江属秦国蜀郡，两汉和晋、南北朝、隋朝时期，丽江属越嶲郡、云南郡，也称遂久县或西姑复县。唐时，南诏统一西南各部，魁雄一方，丽江地区便全部纳入了南诏的统治范围之内，属南诏铁桥节度，一度又转而投靠势力强大的吐蕃，曾属吐蕃神川都督府管辖。这时，丽江古城就有"三赕城"之称，其实，那还不成其为"城"，不过是纳西族的一个聚居点。最初，这一地区的纳西族人虽然也有一定的聚居规模，却只是各部落各自据险而守的聚居点。宋代，丽江属大理国善巨郡、谋统府及麽些部地。丽江古城的真正成型是在南宋末年。

后来忽必烈铁骑南下，打破这一地区的势力均衡，开辟道路，设立州府，纳西族酋长阿宗阿良在元军的帮助下，完成了纳西族各部落的统一，他的后继人阿胡阿烈将其政治经济中心，由玉龙雪山脚下的白沙迁到了英古巩本芝，并将之改名为"大叶场"，即今天的大研镇，标志着政治权力的统一和商业互市的真正意义上的城市，得以建立和发展。

及至明朝时，明军南下云南，丽江纳西族首领阿得因归附有功，天子赐姓木，并授任"本府世袭土官知府职事，中顺大夫"。至此，丽江木氏土司制度的发展进入鼎盛时期，随后在大研镇建丽江府，并将英古巩本芝改汉名"大砚"。明代的大研镇，居民已有千余户，著名旅行家徐霞客来丽江时，得到木土司的热情接待和慷慨赞助，他曾赞叹这里的民房群落"居庐骈集,萦坡带谷""民房群落,瓦屋栉比"。徐霞客还把丽江最高统治者木土司家的建筑誉为"宫室之丽,拟于王者"。在此期间,随着丽江纳西族社会经济的发展,大研镇得以进一步完善和扩建,并凭借先进的生产力和强大的经济、军事实力,将其统治范围扩展到邻近的西藏、四川部分地区,成为滇川藏大三角区域的实际控制者。数百年间经济发达,民生繁荣,交流频繁,丽江古城随之成为这一带政治、经济和文化中心。

清代"改土归流",沿袭了 25 代的丽江木氏土司政权随之淡出。改土归流后,清政府为加强对西南民族地区的控制,尤其是对藏地的控制,促使丽江与藏地的关系更为密切地发展,丽江的经济发展流向基本往西北的藏地,依托茶马古道的交通,丽江古城的人口、经济以及文化有了相当的增长,城市因之形成了现在的规模和格局。到它成为世界文化遗产的 1997 年时,仍有 6000 多户人家两三万人生活在丽江古城中。古城竟历经近千年的沧桑而幸存至今。

纳西语将大研镇称为"英古芝",意为"金沙江江湾中的集镇",点出了古城大研的地理位置;又叫"巩本芝",即"仓库集镇"的意思,"芝"就是"街子",也就是集市。标示着这是一座以经济交往为引子而发展起来的、一度以商业繁盛而闻名的城市。

从现在的机场大道,绕过狮子山,在老城区与新城区交汇的"丁"字路口一个急拐弯后,就是丽江古城里著名的东大街,踏过新石板铺成的路面,经过一连串仿古修建的店铺,很快就到了丽江城的中心——四方街。在这片好几亩大的四方形广场周围,聚集了数十家商号和店铺。过去,形形色色的货物从四面八方汇集到这里,又从这里流淌到更远的四面八方。从这里越过东干河,翻过狮子山,就是通往西北方向大雪山的茶马古道。

　　有足够的证据显示，丽江古城的形成，尤其是它那独特的格局，与历史上的茶马古道有着密切的关系。由于丽江位于滇藏川的交接点上，"踞全滇之上游，通巴蜀之要塞""外控蕃藏，内敝滇西"，"自内地入藏，必以丽江为正路"。所以，它历来是这一区域经济文化交流的重要集镇。历史上的滇、藏、川贸易，以及宗教、民族文化等的交流，大都在这里汇集和散发。无论是唐宋时期，还是元明清和民国时期，丽江都是南来北往的茶马古道的大驿站。清代的《乾隆丽江府志略》就对丽江的街市和马帮活动有详细记载：大研市"在府城西关外大研里，湫隘嚣尘，环市列肆。日中为市，名曰坐街，午聚酉散，无日不集，四方男妇偕来，商贾小贩、中甸者必业于此，以便雇脚转运"。

丽江古城四方街集市——洛克摄于 1930 年代

丽江古城既不像中原文化所产生的城市格局，如以权力机构为核心，形成中轴线，然后严格按有关规矩和等级制度，东西南北，上下左右，高低尊卑，左右对称有序排列；它也没有一般小城散点落成、集市的随意。它以四方街广场为中心，街道呈蛛网状衍生出去，无中轴线，没有对称，街道多为丁字形，街街相通，巷巷相衔。而且，丽江古城没有中国古城都有的那圈城墙。传说是因为历史上作为丽江统治者的木土司姓木，木外加一框，就成了"困"，所以就没有修筑城墙。其实那应该归自丽江古城的商业开放。商业要的就是和平平等的交换，而不是原始野蛮的抢掠和战争。于是，成熟而自信的木氏土司的府署位于城南一隅，远离城市中心位置，却处在丽江全城出入外地的关口上。这说明丽江古城的建筑与道路的铺陈是分不开的。

据《三国志》记载，早在汉、晋时期，纳西族先民就同巴蜀汉商交换布、帛和盐、铁、畜产品；唐、宋时期，丽江与西藏吐蕃及南诏大理国的交往更加频繁，唐人樊绰就称："有吐蕃到赕贸易""大羊多从西羌、铁桥接吐蕃界，三千二千口将来博易"；在被誉为纳西族百科全书的古老《东巴经》里，也有"'聪本'（藏商老板）马帮九兄弟，赶着九十九个驮子来"的记述；明朝时，丽江木氏土司积极向中央王朝交纳"贡马"，由此形成了事实上的"茶马互市"；到了元、明和清初，丽江已形成较大规模的市场，市场上充斥着从各地来的马帮和在本地做生意的坐商"古劳本欣"，以及赶马帮走四方的行商"阮当吨欣"。

尤其从清初开始，经济逐渐发达起来的纳西族地区与邻近藏地的物资贸易十分兴盛，丽江就有人赶着骡马进入西藏做生意。清乾隆、嘉庆年间（约 1760—1821），丽江纳西族中的"藏客"崛起，开始大规模前往西藏经商。丽江人自己和其他人把那些赶着马帮前往西藏做生意的人们叫作"藏客"。像大研镇人李萌孙就将商号设在了拉萨，在拉萨坚守信誉，并资助清廷驻藏大臣，同时对各大寺院举行施舍，数额庞大，远近闻名，被藏族人尊称为"聪本余"（生意官、大老板之意）。此后，纳西商人到藏地经商者越来越多，以专销内地茶叶、丝绸、铜器皿为主，他们不仅遍布西藏各地，而且进入了尼泊尔、缅甸、印度等国家和地区。到清末民初，较大的商号就有牛家的"裕春和"，赖家的"仁和昌"，李家的"永兴号"，杨家的"永聚兴"等，号称丽江"四大家族"。抗日战争时期，大研古城的坐商就有400余户，在那里，一切都变成了店铺。而丽江在滇、川、藏、印茶马古道上的商业机构以惊人的速度增加，做生意的大小商户，竟有1200家之多！到1945年8月抗战胜利，丽江又形成习自强、王少萱、李达三、赖敬庵四大商业资本家，称"习王李赖"四大家，每家拥有资金在云南半开银圆50万元以上；另外还有赵紫恒、牛仑伯、曾绍三、周石勤、杨守其、和万华等六大商家，各家拥有资金在云南半开银圆30万元以上；资金在20万元以下的则有30多家，与藏地的传统贸易一直不断。

杨守其和其缅甸太太以及现旅居美国的长女杨丹桂

配合着商家的经济贸易，具有现代商业特色的银行也进入了这座千年古城。在抗日战争期间，丽江的商业最盛，计有中央银行、益华银行、富滇银行、矿业银行、中国银行、合作金库、交通银行、兴文银行、农业银行等九家银行在丽江大研镇开设有业务。丽江一时间成为仅次于省会昆明的经济、金融贸易中心。

与此同时，西藏及各地的商家也纷纷到丽江设店开号。大批西藏的马帮将丽江作为进入内地进行贸易的中转站，而各地的马帮也将丽江作为进入西藏、印度的中转站，像大理喜洲帮的"永昌祥"，保山、腾冲腾越帮的"洪盛祥""茂恒"，鹤庆帮的"恒盛公"，中甸帮的"铸记"，都在丽江开设分号。当时每年来往于丽江、西藏、印度等地之间的马帮有 2.5 万驮之多！丽江古城一时间沸沸扬扬，热闹非凡。这浩浩荡荡的马帮商队，必然对丽江古城的建筑格局和人们的生活产生巨大的影响。

英国殖民者 1936 年建于亚东的商务代办处

恰好，丽江坝子背风向阳，气候温和，海拔也正好介于西藏高原与内地之间，玉龙雪山的融水滋润着整个坝子，用水十分方便，而且城周围还有大片的开阔地，便于放养骡马，是马帮滞留和宿营的最佳场所。来自各地的商旅从各个方向、各条道路汇集这里，又从这里走向新的目的地，于是，古城便渐渐形成了现在这样以四方街广场为中心，四周店铺、客栈环绕，有数条道路放射而出的格局。

而无数来来往往的马帮用生铁打就的马蹄掌,将古城用五花石铺成的道路踩磨得十分光滑。又因为商旅云集,才使得丽江坝子里原本是一些各自相对独立的村落逐渐发展联合成了一座城市。所以在过去,丽江城的街道大都叫什么什么村,如乌伯村、乌托村(现在的福慧路、民族广场一带)、积善村、双善村,等等。现在,这些地方虽然不叫村了,但当时一些村名沿袭到今天,就成了现在街巷的名称,如"积善巷""现文巷"等。

那时各地来丽江的马帮,常常以籍贯所属,习惯性地聚集在一个个已经连成一片的村里。像城北的双善村,就是藏族马帮最喜欢落脚的地方。而大理来的行商,一般就住在一个叫"建洛阁"的巷子里。纳西语里将大理称为"建洛","建洛阁"意即大理行商住的巷。

甚至,由于大量马帮的蜂拥而至,古城的积善村中段还专门形成了近一亩大的卖马草的场地,纳西人将之称为"汝起丹"。每天,都有四面八方的人到"汝起丹"卖马草,这些人一般是城里无固定职业的居民,他们从野外割来青草出售,以求糊口;也有附近村子里的农民背来青草卖掉,为家里换点油盐钱。那些无人放牧骡马的马帮,或缺夜草的赶马人,都到"汝起丹"来买草饲养牲口。"汝起

长江第一湾的石鼓镇曾为茶马古道的码头

丹"附近还专门有一户人家负责打扫卖草场,一方面保持了卖草场的清洁卫生,一方面又以扫得的碎草卖得一些收入。

骡马有吃的,人也缺不了。在古城现云阁街口、双善村,很快有人做起了走西藏的马帮必需的糌粑生意。因为去西藏一路,大都是三四千米以上的高海拔地区,气压低,大米之类很难做熟,所以大家也就入乡随俗,以方便携带和进食的糌粑(即炒面)为主食。于是这些专业户就将各种粮食加工成炒面,有小麦的,有青稞的,有燕麦的,有玉米的,甚至还把牛肉加工到糌粑里的,既增加了营养,又使糌粑的口味好吃了许多,从而深受马帮们的欢迎。而四方街出现了许多家酥油专业户,他们既从民间收购酥油,又自己加工零售,生意十分可观。同时,卖蚕豆、豌豆等饲料的专业户也随处可见。

相应地,古城中的马店也兴旺起来。据李瑞泉先生回忆,大研镇北的双善村,成为主要接待藏族马帮的村落,仅那一片地方就有17家旅舍马店,从业人员40多人。其中著名的"玉龙旅马店"于清代中期就已经开业,随着茶马古道上经济贸易的兴衰而时兴时衰。这家马店原先只有位于河西的两间楼房和一个天井的店房,后来生意越来越红火,又在河东扩建成三方一照壁的院子,马店的接纳能力大大增加,马店主人也发展成为"元德和"大商户。"瑞春旅店"也是一家老店,店主人是赵宗英老人,他带儿子边开店边学藏语,数年后已成为精通藏话的纳西人,发展成自己也有20多匹驮马的马帮商人。镇里的现云阁也有13家开设旅马店的,从业人员约30人。他们大多以空房和走廊作为火塘,由旅客围火塘做饭住宿,天井就作为拴马场。

而在大理行商落脚最多的"建洛阁",盛传着开店经验丰富的女店主阿余命妈的故事。据说阿余命妈能说藏话、白族话、汉话和纳西话,而且说得都还比较好;她接待人诚恳、热情,能体贴马帮困难,收取的店钱比较低,开水、盥洗水早晚都不缺;而且她对大研镇的商铺、商情都较熟悉,马帮托她采买东西,经常能帮助带去看货,一看就是三四家,能保证买主挑选买到价廉物美的货,托她卖

云南凤庆鲁史古镇

货也能通知买主到店看货还价。由于她能说多种语言,能够尽心为买主选好货,为卖主选好顾客,这样年久日深,阿余命妈就成为马帮交易的实际中介人,经纪费也只求随意赠予,不曾开口要价,因此,她在行商中的信誉日增,住店马帮也愈来愈多,她的生意也越来越好。

大研镇兴仁街也有十来家旅马店,从业人员近20人。其中"老龚店"的规模较大,落脚的行商也较多,住这里的大多为四川盐源、盐边、木里的马帮商人。这里还有一家藏族商人阿吉庆开设的"吉

庆店"。阿吉庆原是来丽江做生意的马帮商人,赚钱后就在丽江建了一院新房,边开店边做生意,后来也就成为在丽江落籍的藏族店主人。在漫长的时日中,许多外地马帮商人就这样在丽江安家落户,一直居住到现在,成为丽江古城的一员,丽江城区地域与人口也因此扩展和增加了不少,因而现在的丽江古城里,虽说大部分居民都是纳西族,但各种姓氏的都有,充分显示了它的包容性。

在丽江直通永胜的梓里一线,直通中甸、宁蒗的白沙一线,直通鹤庆的木家桥一线,都有难以计数的旅马店,丽江大研镇只不过是一个中心而已。

丽江的旅马店跟四川康定的锅庄十分相似,实行的都是"房东制"贸易,而且有着相当久远的渊源,都跟土司制度有关联,它们在茶马古道上起的作用也是一样的。

随着马帮运输业的兴盛,与马帮有关的行业也发达起来。也就是说,古城的手工业者不仅为自己的市场劳作,同时也为远方的市场服务。

由于丽江的铜器深受藏族和其他民族的欢迎,丽江就出现了一条铜匠街——金鑫街,专门制造各种铜器,如锅、勺、盆、火锅和著名的"丽锁"(丽江铜锁),等等,一条街每天叮叮当当响个不停。即使在今天,这些铜器仍然很受当地人和外地游客的欢迎,摆满了四方街,琳琅满目。不过,现在古城内出售的那些铜器是邻近地区的人做的。丽江纳西人的铜和铜匠早在"大跃进"年代就没有了——丽江人太过老实,在"大跃进"中把所有的铜器全交了出去大炼钢铁,连门上的铜门扣都扭下来交出去,结果什么都没剩下,被一锅炼掉了。

在今天的丽江街头，也还可以看到不少的缝纫铺和制鞋店，继续加工一些传统的服装、鞋帽。那也是祖祖辈辈传下来的，当时马帮需要的各种皮制马具，以及人穿戴的藏服、藏靴等就由这些店铺生产。

当然，只要行走茶马古道的马帮需要什么，那时的丽江都有相应的行业，像打制马掌、马钉，缝制马垫、马绳，做皮条等，应有尽有。几乎大部分的丽江人都在从事与马帮有关的劳作，即使是家庭主妇，也会在家里养上一两匹母马，与毛驴交配，以便生养小骡子出售，或养大了就由自己家里男人赶着上路。茶马古道的兴盛，为丽江人的生活带来了前所未有的兴盛，也带来了城市的发展和繁荣。

历来就有名的三月、七月初两度举行的丽江骡马大会更是热闹非凡，它完全是一场规模浩大的物资交流会，来自四面八方的客商和数万头牲口云集丽江，使一座古城更显得熙熙攘攘，一派繁忙景象。实际上，交易会的作用就是要突破交换的狭隘范围。清代《新纂云南通志稿》载："丽江市集以骡马会最著，每年三月、七月初间行之，盖丽地天候温和，山脉绵延，水源清洁，百草郁茂，所产骡马为西南巨擘，每次赴会公骡母骡不下千头，儿马、骟马不下数百头，购运出境者居十之八九。"在每年的骡马交易大会上，藏、白、彝、汉、回各族民众多是来这里选购丽江马的。而骡马是茶马古道上最主要的运载工具。

丽江自古有花马国的美称。史籍记载巨甸地方有一石壁，壁上有斑驳的圆形，颇似花马，因此纳西古时自称花马国。《华阳国志》载，汉代的纳西族地区有天马河，产千里马，马死后还为它修坟建祠。唐时，丽江常以马进贡南诏王朝，"则马愈良"，并有一马值黄金数十两的说法。元代正式称丽江后，"丽江马"被正式定名，这种马在外形上与其他马的最显著辨识特征就是背上有白色龟背花斑，又称竹节花斑。丽江马的确是花马，这大概是"花马国"称呼的更重要由来吧！在《东巴经》中还专门为马立了一册《马的来历》，讲述马是由一只掉到海里的蛋变过来的，然后讲述马的生长、习性等。

丽江马是中国优良品种马之一，体型小而精悍，能负重，耐力好，善于爬山越岭，不怕寒热，适应性强，驮、乘、挽均宜，能连续行走两三个月。纳西先民由西北南迁时大约就带来了这种西北吃苦耐劳的马，而在南方马中"鹤立鸡群"被传为千里马。元代忽必烈军队的蒙古马想必又与丽江马有友好联姻。云南崇山峻岭交通不便，靠"马帮"运送物资的重大责任也迫使"丽江马"日益优异以适应环境。近现代，纳西族畜牧人员有意引进优质品种进行改良，丽江马更受到国内外的好评，国内主要支援边防军用，百余匹丽江母马还被送往越南，支援邻国的经济建设。

抗日战争时期的丽江城，由于承担着从英国往印度又入藏地及至丽江转至内地的物资运输，处于它在历史上最为辉煌、最为热闹繁忙的一个阶段。现在的人们已很难想见当时的景象。只有一些老人还记得那时的情景，也有学者文人用文字记下了一些当时的情况，奥地利裔的美国学者和探险家洛克先生还用他的相机拍下了几个画面，许多当年的痕迹意外地遗留了下来。那曾做过店铺的木板房屋，那做过客栈的宽阔院落，那被无数马帮踩踏得光滑鉴人的石板路，古城那奇特的放射状格局，这一切使我们在今天还能想见当年那一番光景。

优雅而又较完好地保存了古风的丽江古城，在前些年仍然是许多人心目中的理想境地。它之所以具有那种别的地方都已经缺乏的怀旧情调,大概跟已经退出历史舞台的茶马古道和马帮有着某种内在的联系。

三、川藏茶马古道重镇——康定

至今仍说不清楚,我为何喜欢康定。1990年第一次到那里就喜欢,到现在不知已经去了多少次,依然喜欢。

雪后的康定城　孙明经摄于 1939 年

川藏之间的"茶马互市",早在唐朝就已有文献可考,只不过那时数量和规模都还小。到宋神宗熙宁六年(1073),在邻近康区的黎(今四川汉源县)、雅(今四川雅安市)等地,开辟了茶马互市的市场。到绍兴二十四年(1154),又开碉门(今四川天全县)为主要茶马市场。元朝时，碉门是汉藏交界的要镇，这一宣慰司的属地跨川西、滇北的交通要冲及汉藏茶叶贸易地带。明朝时，这些市场进一步发展起来。到明永乐（1403）以后，更有藏族僧俗头领数以千人计，利用朝贡、纳赋的机会，将土特畜产品运至京师和沿途各地，换取茶、绸缎、布匹等。至清康熙四十五年（1706），横跨大渡河的泸定铁索桥建成，汉藏间的交易市场进一步西迁到藏族聚居的打箭炉，运进和销出的商品大大增长，"番汉咸集，交相贸易，称为闹市焉。"清道光年间的姚莹就曾这样描述："汉番互市之所，番民数百户，大寺喇嘛数千，西藏派堪布主之。汉人贸易者百数，余惟夷役营兵而已。内外汉番，俱集茶市，同知征其税焉。"这时，康定已成为藏汉等商贾往来的要地，是南北两路边茶之总汇和各种商品的集散地，康定也就作为茶马古道上的一座重要城镇新兴起来。可以说，康定城的形成和发展，很大程度上是由四川边茶贸易决定的。"惟茶商聚于西炉，番众往来交易，以是成为通衢也。"当时的茶商主要集中在茶店街（今康定西大街）和茶店后街

康定东关茶店栉比的街道

（今建设路）两条街道，附近相邻的巷道里也有许多茶商。康定城就主要依茶店街展开。

康定之所以成为茶马古道上的中心市镇，跟其位于川康与康藏间的锁钥位置有关。在这里，大渡河的一条支流雅拉沟与折多河两

相汇合,由西向东数十里都是深峡,真正为川康交通的咽喉,仅此一条通道,再无其他。由此再向西,河谷就豁然敞开,由诸葛街出北关,往北可经雅拉沟到金川、道孚、炉霍、甘孜、德格,以及甘肃、青海等地,世称"北路";由马市街出南关,径直往西可循折多河到雅江、理塘、巴塘、察雅、昌都,以及西藏各地,世称"南路";往南沿榆林宫河可到九龙、西昌、木里,以及云南各地。这样的地理位置和优势,使之自然成为一个重要的集贸中心。这正好印证了"城市的诞生和商业的传播亦步亦趋"之说。任乃强先生早就指出:"其地本非市场,自宋元以来,随茶马交易,日趋繁盛;由架设帐幕之临时市场,而为建筑碉房之锅庄交易。"

  茶马互市西移康定的时期,应比泸定桥建桥时间更早。有两种说法:一说是明朝嘉靖年间(1522—1566)开始的;一说为明朝万历年间(1573—1620)开始。有确切记载,到清朝初年的1693年,康定已销售茶叶986万斤,到泸定桥建成后,位于泸定县沈村的大渡河渡口被放弃,运输更为方便,而且缩短了几天的行程,康定市场更加繁荣兴旺,最多时年销售茶叶达15万引,1230万斤,到清末民初,都没有超过这个数量。这一数字,大约是滇藏茶马古道茶叶年运销量的五六倍。仅雅属五州县雅安、荥经、天全、邛崃、名山茶商,在康定设立的店铺最多时就有80多家,最少时也有30余家。另外还有数量更多的陕西商人在康定经营。其他还有云南、北京、甘肃、青海等地的商号。甚至有英印、尼泊尔、不丹、锡金商人常往来于康定,英国就曾于康定设有领事馆,并产生了一个感人至深的爱情故事。

  1913年,英国即在康定设成都总领事馆康定分馆,以距天主教堂不远处的沙洋行代作康定领事馆。派驻康定的首任领事叫金路易。这位1886年出生于中国的外交官不可救药地爱上了当地一位名叫仁钦拉姆的美丽康巴藏族女子（从现存的照片看，的确很美），他们的爱情还结出了果实，他们有了一个可爱的女儿。在有了女儿后，金路易上报英国外交部，执意与仁钦拉姆结婚。但按照英国政府的规定，外交官不得娶外国女子为妻。为了跟心爱的藏族姑娘结婚，金路易辞去了外交官工作，带着爱人和孩子，于1923年离开四川，先后到上海、北京、日本和瑞士居住，最后回到英国定居。遗憾的是，离开高原的仁钦拉姆适应不了外面的生活，20多岁就不幸死在他乡异域。1926—1927年间，金路易根据仁钦拉姆的口述，撰写并出版了《我们藏人》一书。后来，他又在英国、日本出版了《动荡中的中国，个人研究》一书，将康定一带的文化、藏族人的生活等介绍到西方。

金路易与仁钦拉姆

如今，康定的英国领事馆痕迹全无，原址成了一家服装

金路易与仁钦拉姆的塑像

店，只是在店门口做了一组雕像，立了一块牌子，向人们诉说百年前的感人故事。

民国时期，康定还有专营银钱调换的商号十余家，制作经销金银首饰的店铺四五家，还有一家电器股份公司，如果再加上没有统计在内的寺庙商、锅庄业以及各类小商小贩，民国期间康定从事商业和与之相关行业的人员，达两千多人之数。有的商号资金实力雄厚，还分别在雅安、成都、重庆、宜昌、武汉、上海、广州、昆明、拉萨、西宁，以及香港、加尔各答等地设有分号，坐庄购销。有的商号还发行"本票"，代理银行业务，顾主可凭票在异地的商号兑取现金。康定当时的繁荣景象，由此可见一斑。

对此，在康地生活工作多年的任乃强先生有如此描述："蕃人嗜茶如命，一日无茶，社会为之不安。往时以马易之，清代不复市马，而蕃地贫瘠，缺乏商品，乃不得不转运印度、新疆、伊朗等处珍奇之物及汉商所嗜者，发之炉城，以兑茶叶。故打箭炉虽山陬小市，而山海各货咸集，交易之盛，冠于西陲。其输出品，除赤金、麝香、鹿茸、虫草、贝母、大黄、秦艽、毛皮、硼砂等属于康藏土产外，所云'藏货'，实多有非藏产者，例如藏红花来自印度西部，藏葡萄来自新疆，藏青果、藏枣、藏蔻等来自波斯、小亚细亚等地。藏毯，为天津织造之毡毹（近年西康、青海亦有厂自造）。藏绸，为山东所产生绸。藏片，为英国所产之细呢。藏佛，多属印度、缅甸、暹罗所制等是也。西藏旧无关税，而驮队且行且牧，运费低廉。故八方货品，皆乐就之。其输入品，除茶叶外，丝织品如花缎、哈达，棉织品如土布、经布等，亦居主要。近世印度茶叶与英国布匹，大量倾销入藏。炉城之土布商业为之摧破殆尽，茶业亦颇受影响。其尚未至破产者，仅由藏人嗜好雅茶之固执，高贵人家，以饮印茶为羞，非雅茶含有特殊质料也。近年印藏商道日便，康藏运输日滞，而雅茶之成本日高，购买日难。此实对藏商业之大危机也。"

康定客商的来路，大致有三：一属北路甚多，尤以甘孜为最；二是南路，以理塘、巴塘为代表，包括来自云南的商人；三属西路，其中心市场在昌都，甚至远达拉萨、日喀则。北路商品以毛皮及毛织物为大宗，各种药材次之；西路客商多藏货、金银；南路以药材为大宗，各色皮头次之。各地商旅均云集康定，包括云南商人，他们做火腿、鸦片烟等生意。据长住康定罗家锅庄（甲宜觉玛）的蒋姓、周姓云南客商说，在民国初年，康定有云南庄客五六十家，行商约20家……

当然，康定的交易，最大宗为茶叶。曾亲历康定汉藏茶马贸易的刘仕权先生在20世纪90年代早期就撰文指出："康定城，在清朝以前叫打箭炉。自明代'茶马互市'即形成汉藏商贸的重要市场。据史料记载，17世纪初，清朝政府在子耳坡设卡征税，到了嘉庆年间，由于汉藏人民间货物交易的日益增长，市场辐辏、商旅云集，以汉藏两族人民为主的商业集散市场更加兴盛，特别是边茶贸易，促进了藏汉两地的经济繁荣、社会进步和藏汉民族间的团结。19世纪末20世纪初，康定既是汉藏贸易的中心，又是四川通往西藏的交通重镇，汉商由康定运销藏地的边茶数量平均每年达50万包以上（约12万担），藏商运康定转销内地的金、银、土特产品的数量价格，基本上与茶叶销售总价相等。"

抗战前夕，康定人口不足1万人，抗战胜利时也不过1.2万余人，而设在康定的银行就有14家之多，国营、私营、商业各种性质的银行都有，可谓集一时之盛，也可见当时商品交易的繁荣。其中输至康定的商品主要有边茶、绸缎、呢绒、匹头、大米、瓷器、烟、酒和铜、铁、锡等，并有印度、尼泊尔、不丹、锡金以及英国、日本等外货进入市场，由藏地输至康定的货物有金、银等贵金属，牛羊皮、羊毛等农牧产品，以及麝香、虫草、贝母等山货药材。据有关资料记载，到清朝末年，康定每年的商品交易额，达白银1800多万两。但刘仕权先生认为此数据不实，他估算的实际交易额，每年约4786700元，折合白银500万两上下，加上鸦片和枪支弹药交易的200万两，也不过700万两。两者相差甚巨。但不管怎样，由清而至民国，康定已作为一座较现代的商业城市兴起。到1930年代，边茶年销售量在10万担1000万斤以上。边茶除来自荥经、邛崃、名山、雅安、天全五县经营茶叶的商人，还得向乐山、犍为、宜宾，甚至云南等地采购。而这些茶叶的运输，大部分靠人力背运，小部分靠畜力，所以仅以运输计算，每年由雅州往返康定的背夫人众就有近10万之数，从事与茶业相关行业的人就更多。

为了抗拒英印的卢比货币入侵，清朝光绪年间的打箭炉同知刘廷恕，呈请四川总督奎俊，设法在成都铸造了"四川藏洋"。到民国十九年，又在康定设造币厂鼓铸藏洋。藏洋的流通，有助于康区和茶马古道经贸的繁荣发展。这样，康定从一个被称为"噶达"（荒无人烟的山谷）的地方，成为锅庄遍布、商店林立、拥有多家银行甚至造币厂的商贸中心。

生活在这里的人，既有世袭的土司贵族，但更多的是商人和与商业相关的人员，他们有的来自内地的城镇，有的来自农村，慢慢聚集而成为城市市民，他们进行的已不是简单的消费经济，如靠附近的农牧民定期将他们的农牧产品拿到城里出售，而是实行交换经济和经常持久的商业活动，甚至茶马古道这样的远程贸易。

康定城的城市形成，始自于商业经济，因而也说明，中国也存在经济城市，只不过它出现的时间较晚，大约在十六七世纪才见端倪。一般西方学者往往以为欧洲的经济城市不见于中国，中国只有行政中心的政治都会，那是错解。康定城并非经济城市的个案。

康定作为茶马古道上的新兴城镇，它最大的一个特点就是其锅庄业。锅庄为1950年代前康区一种特殊的商品贸易中介机构，兼具客房、货栈和批发点等功能，对藏地的商品经济发展起到了重要的作用。在历史上，缝茶业、皮房业和锅庄业是康定三大特殊行业。它们的历史，可以上溯到元明时代。康定的锅庄与茶马古道是互生的，更是相互依存的，而且，像云南丽江的那些旅马店、客栈及其主人一样，它们在茶马古道的贸易中、在一个城镇的形成过程里，起到了极其重要的作用，对茶马古道这样的远距离贸易来说，其基础就是康定的锅庄、丽江的旅马店这样的"交易所"，大宗的交易基本集中在这里进行。

今日康定仅存的老街一段，著名的锅庄甚至连遗址都没有了

康定锅庄起源何时，很难确考。据任汉光先生1936年调查，安家锅庄据其家谱称，该庄创业于500年前，又据江家锅庄主人称，

该庄明洪武年间已成立。可以推论，元明之际康定已有锅庄创设。那时康定已为汉藏茶马交易中心，显示其重要的地理位置：东薄泸定，南达九龙，西奄雅江，北抵道孚、丹巴，方圆均为康区最大的土司——明正土司辖地。明正土司分封头人、执掌诸地，并命诸子及小头人，建立庄廓于康定，类似现今各地驻京或驻省会办事处，为明正土司那些属下的土千户、土百户们到康定来谒见土司时的固定住所和办事处，也可以作为各地商旅来康定的招待所、客栈。一开始它们占的地盘和盖的房子都很大，名为"独吉"，刚开始时有13家，当时称为"十三独吉"。而康定一般民众计算人户，一直以"锅"为单位，于是每个独吉内，设大锅一鼎，供煮茗、取暖等用。锅呈桶形，听说采买自甘肃。云南中甸农牧户，至今仍以这种桶形锅作为家庭打酥油茶、取暖、烧开水等的用具，三五只用泥黏糊在一起，或烧水、或煮肉、或做饭……每家必设。庄内商旅，也得各设同式样的小锅，但不另外计数。于是，汉族人就把这样的庄廓称为"锅庄"。后来贸易兴盛繁荣，锅庄越来越多，具规模的有48家之多。

那48家锅庄，既与明正土司有着直接或间接的血缘和亲戚关系，又跟清政府和内地汉族有着这样那样的联系，加上藏汉间历来就有通婚习俗，如不少锅庄后来都有了汉姓，这样，明正土司家族和48家锅庄就有着藏、蒙古、满、汉等多民族的血缘关系。而且，由于他们曾经拥有的"贵族"血统，他们在当地的社会地位就被认为高人一等，甚至占据首位，那不是一般坐商和行商能相提并论的。

后来，随着时代的变迁和土司的没落，它们的办事处功能逐渐转换，兼代起商业活动来，带有半官方色彩的锅庄演变为纯粹的商业性质，跟内地的马店、客栈一样，成为各族商人，尤其是藏商的落脚交易之所。这些锅庄的后人利用自己庞大的祖业,以及各自跟各地土司、头人、寺庙的历史渊源关系,接待各路藏商和汉商,居间从事贸易中介经纪,为茶马古道的交通便利、为汉藏等民族间的贸易发展和文化的交流融合,产生了积极的作用,作出过历史贡献。

藏商由外地来康定经商时,就以锅庄作为食宿、堆放货物以及圈养牲畜的落脚点。因为语言不通,又不熟悉货物的交易行情,这些藏商都需要锅庄主人

四川甘孜州博物馆再现的锅庄交易场面

做翻译、介绍和帮助筹划。汉商要销售茶叶等货物和购买藏商的货物,也需要锅庄主人代为洽谈和充当媒介。这样,锅庄主人就可以利用自己的地主之便,加上精通藏语、汉语,又了解市场行情,以及熟悉各方面关系,周旋于购销之间,协助藏汉双方促成买卖成交,一般双方都听其开盘和定局,他们就可以从中提取一部分佣金,称之为"退头",一般占到商品价值额的4%左右,根据具体情况而定,而且一般是由汉商方面支付这部分"退头"。因此,只要哪家住的藏商资金实力雄厚,成交量大,这家锅庄主人的收入也就越多,并且还可以得到汉商的俯就和拉拢,有的还到锅庄上门为婿,借此在购销业务里获取更多利益。对这些锅庄主人来说,前来入住的藏商真正是他们的"财神爷",他们的兴旺发达,或是衰败凋敝,无不与这些藏商紧密相连。所以,藏商住进锅庄后,不论住宿时间长短,他

们的食宿、草料之类，无不由锅庄承担，锅庄主人还要为藏商代为收付货款，交纳税金，包装、交运货物等。藏商来去，锅庄主人还要派人到关卡迎送，打点疏通关节，不使藏商的活动受到阻碍和刁难。所以，藏商到康定一般都落脚在自己固定的锅庄，非得各方同意，轻易不再另迁他家，后来两次三次，直到其子孙后代，必定驻扎原来锅庄。别的锅庄也严格遵守世代沿袭下来的规矩，不去乱挖墙角，以免发生纠纷。

前来入住锅庄的大多是行商，他们贩运的物资都是成批到达，每到一批货至少几十驮，多的上百驮甚至数百驮。这些货物都不设店零售，全部批购批销，完全由锅庄主人操盘运作，一批货物价值成千上万。锅庄商业经营的好坏，直接影响到庄主和客商的经济利益，因而锅庄业在康定城里真可谓八仙过海，各显神通。锅庄业兴隆的时期，每年成交的营业额在六七百万元银圆之间，真正是康定城的支柱产业。由锅庄业的兴衰，几乎就能见证康定城的兴衰。就是这些锅庄和常年来往于锅庄的行商，构成了康定城最为突出的特色，而锅庄业与茶马互市和茶马古道是生死相依在一起的。

民国年间，随着商业的发展和藏汉商人间交易品种的多样化，在康定又出现了一些新建的以经营旅店、货栈为主的"锅庄"，它们有的也经营传统锅庄的一些业务，但所住的只是一般的客商，甚至成为"驮脚娃"（帮商人料理牲畜运行者）、"客户子"（指背水、打柴等力夫）的暂住处。交易额也远不能跟传统锅庄相提并论。在当地人的心目中，它们更不能等同于传统锅庄，甚至不将它们算在康定所有的锅庄数内，人们将之称为"招商店"。传统的锅庄是跟茶马互市、汉藏贸易紧紧结合在一起的。

藏商在康定成批采购边茶后，都要改用骡马和牦牛，将茶叶长途运销藏地，这样，原来包装边茶的篾笼根本经不起途中的折腾，尤其是受不了牦牛驮运的激烈碰撞，所以就必须对茶叶进行重新包装。一般都是用整张的生牛皮，缝制成口袋状，装入茶叶后再将口缝上。专门从事这种皮口袋缝制的藏族工人被称为"家作娃"，意思就是缝茶工，他们在过去的康定城，形成了一桩颇具规模的产业。这些"家作娃"就散住在锅庄附近，遇有茶叶起运，就将牛皮用水泡软，用专门的割皮小刀把一部分牛皮割成宽约1厘米的皮线，把皮线穿在长约15厘米的缝针一头的圆孔里，很快就可以缝起一个茶包。接缝的地方用猪血涂抹，以防雨水浸湿。这种改装的茶包有两种：一种叫花包，用于运输途程较近的茶叶。做法是先把牛皮按需要的尺寸切割成块，再将每块割一些交错的条缝，把整包的三包茶重叠起来，用割了缝的牛皮把茶包裹起来，再用针线把两块皮之间的缝口缝起来，两头也用大小合适的两块皮缝起来。这样缝好的茶，外面像戏里孔明穿的道服，所以叫花包。这样缝好的茶包就叫一只，两只为一驮，供一头牛或一匹马驮运。另外一种就是满包，即那种运输路途较远的茶包。做法是先将半包茶为一层，重叠至六层，总共也是三包之数，然后用整块牛皮缝包起来，成方形的一整块，再用刀子在上面刻划上藏文的收货人的地址和姓名，或代号，再将刀痕涂红，缝口也涂红，一大块为一只，两只为一驮，跟花包一样。驮运途中打野或野宿时，把茶驮卸下来合围成圈，人在圈内打酥油茶住宿，牛马放在圈外吃草，并有狗守护。

由于禁止牦牛驮队和马帮直接进入城区，这些重新包装过的茶包，就由康定的藏族妇女将之背运到牦牛和马帮所在的城门口，整整齐齐地堆放成一堆，以便马帮和赶牦牛的人上驮。不少藏族妇女以此获得报酬为生。据在康定生活过的顾彼得先生观察："她们处心积虑地维护着这一有利可图的特权，并形成一种类似行会的组织。她们穿一种短皮上衣，皮毛向内，里面是平时穿的衣服。每个女人背上都堆了两到三个茶包，弓着身子，前额横有一条宽宽的带子作支撑。"

任乃强先生在《西康图经》中，对清代到民国初年的康定城做了精彩的描述和总结："昔明正土司盛时，炉城俨如国都，各方土酋纳贡之使，应差之役，与部落茶商，四时辐辏，骡马络绎，珍瑰荟萃。凡其大臣所居，即为驮商集息之所，称为锅庄，共四十八家，最大者八家，称八大锅庄。……有瓦斯碉者，锅庄之巨擘也。碉在二水汇流之处，建筑之丽，积蓄之富，并推炉城第一。康藏巨商，咸集于此，此则番夷团结之中心也。全城有喇嘛庙七所，盎雀寺在城中，南无寺在南校场，皆黄寺……全市基础，建于商业，市民十之八九为商贾。南、北、东三关，设有税卡……由藏输川者，药材为大宗，皮毛次之。由川输藏者，茶为大宗，布帛次之。骡马驮包，出入三关者，日恒数十百头。街市之间，粪秽狼藉。……全市居民，汉番相埒。番民礼俗汉化者犹多。汉语番语，并全通行。盖其地不仅为汉番交易之中枢，实亦汉番文化融合之吉地，历届川边政府之乐宅都于此，非无故也。"

四、茶马古道中心城市——拉萨

拉萨不仅是整个藏地人们向往的圣地,也是西藏政治、经济、文化中心。自从第三十三代藏王松赞干布在这片河谷里定都,它就荟萃了藏文化的精华,成为一个神秘世界的心脏。

在西藏人的传说中,一个叫村崩·罗布桑波的半人半神式的巨商是他们的商业保护神。据传,这位村崩·罗布桑波曾率领庞大的商队,往返于藏地汉地之间,把茶叶运到藏地,把马匹送到汉地,成为汉藏之间茶马互市的使者,他像织布机的梭子,编织着两个民族间传统而深厚的友好关系。又据说村崩·罗布桑波是宗喀巴大师的商队总管,宗喀巴大师整肃革新佛教时,他曾提供资财修建格鲁派第一寺——甘丹寺。村崩·罗布桑波死后,关于他的故事、民谚、歌谣在藏地广为流传,据说许多城镇的商业中心和农牧区季节性的集市贸易场地,

即使在藏东遥远的河谷深处也有尼泊尔风格的神像

都是由他开辟创立的,他的神庙和塑像遍及那些地方。每逢大型的贸易活动和集市,照例先要祭祀村崩·罗布桑波。商人们虔诚地向他顶礼膜拜,祈求他保佑生意兴隆、财源茂盛,而村崩·罗布桑波本人也因此被尊为商业之神,名垂千古,受后人景仰。15世纪时,

帕竹王朝的总务大臣米旺达孜倡议在拉萨八廓街北街中央修建了一座四门白塔，专门供奉村崩·罗布桑波的头盖骨和其他骨殖。人们尤其是商人常常对之祈祷礼拜，并在交易时以这座白塔起誓，以示信誉和诚意。在帕竹王朝时，拉萨商业还相当冷清，大概有远见的米旺达孜想借村崩·罗布桑波的神力，带动拉萨的商业经济，使之成为商业重地。

17世纪，五世达赖喇嘛与四世班禅额尔德尼合谋，密召蒙古固始汗率部进入西藏，推翻噶举派（白教）法王及其支持者藏巴汗的统治，确立格鲁派的主流地位。顺治九年（1652），五世达赖喇嘛来到北京觐见清朝皇帝，次年返回西藏，途中受清世祖所赐金册金印，被册封为"西天大善自在佛所领天下释教普通瓦赤喇怛喇达赖喇嘛"，大举兴建布达拉宫，使拉萨再度成为西藏政教中心。

本教孜珠寺

到19世纪，随着茶马古道贸易的兴起和繁荣，拉萨成了整个藏地商业贸易的中心，民族民间商业应运而生，连寺院和贵族也纷纷参与其间，形成了实力较大的擦绒昌、热振昌和哲蚌寺、色拉寺、甘丹寺三大寺商业集团，以及邦达昌、桑多昌和安珠昌等民营商家，他们在喜马拉雅南麓一带与英、印、尼方面大做生意，向北则跨越念青唐古拉和昆仑山与青海、甘肃贸易往来，在东面的横断山脉一线与川、陕、滇等商人交易茶叶山货，两边更有直达的长途贩运,使得拉萨真正成为青藏高原和横断山脉的贸易交换中心,一时间街头布匹、化妆品、毛皮、呢绒、毛线、珠宝、钟表、金银首饰、茶叶、绸缎、药材、食品等店铺琳琅满目,上述13种行业的商户就有1735户,1951年的营业额近800万银圆。

拉萨那时还见得到青海人赶着马来卖,一来就是两三万匹,由寺院和贵族们挑选后,就上市出售,同时还卖顺带带来的西宁产的醋和酒。西宁醋在高原上非常受欢迎。还有一些小商小贩在拉萨买了藏马,然后赶到印度去卖,一年大约有2万匹藏马卖到印度。印度每年有一个很盛大的牲畜交易会,地点在比哈尔邦一个叫孙补克的小镇,就在恒河边上。牲畜交易一般在冬季举行。

还有人把一些牦牛尾巴贩运卖到印度,尤其是黑色的牦牛尾巴。因为南印度有一个地方的妇女习俗上要剃光头,而在有些场合她们就要戴假发,那些牦牛尾巴就是做假发用的。

拉萨就是这样一座商业繁荣的城市。那些纷纷前往拉萨的无数朝圣者们,也把到拉萨作为一生中最好的购物机会。那里有英国的卡其布、印度的棉制品、尼泊尔的佛像、上好的茶叶、漂亮的氆氇、珊瑚、蜜蜡和琥珀,以及各种精致的宗教用品和装饰品。总之一句话,在拉萨,人们可以买到他们想要的各种各样商品,在这些来自偏远地区的藏族人民看来,那些物品的价格足够低廉。到他们朝圣返回的时候,他们驮载行李的一半牲畜又可以用来驮载货物,即使是那些步行或磕着长头来朝圣的藏族人民,他们的行囊里也会装上几件稀罕物品。这些货物到了他们的家乡,就是相当可观的一笔财富。

拉萨以它那众多的神殿和琳琅满目的商店而闻名遐迩。因为人们去拉萨的动机,就是宗教和贸易。

抗日战争期间,国内外的商贾云集拉萨,使这座古老的城市充满了十分世俗化的勃勃生机。那是神秘的拉萨从未有过的景象。当时仅中国内地就有上百家大商号设在那里,有北京帮、四川帮、青海帮,更有云南帮。云南帮设在那儿的商号比其他地方都多。因为地缘的关系,因为族群的关系,云南人自古以来就自然而然地做着这条路上的生意。早在清朝初年,滇西北以纳西族为主的商人便纷纷来到拉萨。晚清光绪末年的张其勤在他的《炉藏道里最新考》里记载:"华商中,滇人为多,往返贸易。惟路途太远,动辄经年,且番匪强悍,时闻有杀人劫掠者。"到抗日战争期间,丽江、大理鹤庆、喜洲、中甸德钦、保山和腾冲等地的商家都在拉萨有自己的盘子,一共40多家,其中仅丽江人在那儿开的商号就有20多家。这些商号都在拉萨租房子做生意,地点都在八廓街附近。有些商家虽然没有派人住在拉萨,但他们的马帮商队一样频繁进出这里,其中甚至有滇南石屏人的,有沙甸回族的。这些商家的马帮源源不断地涌入

海拔4300多米的帕里镇是通往印度、不丹、尼泊尔的大驿站

拉萨，给拉萨的商业带去了空前的繁荣。

对此，作家马丽华在其《老拉萨》里做了精彩描述："老拉萨市场上，除了茶叶、丝绸、瓷器、马具、香料、干果及一些日用品来自祖国内地外，其他大多数商品均来自国外：有欧洲的珊瑚、琥珀、钻石，尼泊尔的布匹、染料、铜器、珍珠、香料、药材及印度的工业品铝锅等，有不丹、锡金的粮食、糖、麝香和烟，有拉达克的红花、干果。而西藏各地经由拉萨输出的商品则有金、银、盐、羊毛、氆氇、卡垫、药材、狐皮、麝香、硼砂等。从这一来一往的商品交易中可以看出，进来的是产品，输出的则大半为原料，显而易见地说明了经济发展水平的差距。尤其羊毛出口，算得上经济命脉，却一直受到英印遏制。英印倚恃地利之便以强凌弱，只准将其销往印度，不得直接与第三国接触，且是操纵定价的买方市场，且是只付卢布不付美金。而羊毛作为原料最终流入的是美国，是意大利。英印就这样从中转手倒卖，大赚其钱，无异于拦路抢劫。西藏官方、民间为此耿耿于怀，但也无计可施。

"八廓街的商人来自四面八方，藏、汉、回、尼泊尔人等。说是古今相同，其实物是人非，且不说改朝换代的变化，八廓街的商人群也随着时光的流逝自然地更换过几茬了。

"来自内地的商人有云南帮、北京帮、川帮、青帮，等等。云南商人很有阵容也很有传统。自清嘉庆年间起，在云南滇西北一带，就崛起了前往西藏做生意的'藏客'，他们不辞劳苦，一年一度往来于云贵—青藏两大高原间，将云南盛产的茶叶运销西藏，将西藏的山货皮毛运进内地。到抗日战争中后期，当这条茶马古道成为中国唯一通向同盟国的陆路通道，骤然兴旺，经营此路的云南大小商户有上千家,其中著名的有杨家的'永聚兴'、李家的'永兴号'、牛家的'裕春和'、赖家的'仁和昌'、张家的'恒盛公'、马家的'铸记',等等。据说他们在拉萨信誉良好,与西藏上层贵族和商人往来密切,并资助清朝驻藏大臣,同时对各大寺庙举行布施,其数额之庞大,闻名一时。

"云南商号在拉萨的40多家分号大多集中在八廓街八朗学(今吉日巷一带——引者注),在19世纪中后期,那里曾建有'云南会馆',藏族称之为'云南拉康'。会馆里塑有关帝像和云南纳西族'三朵神'像,会馆和塑像直到20世纪60年代还在。

云南商人在噶伦堡(前排左一张相诚、左二董景臣、中梁献南、右二张相如、右一李光普,后排左一张仁和、左二赖敬禹、右二马家夔、右一李希愚),摄于20世纪三四十年代

"许多云南马帮商人能说流利的藏语,不少人在拉萨娶了藏族为妻,又安一个家,而他们在老家云南还有原配的妻子儿女以及房地

产等，于是就有了许多悲欢离合的故事。不过那些故事现在已很少有人再提起了。

"北京人在拉萨经商也有些历史了，最初只是长途货运，来来往往；有规模地建立商号是在30年代，在八廓街所建商店有三四十家：'文发隆''裕盛永''德茂永''兴盛合''广益兴'，等等。各家掌柜的大都住在北京办货，伙计们在拉萨营业。货走水路长途运输：从天津上船，经香港、加尔各答，到噶伦堡后再用骡马、牦牛、毛驴等历时近20天驮运到拉萨，全程所用时间大约3个月，一年可进两三次货。货物主要是绸缎、瓷器、玉器、铜器、丝线、小手工艺品等杂货，根据市场所需，都是很受欢迎的商品。花绸缎销路很广，不仅是用来做衣服的，寺院里的张挂饰件皆为绸缎。另外丝线的销路也好，因为藏族无分男女都扎辫子，从长辫的中部编进彩线，盘在头顶。"

来自远近各地、汇集于拉萨大昭寺的朝圣者

跟这种浓重的商业气息形成鲜明对比的，是拉萨作为圣城的同样浓重的宗教气氛。你可以看到成群结队的朝圣者围着整座城市，围着布达拉宫，围着大昭寺转经，在大昭寺门口磕着数量惊人的长头，有人在那里一磕几个月。经无数人在那匍地磕头，大昭寺门口的青石板早已磨得像镜子一样光滑。这些虔诚的信徒有的来自青海，有的来自甘肃，有的来自遥远的阿里，有的来自云南、四川。他们有的带上家里所有的钱财来到这里，把毕生的所有奉献给寺院，奉献给佛菩萨，以求得到来世的解脱和幸福。

拉萨就是这么一座奇特的城市，至今它仍然如此。世俗和神圣搅在一起，清净与喧闹混在一起，美丽跟粗犷并在一起，你有的只是无数的新奇和诧异。它有时会让你惊叹不已，有时又会让你喘不过气来。

茶马古道上的市镇，已跟传统的集镇有很大不同，它们是原住民族土司的世袭领地和市场相结合的产物，是商人们为了弥补某一封闭地区资源的不足，而围绕某一少数民族的世袭领地而展开贸易的聚居地。在基本意义上，它们已不是周围分散农村的联系点，而是长程商贸的产物。在这里，城镇重于农村，城镇主要是由商业而非农业来支撑。居住在这里的商人可能是土司的家族及其属民，也可能是从其他地方趋利而来的其他人。他们和当地原住民一起，形成了市镇的市民。这些城市，都必须有一条或多条交通线，与相关的空间相联系，如果没有这一重要的交通线，那市场就难以为继，城市也就杳无踪影。城市是跟着交通线走的，当这条交通线受阻或不通，市场就萎缩湮灭，那城镇也就随之萧条，不仅人口可能减少，甚至可能退回到农耕社会去；当交通线在其他地方兴起，那市镇也将随之迁移，昔日茶马古道上的重镇老嘉黎就是如此。

第七章
民族文化走廊

蛛网般遍及中国西部地区的茶马古道就连接起无数村寨

我曾无数次循着马帮阵阵幽远的响铃，走过长达数千公里、串联起无尽山谷、平坝和村寨的茶马古道，它们让人体味到一种慑人心魄的内核：那从远古至今延续着的原住民血脉文化，那包孕着那么多民族群体的多元文化，那么多丰富而复杂的"个体"文化及"融合"文化，那么凝重多彩的宗教文化……那多彩而神奇的文化景观就由一条条茶马古道有机地联接在一起。茶马古道，无疑是多民族文化的最好载体和最为有效的传送带。

由于茶马古道的贯通，文化与文化的接触就是必然的事情。由于茶马互市而逐渐形成的经济体系的整合调适，促进并加强了文化秩序的内向融聚。

茶马古道一线不仅是古代氐羌族群先民历史性大规

模迁徙的重要路线，也是后来百越族群、百濮族群等各个民族相互交融、相互影响的主要区域之一，更是后来中央王朝屯军戍边、流官放任、充军发配，以及内地汉族逐渐移民进入的线路。

从考古发掘可以看出，从四川甘孜藏族自治州的丹巴、道孚、雅江，阿坝藏族羌族自治州的理县、汶川、茂县，凉山彝族自治州的盐源、木里，到云南省的德钦、中甸以及丽江，构成了一系列石棺墓分布带，无论葬式还是随葬器具都基本相似，也就是说，从新石器时代早期开始，滇藏川大三角地区的文化就已经有着血脉联系，并接受了来自黄河流域古文明的深刻熏陶，从而成为中华民族古文化在西南边疆发展的一支。与此同时，由于地缘的关系及茶马古道各线路的贯通，这一区域又感受到了来自南亚、东南亚、中亚甚至西亚诸地文化的影响，后来还有来自更为遥远的西方文化的影响，同时它也将自己的优秀文化因素通过山间谷道流传到远方。

对于交通不便、运输不发达的青藏高原和横断山区来说，茶马古道的网状贯通，成为各民族经济交流的渠道，成为不同部族集团及文化大板块之间文化交流传播的主渠道。

许多谜底就在茶马古道上。

一、多民族文化的交汇点——奔子栏

在金沙江边作为茶马古道一大"站头"的云南德钦县奔子栏，我为所看到的景象惊讶万分。过去，奔子栏以出最能干的"马脚子"（赶马人）而闻名于茶马古道，他们一人就能赶八九匹骡子，甚至多达

15匹。过去在茶马古道上奔波的"藏客",都愿意雇用奔子栏的马脚子,这些藏族马脚子也就跟随各族马帮走遍天涯,带回了各民族的文化。

奔子栏的意思就是美丽的沙坝,金沙江畔的一片美丽沙坝。在几无记载的千百年历史长河中,奔子栏早已成为"茶马古道"由滇西北入藏或进入四川的咽喉之地——它正处于横断山脉的中心地带。从奔子栏往西北经德钦即进入西藏;逆江北上,即是四川的得荣、巴塘和德格;沿江而下,就是维西、大理;往东南行,则是中甸、丽江。地处这样的位置,往来于各地的大量马帮商队,大多要从这里经过。所以这里的男人就纷纷踏上茶马古道,赶马帮走青藏高原和印度艰难谋生,自然而然地投身于茶马古道的运输工作。他们走出去,外人走过来,奔子栏也就自然而然成了多种民族文化的交汇地。

因为地处气候温和的河谷之中,传统上还是以农耕为主要生存方式,但由于地少人多,金沙也早已淘空,贫瘠干热的河谷再也养不活那么多人,人们过去就只有踏上茶马道去找一份衣食,所以它就成了出赶马人最多的地方。现在奔子栏已由乡改为镇,有8000多人口,全为藏族,信仰藏传佛教。

当时奔子栏每个家庭的男人几乎都有赶马帮走西藏的经历。虽

茶马古道上的大码头——奔子栏的藏族服饰明显有多民族融合的特征

然那已经是半个多世纪前的事情，但即使时光流逝，许许多多在古道上冒死往来的赶马人的故事仍驻留在人们心头。生于1927年的阿努就是奔子栏仅存无几的几个老赶马人之一。他15岁上就开始走茶马古道，共走过五趟，其中三次到了印度的噶伦堡。他当时一次要赶9匹骡马，有时赶12匹，为奔子栏一个叫尼玛的"聪本"（老板）赶马，1950年代，27岁的阿努结束了他的马帮生涯，现在他还守着他赶马帮挣钱盖起的房子安稳度日，帮着子孙做点力所能及的家务，硬朗的身子骨上仍透露出走过古道的人特有的那种开朗、豁达和善良。80多岁的阿巴也多次去过拉萨、印度。

过去走茶马古道的马帮，一般从茶马古道大驿站丽江大研镇出发，先从丽江龙蟠一带用船渡过金沙江，经虎跳峡边的十二栏杆上到中甸，又从尼西下到金沙江畔的奔子栏，然后经东竹林翻越白马雪山，再下山到德钦，从德钦的溜筒江以过溜方式飞越澜沧江，翻过梅里雪山进入怒江支流玉曲河谷，经左贡、邦达北上到西藏的洛隆地方闯过怒江，最后西去嘉黎和拉萨。也有路线从奔子栏就北上巴塘，由巴塘的竹巴笼渡过金沙江，再到昌都过澜沧江，然后或从类乌齐、丁青、巴青到怒江上游的那曲，再南下拉萨，或从洛隆过怒江，经边坝、嘉黎和工布江达到拉萨。

由于现代交通的发达，现在的奔子栏人几乎连骡马都不养了，有本钱的就买了大卡车跑运输，以另一种方式延续他们祖先的事业。本钱不多的就因地制宜搞起各种副业。这里出产传统的民族工艺品，如手工制作的藏式折桌、糌粑盒、木碗等，因茶马古道的传输而早已闻名于全藏地；他们还缝制大量的藏族服装销往西藏。那些藏装色彩艳丽，做工精美，很受大家欢迎。因着交通要道的便利，有些人家就在穿过全镇的 214 国道两边开设餐馆、商店和客栈，甚至有取名为"茶马古道"的小超市和歌舞厅，做起了服务业，还有点琳琅满目、生意兴隆的样子。

在江边的白塔处，因为是农忙季节，我只见娘缅家的阿布卓玛一个人在煨桑转经。卓玛的父亲曾赶马走过 12 趟西藏，她母亲就是她父亲从丽江拉市乡娶来的纳西族，他们兄弟姐妹几个就是藏纳结合和茶马古道交流的标示。但父亲在她 15 岁时就去世了，带着他脚上厚厚的老茧。过

奔子栏制作的糌粑盒和茶碗

去闯三江走茶马古道的生路早已割断，他们家现在就只以农业为生，在有限的旱地里种青稞、小麦和玉米。幸好现在可以靠山吃山，一年在山上找菌子出售就能换一两万元，足够买米吃了，还可以喂猪卖。阿布卓玛的大儿子上学上到初二就不得不辍学回家帮着盖房子，那可是一家几代人的大事，他将是娘缅一家的继承人；小儿子小学一毕业就执意出家当了僧人。除了不上路赶马，他们仍循着沿袭了千百年的方式和轨道继续着相当传统的生活：精心地伺候土地和神佛，尽力将自己的家庭搞好，将日子过好。

奔子栏村里的建筑为平顶碉楼式，近似于四川巴塘的藏式住房。其藏语接近西藏与中甸之间的方言。

与奔子栏一江之隔的金沙江西岸，已属于四川省甘孜藏族自治州得荣县辖地，举目可见处就是子庚乡的瓦卡村，有 548 人，448 亩

耕地，1000 亩草场，2003 年人年均纯收入 1000 多元。过去的瓦卡人跟奔子栏人一样，多以赶马帮走茶马古道为生，像 66 岁的西若老人就去过印度 3 趟，一次能赶骡马 12 匹。现在他只有无所事事地坐在路边晒太阳了。

  一艘用滑轮挂在钢缆上的铁皮渡船将两岸联系起来。两岸虽分属两省，但通婚的很多，许多人都是亲戚朋友，经常来来往往的。在渡船上我就碰到瓦卡人到奔子栏卖菜卖水果的。他们都认为奔子栏这边的生活要好一些，这边通着国道，开车的多，旅游的也多，挣钱的机会就多一些。奔子栏作为茶马古道重镇，仍具有一定的优势。

  看来，还是交通发达的地方，不仅能够使民族文化多元一体，而且能够让民生经济有提升和发展的余地。这也可见出，当年茶马古道的通行给人们的经济生活产生了多么大而深远的影响。

  而过去作为茶马古道的一大驿站，茶马古道上人员的大量流动，使奔子栏的文化存留呈现多元一体的样式——居民全为藏族的奔子栏并不像其他藏族地区一样盛行过藏历年，而是隆重地欢度颇具多元特色的农历春节，这一节庆活动热闹非凡，其情形使人感到似乎是中原内地某个农村的春节，其实里面更包含了多民族的文化习俗——年三十合家团聚，喜过年关；初一访亲拜年，给压岁钱，初二到寺院拜佛，初三、初四上坟祭祖，初五、初六则庆山神、敬山神……一个节庆将汉族、藏族、白族、纳西族等民族文化中的佛教、东巴教、自然崇拜、祖先崇拜以及许多民间信仰都融合在了一起；奔子栏藏族的丧葬习俗也明显呈现为多元文化，特别是汉藏文化因茶马古道的贯通而相互渗透、相互融汇的情形；奔子栏的藏族妇女服饰也与其他地区大异其趣：普米族式的大包头，蒙古式的夹袄，彝族式的百褶裙……显得十分的独特、美丽。

二、茶马古道上的藏族和纳西族

藏纳之间因茶马古道贯通而形成广泛交流，促进了民族之间的交往和融合。

纳西族在汉文典籍里被称为"麽些"等，据中国历史学家方国瑜先生（纳西族）考证，他们应是早期活动在中国西北地区的古羌人的后裔，系氐羌族群中牦牛羌的一支，在汉以后，逐渐由北而南，沿横断山脉的纵向河谷，迁徙至越巂郡地区，即今川南和滇西北一带，在宾川建立越析诏。《华阳国志》称其为"摩沙夷"，《三国志》称之为"牦牛夷"。其中向西的一支进入云南香格里拉县东部，渡过金沙江进入丽江市境内；向南的一支抵宁蒗、永胜，过金沙江与当地活动的土著民即"丽江人"结合成为早期的纳西人。这一迁徙和定居的过程是游牧民族转而为农耕民族的过程，也是不断融合发展的过程。在这一过程中，纳西族不仅有自己的民族语言，属汉藏语系彝语支系，其知识分子——巫师东巴还于生产生活里创建了象形文字东巴文，主要用于宗教活动。但纳西族在明代就已经大量接受汉族文化，通用汉文，他们的宗教信仰即以东巴教为主，同时也兼信仰藏传佛教、道教等。

唐蕃时代，在今丽江市一带，一个纳西先民部落成长壮大起来，归并入南诏势力范围，其首领任南诏国三甸（丽江）总管，为南诏政权屡建军功，受过嘉奖，这就是后来宋元明清时期的纳西族上层——后来的木氏土司。南宋末忽必烈南征大理时，纳西族土司就率众迎降，其时，丽江归属大理国善巨郡、谋统府及麽些部地。元朝在丽江设茶罕章管民官，至元八年（1271）改丽江为宣慰司，至元十三年（1276）又改为丽江路军民总管府。明洪武十五年（1382）置丽江府，后改为丽江军民府，丽江纳西族首领阿得因归附有功，明皇帝赐以木姓，并授"任本府世袭土官知府职事，中顺大夫"。丽江木氏土司制度进入鼎盛时期。雍正元年（1723），丽江在云南率先实行"改土归流"，木氏降为土通判，其统治延续了二十九代。

明代纳西族土司被赐"木"姓后，又将实行父子连名制的百姓赐姓"和"，和姓寓意"和平"之意，木氏有"万方百姓一姓和"的诗句，很为自己属地的开明、和平骄傲。从那时起，纳西族上层和百姓均以开拓发展为主题，在丽江地区发展农业和商业贸易，兴办教育、文化事业，纳西族自此发展了起来。

自从木氏权势强旺以后，加上拥有较为先进的农业等生产技术，经济发达，于是南剿北征，持续向西向北扩张，势力范围在数十年间逐渐扩大。到明万历年间，木氏已将现今云南省迪庆藏族自治州、四川省甘孜藏族自治州南部的一些县份、四川省凉山彝族自治州的部分地区，还有西藏昌都市芒康县南部的广大藏地，收纳在其势力范围之内，并延续统治了长达百余年时间。清人倪蜕在其《滇小记》里记载："在云南铁桥之北，一名古宗，一名西蕃，一名细腰蕃。唐时常寇云南，后韦皋提南诏兵破之，永断铁桥，自是不为滇患。至明太祖平云南，裂吐蕃为二十三支，分属郡邑，以丽江控制古宗，永宁、北胜控制诸蕃。丽江北境复与蕃接，世官木氏以兵捕蕃，招地恢扩千有余里,岁增差发、大麦有差,蕃人畏之,至称为萨当汗云。"

此期间,木氏土司为巩固其统治,从丽江、鹤庆一带迁徙了成千上万的纳西族民众到其所控制的藏地,亦农亦戍,跟明王朝的殖边军屯完全一致。这些纳西族移民世世代代与当地藏族等共同生产生活,并为当地带去先进的农耕文化,同时他们也入乡随俗,相互之间形成了水乳交融、血肉相连的文化交流与融合。至今,云南纳西族北上西进来到藏地已逾400多年,这些移民的后裔多数已融合于当地藏族之中,完全演变为地道的藏族。有一些地区,如云南迪庆州小中甸吉孜宗村、西藏芒康县的盐井纳西族民族乡、四川得荣县的白松乡(原属巴塘县管辖),虽还保有一些纳西族的文化特征,如部分语言词汇和祭天仪式等,但在日常生活中,如饮食起居、服饰,甚至婚丧嫁娶等各方面已与藏族没有多大区别,成为杂居在藏地的纳西族,更大多数则完全同化为藏族,形成了很好的民族关系。

闻名遐迩、广泛流传藏族地区的世界第一长英雄史诗《格萨尔王传》,就无比精彩地讴歌过这种融合过程。这部以描写战争为主的史诗,有所谓"四方四大战役"之说,其中的《姜岭大战》描写的是南方大战,它以史诗特有的神话和传说方式,反映了曾发生在这一地域的藏族与纳西族之间延续了几个世纪的战事及其战争之后的和解。

而木氏土司不断向北发动战争,占领地盘,战火基本上是经由小中甸及整个迪

位于四川乡城的土碉楼

庆向北蔓延的。至今，在德钦奔子栏、中甸东旺和四川乡城，还可见到高耸的土筑碉楼。清人余庆远《维西见闻录》中明确记载，那是藏人筑以防御"姜人"进攻的堡垒："万历间，丽江土知府木氏寖强，日率麽些兵攻吐蕃地，吐蕃建碉楼数百座以御之，维西之六村、喇普、其宗皆要害，据守尤固。木氏以巨木作碓，曳以击碉，碉悉崩，遂取各要害地，屠其民，而徙麽些戍焉。自奔子栏以北，番人惧，皆降。于是，自维西至中甸，并现隶四川之巴塘、里塘，木氏皆有之，收其赋税，而以内附上闻。"当时"姜人"想了个办法，就是由数十人扛一巨木（木椎），猛击碉楼四角，碉楼便坍塌下来。藏人守御不住，遂步步败北，"姜人"逐渐占领了吐蕃的东南前哨地区云南的中甸、德钦、维西和四川的乡城、稻城、盐源、木里、巴塘、理塘以及西藏盐井、芒康的部分地区。明嘉靖二十七年（1548），木公获一次大胜。嘉靖四十年（1561），其子木高为父纪功，勒文于石鼓之上，并将石鼓立于金沙江畔。此即丽江石鼓一地的名称之由来。

今天，石鼓以"长江第一湾"著称于世。发源于青藏高原唐古拉山的长江一直由北向东南泻下，到东经100度上的石鼓忽然掉头北上，形成了长江的第一个大拐弯，不仅改变了长江的走势趋向，也成为后日中华文明的一个成长带和分水岭。有学者做过如此假想：设若长江没在石鼓转折，而按原趋势南下，势必与澜沧江或红河合流，那长江也就

丽江木氏土司立于石鼓镇的石鼓

与金沙江无涉，中华文明就当是另一番格局。

木氏军队在北征藏地时，又建了不少大小不一的碉房作为其营寨，它既是巩固其战果的军事设施，又相当于一个领主庄园，对新占领区进行政治经济方面的统治。其中，最有名的就是在小中甸塘姜坝修建的一座城堡，名"年各羊脑宗"，当地人俗称"木天王城"。它既是木氏土司向北进军的指挥部，也是其驿宫。木公曾经"御驾"此地。与此同时，木氏还从丽江移去一些百姓以巩固新占区。这位雄心勃勃的占领者万万没有想到的是，他的军人和子民后来竟同化成了"被占领者"的族人。

1990年，我们在一位名叫七林定主的藏族老人带领下，穿过一片密密的松树林，好不容易才找到了木天王城的遗址。在岁月的轮回里，遗址已经被高原的风霜雨雪摧残得面目全非，但还可看出城址大致呈方形，城墙有一米多宽，有几段残墙尚余两米多高，墙外还依稀可见护城河痕迹，步测一下，总面积数十亩。其城面对远方的玉龙雪山（中甸境内仅此处可眺望到玉龙雪山），大门前原完好保存有两尊石狮，可惜在"文革"中难逃厄运，被红卫兵砸得伤痕累累，弃置在当地，但从其上仍可见显赫一时的木氏威风。这里没有水源，据说当时水是用铜管引进宫中的。史诗中说格萨尔包围此城后，断其水源，姜王萨旦计谋多端，让士兵往外泼沙子，格萨尔从对面山坡遥望，认为是往外泼水，想到断其水不能置其于死地，又将水源接上。不过，最终萨旦王还是失守此城堡。

在木天王城遗址下面一点的吉孜宗村，我们轻易便觅到了这种民族融合的痕迹。这是座有76户人家，近400人的藏族村寨，村民都信仰藏传佛教，每个年初和年末都要去寺院朝拜一次喇嘛，他们把这叫"央果楚","央"是福分的意思,"果"是等待的意思,"楚"是预测的意思,不去就不顺,会有各种灾难,经过"央果楚"就意味着会平安无事。富有的人家还专门在家里设一间经房,其中建有佛龛,供奉着菩萨和金、银法器。他们的服饰、饮食乃至房屋建筑和婚俗都跟藏族无异。以前还有抢婚的,也有一夫多妻的"萨东达"家庭,如丈夫去世,留下来的几个妻子便共同继承家业;一妻多夫的家庭也叫"萨东达",可共用一个妻子延续后代。一般是些比较穷的家庭才采用这种婚姻形式,这样就不至于使家庭有限的土地、财产和劳动力过于分散,以便与恶劣的自然环境抗争。

奇特的是,尽管他们都自称是藏族,年轻人讲的都是藏语,然而这里的老人依然讲的是纳西话。数十年以前,这里还有纳西族的祭师东巴,他们可以看出一年的收成和灾病。村里还实行跟藏族天葬、水葬不同的土葬。而在扫墓的时候,他们使用的却是汉话,严禁讲藏话。更为主要的是,他们还保持有一年一度的祭天仪式。自古以来,纳西族都认为祭天是他们区别于邻近其他民族的主要标志。当然,藏族也有类似祭天的习俗——他们在路口和村子附近的高处,用泥和上石头,砌成类似灶的形状,然后在其中燃烧松枝、柏枝,用滚滚青烟与天神、山神等沟通,再绕之由左向右(顺时针方向)转上三圈或多圈。他们将这称为"煨桑"。只不过这是许多藏族人每天必行的功课,并且也没有像纳西族祭天那样一整套复杂而完备的仪轨。

吉孜宗的祭天场就在村外的一片空地上,是一个用乱石堆垛圈成的圆形场地。场子入口处建有一座小屋作供奉用,场内的正北方是祭台,用以栽神树、安神石、放置神米,它也是插香、放净水、祭酒、祭品、供牺牲的地方。每年从腊月二十八至正月初八，他们都要在这里祭天。先是由青壮年男子上山砍倒一棵柏树、两棵栗树，然后飞快地扛入祭天场中，插在祭坛中央，还要杀两头猪献祭，一头叫天猪，也叫大猪；一头是地猪，也称小猪。再以香土烧起冲天的青烟。全村男性都要在祭天场中跪拜。由于已经没有东巴，整个祭天仪式就由村中长者用纳西话念诵东巴经主持。有时，他们也从中甸三坝纳西东巴教圣地请来东巴主持。祭祀的整个过程不许讲藏话，也不许妇女们入场内参加，以示男尊女卑、男女有别。

据村中老人讲，他们的祖先是从丽江和金沙江边来的，应该属于纳西族无疑，但他们现在都报称藏族了。村中的几户段姓人家迁自四川盐源县的一座桥边，杨姓则迁自云南大理一带，大概与白族有关。

可见，在这片曾有无数英雄驰骋争战、流血厮杀过的走廊，最终还是汇聚融合成了一种相互容纳、相互吸附、难分你我的一体文化。也许人类友爱亲和的力量在历史长河中比人类之间的血腥厮杀要更为深沉和强大一些吧。

村中老人也都还记得，吉孜宗曾为普洱、大理与中甸、西藏交通贸易的关口之一，是茶马古道的必经之地，以前都设有税官向来往客商征税。以此为界，以上为西藏管辖，称"茸依"，意为雪域；以下则为汉族管辖区域。而这种人为的行政区划，实在不足为凭，在文化上尤其不足为训。像迪庆藏族自治州香格里拉县三坝白地就有纳西先民居住，而那里就是纳西族原始宗教发祥地，被奉为纳西族圣地。

在四川得荣县白松乡，虽然纳西族在姓氏、服饰、语言、宗教、丧葬等方面已几乎完全"藏化",但一些亲属的称谓仍保留纳西语的说法,而且在年节上仍保持过纳西年,虽无纳西族的祭师东巴,但仍保持纳西族的"祭天"仪式——在旧历的二月初八,以柏树为天神,以青冈树为地神,以松树为山神,全族聚而祭天,向着三神磕头念经,之后各家分享年猪肉。这习俗与云南丽江地区的纳西族无二,而且与同为氐羌族群的彝族、哈尼族的"密枝"或祭竜(龙)仪式相似。

其实,在广大藏地生息了数十代人的纳西族远远不止这些,而且大多自觉不自觉地选择了自己的

中甸藏族服饰

(左图)
藏族康巴男子服饰

(右图)
藏族康巴女子服饰

族别而成为藏族。格勒博士就曾指出:"据 1954 年开展民族识别时,有人提到纳西族曾经在甘孜藏族地区最少有五千户以上,这个估计丝毫不过分,尽管现在居住这一地区的纳西族人数不多。"

　　历史上,世代生息在滇川藏交界地带的藏族和纳西族就曾为盐井进行过拉锯式的你争我夺,战争上自吐蕃时代,下至清朝末年,在千多年的时间里断断续续地进行。直到清代中期,木氏土司势力在蒙古和硕特部的打击之下,终于逐步崩溃。藏历水龙年(1652),以西天大善自在佛所领天下释教普通瓦赤喇怛喇达赖喇嘛的名誉颁发的,有汉、满、蒙古、藏四种文字的封诰中,不但四川的巴塘、理塘归属于达赖管辖,云南的德钦、中甸及丽江都归附于达赖喇嘛所领释教之内。至此,木氏土司在康南的统治已基本结束。到 1666 年,其势力又缩回原来的"姜萨旦"地域(今云南丽江地区),而已经迁移并分布在边缘各地的纳西族也渐渐被当地占强势的藏族所同化,不仅服饰、饮食、住房完全藏化了,连姓名、语言和宗教信仰也与藏族无二。这正像藏族谚语所说的:"不像铁一样相碰撞,

茶马古道经过的澜沧江畔盐井古村寨

就不会像心一样相友爱。"英雄史诗《格萨尔王传》其中之一部《姜岭大战》,就生动而艺术地讴歌了这一切。史诗的结尾部分,就描述了藏族、纳西族自此相互通婚结姻,相互友好,地久天长。这完全

是纪实。

虽然藏、纳两族之间,曾发生过多次战争,而两族人民之间的交往和友谊,确实有史可考。早在吐蕃时代,两个民族就有共同信仰的宗教"本教"。当藏传佛教形成时,纳西族为佛教在滇西北的弘扬起到了决定性的作用。明代纳西族强盛起来,其居住地盘向藏地扩展,比元代大了两倍,但同时也开始了纳西族融合于藏族的历史进程,特别是夹住在广大藏地的戍边士兵和居民,由于社会生活的需要,一般经过三代以后,开始慢慢融合于当地多数民族,这是我国各民族自古就有的现象。

如今,曾为纳、藏资源争夺地的盐井成了西藏自治区唯一的一个纳西族民族乡,而那数千纳西族已基本同化为藏族。辛亥革命后,连强悍有为的川滇边务大臣赵尔丰的川兵也成了盐井的居民,并完全同化为藏族,他们的后裔连汉话都不会说了。

丽江木氏土司出于对藏传佛教的信仰和尊重,当然,也为了利用藏传佛教在藏族民众里的深远影响而加强其统治,大力支持和发展藏传佛教,在丽江修建了藏传佛教的五座大寺,延请藏传佛教上层到丽江传法,并派遣一些纳西族到藏地出家当喇嘛。这些文化交流无疑大大促进了两个民族的融合。丽江的文峰寺等五大喇嘛寺庙,至今在广大藏地享有盛名,每年冬春之际,仍有各地的藏传佛教信众来这里转经朝圣;在丽江白沙、束河等地,至今保留有比较完好的自明初到清初的壁画——著名的丽江壁画,它们是在纳西族与藏族、汉族密切往来的基础上,大量吸收了汉藏族人民的文化,虽主要由汉族画师操作,但更多带有藏画风格,有的本身就是藏画,与藏族"唐卡"无二。如大宝积宫西壁绘宁玛派祖师及"大宝法王""四

丽江大宝积宫壁画

理塘长青春科尔寺珍藏的丽江版大藏经金汁印经卷

宝法王"等,南壁绘"孔雀明王大佛母""南无五色毫米圣母"等,都各有藏文题名。大定阁所绘护法神"昌那毒支",福国寺护法堂所绘诸护法,内容及画风都与藏传佛教寺院一样。这也从一个方面反映了纳、藏两个民族长期友好往来,相互学习,相互影响,共同创造出了珍贵的历史文化遗产。

噶玛巴红帽系僧人支梅巴充当了木氏土司的帝师,木氏家族自此信仰藏传佛教;木氏土司在管理巴塘、理塘时期,曾为理塘长青春科尔寺捐资的木刻大藏经版本

（被称为丽江版）是大藏经中最好的版本，现今只有在拉萨布达拉宫作为孤本珍藏。丽江地区纳西族中也出现了著名的藏传佛教圣露活佛等多位活佛。民国前期中甸噶丹松赞林寺寺主松谋活佛的经师鲁茸宜玛则是白地纳西人。而在丽江束河、白沙等地出土的明代纳西族火葬墓中，有不少刻有藏文的墓碑，可见藏传佛教早已深入到丽江纳西族的民俗活动之中。

木氏土司进入康区南部后，主要以移民在金沙江流域开发农业，开沟挖渠，推行灌溉，还平整土地造梯田，实行条播和精耕细作，种植旱稻（红米），使得巴塘这样的地方拥有了"塞外江南"的美誉。由于受木氏土司的统治和纳西族先进生产水平的影响，康南的藏族又自觉不自觉地接受了纳西族的生产生活方式。如云南维西县塔城乡的藏族与纳西族一样是种植稻谷的能手。启别乡的纳西族，虽然所操语言是纳西语，但当他们跳起藏族"锅庄"舞时，藏语歌词畅流不断。他们大多数人取藏名，平时生产生活中的很多藏语词汇被纳西族借用。在迪庆藏族的方言词汇中，纳西语所占的比例也是很大的，像核桃、蚕豆、玉米之类的农作物，以及衬衫、撮箕之类的生活、生产用品的称呼，都借用了纳西语。大小中甸的藏族服饰跟德钦等藏地的有所不同，显然受到纳西族和白族的影响，在头帕、围腰、坎肩上都有所体现。而宁蒗永宁的纳西族摩梭男人由于常年行走西藏，受藏族马帮影响深刻，至今穿的完全是藏装。

现今，在原属巴塘现划归得荣管辖的白松乡，以及乡城一些地方，还保留着古代纳西族开挖的水渠，以及修造的梯田遗迹。另据民间传说，明代时当地藏族仍使用硬木做的犁铧犁地，纳西族带来了丽江铁犁，大大改进了农耕的技术。当地人至今称这种铁犁为"姜肯",即纳西犁铧。不仅如此,当地的纳西族、汉族、藏族在婚丧嫁娶和年节时,都有舂饵块吃的习俗。所谓饵块,当地人称之为"甲勒",即是将大米淘洗后蒸熟,用石臼和木椎将其舂压为米面团,再分压为饼状。有些地区称之为年糕,而云南人一般称之为饵块。此饮食习俗在云南大部分地区都普遍存在,而在从不以大米为主食的藏地,是一独特的饮食现象。我在澜沧江河谷里的茨中

茨中藏族人民在节庆等日子制作饵块

村,在一个藏族老人的葬礼上,也见过他们制作饵块。在西藏与云南交界的盐井乡,则有一种藏地少见的名小吃"加加面"。这是一种用很小的碗装盛的汤面条,可以一碗又一碗地吃,吃完一碗再加一碗,其风味与陕西的面食相仿。这显然是陕西的士兵和商人由茶马古道带到这里的北方吃食。

追溯渊源,藏、纳关系源远流长,形成了难能可贵的共存共荣现实。历史上藏、纳之间的通婚现象就很频繁。著名民族学者宋恩常在对宁蒗县永宁纳西族调查时就发现:"永宁是连接云南、四川和西康在高山上的一条交通要道。特别是永宁作为高山上的一个盆地,便于行旅商人中途休息,由西康、四川来云南丽江的藏族商人多在永宁放马休息。因此,永宁在经济上与藏族的关系非常密切,在物质文化上受到藏族深刻的影响,如穿藏式服装,使用藏式日用工具。在精神文

化上则更不消说了,藏传佛教已如前所述,成为他们主要的信仰。而纳西族(指纳人)访问婚的阿注制度很适合藏族旅行商人的要求,每年冬、腊月与正、二月间藏族商人通过永宁,藏商以手工业品、酥油和货币为媒介,与纳西族妇女结交阿注关系。因为年年如此,最初作为藏族商人开梢休息和休息贸易的开基、西奥楼、阿拉奥和甲布奥等村,后来也就成了纳西族与藏商建立阿注关系的场所。"

在当地各民族的传说故事里,汉、藏、纳西、彝都是出自同一血缘的兄弟。唐初以后,以藏族为主体的居住于滇藏川三角区域的藏、纳西等各个民族,对这一带的繁荣、进步都有过贡献,而藏、纳之间的关系更为密切,到近代已发展到你中有我、我中有你,无论在文化传统、生产生活、语言诸方面,都是相互促进、相互借鉴。两个民族之所以有着如此密切的关系,就跟存在着一条被称为"茶马古道"的驿道有关。白族学者王明达、张锡禄在其著作《马帮文化》里就曾录有这样的纳西族民歌,活脱脱地写照了茶马古道与两个民族相互融会的关系:

> 茶叶没有脚,茶叶没有脚。
> 经过马帮驮,来到了船边。
> 西藏的酥油,一包捆五饼,
> 经过马帮驮,来到了船边。
> 茶叶和酥油,来到丽江城,
> 两族两颗心,相会在一起。

世代生息在滇川藏交界地带的藏族和纳西族就在这条路上来来

往往，相互争战，相互学习，相互通婚，相互贸易，最终友好地生活在一起。

三、兄弟团圆

西藏盐井的纳西族已然藏化

从汉代开西南夷始，到明代汉族大量移入西南地区，世居横断山脉东翼地区的土著，包括白族、纳西族等率先接纳了华夏文化，而他们又乘势北上，将这一文化潮流带入藏地。经过多次类似清代"改土归流"的过程，逐步将这一区域融入华夏文化圈。这好像大海的潮汐，一浪追迫一浪，最终形成各族群文化的相互吸纳和融合。

茶马古道就是一条多民族大交流，不同民族文化大融合、大贯通的传送带。大家知道，地理生态环境总能在一定程度上反映民族及文化集团的格局。茶马古道延伸在海拔500米至5000米的广大区域内，纵占十多个纬度，横跨20多个经度，众多的民族集团就分布在不同的海拔高度上，再加上河流的切割，山脉的纵横交错，以及气候的垂直分布，构成世界最奇特的地形地貌，因而形成独具一格的地理单元，大大地塑造了不同民族集团的独特的民族文化，而这

些民族之间又必须有必要的交流，不可能完全自给自足，其后，这些民族文化又因为茶马古道的贯通，于是相互包容、相互影响，最终作为中华文明的一个个亮点而被吸纳为一体。

云南省小中甸的藏族有很复杂的族源关系

今天，在茶马古道沿途的河谷地带，半山坡上，可以见到许多十分相近似的岩画和石棺墓葬；在藏族的碉楼院房中，五音阶的丝竹旋律隐然有傣家凤尾竹的婆娑之声；在西藏左贡县加朗村藏族村民世世代代传唱的歌里，其衬词反复咏叹着苍山洱海的明月；雪山脚下，还有着纳西族先人留下的村寨城堡遗址和水利旧迹；遍及各地的寺庙壁画上飞动着印度、尼泊尔文化和汉文化

茶马古道上的藏族老人

的色彩和线条；在藏东昌都市，由噶玛噶举派开山祖师堆松钦巴于1147年开建的噶玛寺仍然矗立，而参与建造的汉、藏、纳西等多民族工匠，将各民族图腾象征的龙须、狮爪、象鼻等留在了大殿的飞檐装饰上，海拔4000多米的寺院内外，据说由噶举派二世噶玛巴大师噶玛拔希由汉地带回的杨树苗已长成参天大树，当地人称为"汉

西藏后藏夏鲁寺的汉式琉璃瓦顶大殿

柳"；元代时修建的夏鲁寺是由忽必烈作为最大施主完成的，蒙古族的忽必烈将藏族的夏鲁万户视为舅舅来照应；公元1333年，夏鲁家族重修夏鲁寺时，从内地请来大量汉族工匠，与当地藏族工匠合作，并从内地采购来一大批琉璃瓦、瓷雕、方砖等建筑材料，使夏鲁寺成为兼具藏汉两种建筑风格的典范；连当年五世达赖喇嘛修建布

达拉宫，康熙皇帝都派了 114 名汉族工匠参与，另有尼泊尔工匠 191 人加入……正如意大利著名藏学家杜齐教授所说，我们务必牢记：西藏不是一个与世界各地完全隔绝的孤岛，而是一个多种文化的交汇之地，是印度、喜马拉雅地区、中国、伊朗及中亚施展过多种影响的地区。他从艺术方面看出："西藏建筑所遵循的大概都是本身的传统模式，但艺术却显示出受到西藏以外地区的诸多影响。除了与克什米尔、中亚和孟加拉的关系外，西藏与尼泊尔的关系也很密切，而早在吐蕃时期（7—9 世纪），后来又在萨迦派时期（13 世纪）及元朝时期都可以看到汉地的影响。绘画方面体现出的这一影响则更为明显。"

当年经济的兴盛，商人们筚路蓝缕的行走，带来了古道的发达和文化的传播和昌盛，当儒、释、道、伊斯兰，乃至西方的基督教、天主教随着一条条古道进入时，与原住民传统文化相碰撞，大多经历了一个由拒斥到接受到交融，再到凋敝又再到繁荣的历史文化变迁过程，各少数民族之间也有着传统的相互交流、相互融合的历史，这些就共同成为代表西南文化变迁特色的一幅令人惊奇的图景。

这很像藏族最为喜爱的酥油茶。产自汉地的茶和产自青藏高原的牦牛酥油，与煮开的茶水在茶筒里一打一搅拌，就完全融合在一起，再也分不出哪是茶水，哪是酥油，它们你中有我，我中有你，形成了一种新的存在状态。正如藏族民谚所说："黑茶叶汉地生长，黄酥油自家提炼，白盐巴藏北出产，三兄弟在此团圆。"

茶马古道通行了上千年，它联系起几大文化、经济区域，只要在这些路上低着头走上几里，你就会发现许多人类如何适应不同的生态环境、如何生存发展、如何相互激发相互影响、如何创造出那么五彩缤纷的文化的秘密。

世代生息在横断山脉—青藏高原上的二三十个民族,他们的经济、文化等,都为一条条驿道密切地连接在一起;不论是白族、回族、汉族的商人马帮,也不论是纳西族、藏族、彝族的商人马帮,他们常年穿行在各条驿道上,将各民族的文化传来带去,创造出一条条多彩的民族文化走廊。

茶马古道一线相连的区域,之所以有着多元文化交汇融合的特征,一方面是因为,文化交流从来不会是单向的,有来必有往,只不过表现出来不同而已;另一方面还在于,茶马古道是以马帮、背夫和牦牛驮队这种独特的载体来运作的。马帮之类无疑是最容易进行文化交流的载输工具,他们落脚于客栈、锅庄甚至村寨房东家这样的民间深处,是亲和力极强的载体。虽然马帮商人等当年走在这些驿道上,并没有意识到他们事实上已成为不同地区、不同民族文化间交流的使者,但他们不仅要跟各地的环境物产打交道,更要与各地的各族人民打交道。他们就像一股股活的流动的血脉,将新鲜的文化氧气输送到中国西南边疆的末梢细胞,使之具有生机和活力;他们就像活性很强的黏合剂,将各民族及其文化有机地结合在一起。

茶马古道浓缩了西南边疆山区种种深厚凝重的历史文化,包括了汉民族和中国传统文化在边疆少数民族地区传播及积淀的历程和内涵,充分表现出中华民族的传统文化在西部边疆的交汇融合与源流承继。茶马古道贯穿的特殊区域,其因自然形成的生态格局,孕育了各民族及其文明文化,而茶马古道的网状贯通,又使其文明文化相互渗透、相互影响、相互交融,使得这一地区成了丰富多彩的民族文化的大熔炉,成为文化多元一体的典型区域。茶马古道以及

第七章　民族文化走廊

云南省德钦县茨中村的藏族、纳西族、傈僳族天主教徒

生活在云南省贡山县丙中洛的刘吉安一家竟由 5 个民族组成

大西南的各条古道，正是不同部族集团及文化大板块之间文化交流的主渠道。在这里，各民族文化相互包容、相互吸纳、相互影响，作为中华文明的一个个"亮点"而被逐渐吸纳为一体。正如费孝通先生所说："中华民族多元一体格局的主流是由许许多多分散孤立存在的民族单位，经过接触、混杂、联结和融合，同时也有分裂和消亡，形成一个你来我去、我来你去，我中有你、你中有我，而又各具个性的多元统一体。这也许是世界各地民族形成的共同过程。"

第八章
通往圣地的天梯

桑耶寺壁画上的桑耶寺,大殿就集藏地、汉地和南亚风格于一身

横断山脉与青藏高原之间,虽说大山横亘,大江滔滔,但向来是各方势力集团来往争夺的地盘和交通线。就在历朝各代统治者们斗来争去的时候,一种更为强大的,更有生命力的,凌驾于这一切之上的力量,像大树的根须一样伸展到这片大地,并且深深地扎了下去。至今,这株大树郁郁葱葱、蔚然大观。

祖国大西南边地地理位置十分特殊,尤其是滇藏川大三角横断山脉区域,其西部、西北部联接着广袤的青藏高原;东部、东北部紧靠着悠悠辽阔的中华内地;南部、西南部则毗邻着南亚、东南亚诸国,正好处于世界佛教文化圈内,因而这一地区形成了以佛教文化为主体的宗教文化,尽管汉地佛教与藏传佛教、大乘佛教与小乘佛教之间有不小的差异。同时,这一地区世世代代生息着二三十个原住民族,那丰富多彩的民族原始宗教及形形色色的民间信仰,也

西藏阿里的壁画明显带有南亚风格

融汇于这一地区的宗教文化之中,再加上伊斯兰教、天主教、基督教等外来宗教的进入,这一地区的宗教文化更是异彩纷呈。就在这一地区的高山深谷之间,网络般延伸着条条古老而神秘的茶马古道,这些古道与这一区域的宗教文化形成了一种紧密而微妙的联系。

正是这条古道,联系起汉藏两地间的经济、文化,并成为两地宗教传播的重要途径,正是两地间悠久而频繁的经济、文化交流,以及宗教的超常的渗透浸染,形成了穿插于横断山脉大山峡谷中并与青藏高原联系在一起的蜿蜒山道。历史上,民间及宗教的这种交往以难以想象的方式自然地进行了千百年。在人类发展的历史中,这种形式的经济、文化交流,要比史书所记载的,不知要丰富多少倍。

一、佛从西天来

公元 7 世纪初年,崛起于雅鲁藏布江中游雅垄河谷的藏王松赞干布建立强大的吐蕃王朝,其势力一直向东扩张到云南"西洱河"(今大理洱海）地区和"姚州"（今云南楚雄彝族自治州及大理白族自治州一部分）地区；在蜀川方面，藏族势力也一路向东抵达四川盆地西缘。而公元737年前后，南诏皮罗阁才统一六诏，其势力仅及洱海周围及以南地区，洱源之北皆为吐蕃属地。公元751年左右的"天宝之战"后，南诏直接归附了吐蕃，南诏王被封为"赞普钟"（王弟），吐蕃的地域增长了一倍。藏史曾如此夸示吐蕃的疆域：东抵昴宿星升起之地，即有万座城门的大唐京师；南接轸宿星出现之地，立碑于恒河之滨；西与波斯接壤，北方直达于阗。直到半个世纪后的794年，

文成公主带到西藏的释迦牟尼佛像

南诏异牟寻才叛离吐蕃，重又归唐，攻取吐蕃铁桥地（今丽江巨甸塔城），设铁桥节度与吐蕃对峙，吐蕃势力方退至金沙江以北。即便如此，南诏与吐蕃的关系并未中断。唐文宗太和三年(829)，南诏王遣兵攻入成都，掠走数万人，还将其中3000多人（其中多为工匠和艺人）及一批金帛、珠宝送给吐蕃。这些来来往往，无疑对双方产生相应影响，就像藏族于9—11世纪从新疆退回青藏高原后，带回了许多绿洲宗教的影响，并将其融合到藏传佛教中一样。

与此同时，诞生于汉地南方的茶文化向西、向北扩散，而源自印度的佛教则随着唐文成公主，以及印度佛僧正式传入西藏，经过100多年与藏族原始宗教本教的反复较量、相互融合，最终形成藏传

佛教，于赤松德赞（755—797）时，获得重大发展，并随吐蕃军事、政治上的极大扩张而兴盛起来。赤松德赞建造的西藏第一座佛教寺院桑耶寺，其主殿的三层楼就是按照藏族、汉族和印度三种不同的艺术风格修建的。其后的牟尼赞普(797—798)和赤德松赞（798—815）兄弟继续弘扬佛教。不仅赤德松赞让其长子出家为僧，以示对佛教的尊崇，继承其衣钵的儿子赤祖德赞，更让佛教徒干预政事，开创了宗教参政的先例，以至以后西藏形成了政教合一的统治格局，赤祖德赞也因而与先王松赞干布、赤松德赞一起被后世列为三大法王。西藏宗教史上，将这一时期称为藏传佛教的"前弘期"。这一时期在西藏佛教中占主导地位的是宁玛喇嘛，后来成为藏传佛教的一派，也就是人们通常叫的红教。以后在后弘期时，才发展出噶当、萨迦、噶举和格鲁诸教派。

佛教就在这一时期随着吐蕃的军事扩张势力和滇藏、川藏茶马古道的开通而传入了云南和川康地区。较为弱小而稚嫩的南诏夹在强盛势大的大唐和吐蕃之间，它不停地"察言观色"，以便决定把自己的脚踏在哪一边，这三者之间常常两两对峙，又常常两两相交往，其军事、政治的运作，深切影响到相互之间的物资流转，更推动着相互间的文化交流。

南诏中兴二年(898)，南诏画师所画的《南诏史画卷》中，画有南诏开国国主细奴罗因梵僧授记而建立起国家的传说。画卷的主要内容是梵僧至细奴罗家化缘乞食，梵僧美髯飘逸，面庞阔硕，头戴赤冠，左白马，右白象，细奴罗妻及儿媳布施给他，梵僧因而授记而去……画卷中所描绘的梵僧的种种变幻奇异的行止，正是典型的密教阿吒力僧人所为。在《白国因由》《南诏野史》等地方史著作中，也记录有许多梵僧及其神迹传奇。这些记载与佛教传入吐蕃时的情况十分相似,尤其与密宗大师莲花生入藏传播佛教,大施法力,降伏各路罗刹鬼怪的故事极为一致。徐嘉瑞先生曾将南诏梵僧降伏罗刹的传说与吐蕃的罗刹传说做了对比,认为南诏罗刹传说就是来自吐蕃,而头戴赤冠的南诏梵僧的原始形象就是在西藏大兴佛法的莲花生。这就道出了在南诏、大理国盛极几百年的密教与西藏密教一脉相承。

云南姚安光禄寺胡僧形象壁画

大理国后期,即段兴智盛德五年(1180),其画师张胜温画了一轴著名的《张胜温梵画长卷》,规模宏大,包容了以八部寺众为中心的628人,正如有的学者所指出:"举凡密宗、禅宗、中国、印度、尼泊尔、爪哇一带的宗教影响——都可以据图指点。"精研释典的西南联大罗庸教授在其《张胜温梵画赘论》中进一步指出:"本画卷中所有密教诸尊,其名目与西藏大同。"王忠先生在其《新唐书南诏传笺证》中就认定:"《张胜温画卷》中所有密教诸僧,其名目与西藏略同,是南诏之佛教,实由吐蕃传入。"可见,在南诏、大理国时,占统治地位并在民间极为发展兴盛的密教,即是由西藏吐蕃传入的,而这样规模宏大、影响深远的宗教传播,自然与连接两地的茶马古道的通达分不开。

从文化遗存来看,现坐落在楚雄州大姚县城西文笔峰顶的白塔,是比较特别的塔式——塔身上大下小,形如磐锤,俗称磐锤塔,与差不多同时代修建的有着浓郁中原风格的四方形密檐式空心砖塔大理崇圣寺三塔和昆明东、西寺塔迥异,而跟藏式的覆钵形塔更为接近。钵和磬锤都为佛教法器,形之于塔,而与汉地的密檐式塔有显著区别。散落在白塔附近的塔砖上,就有印模出的汉、梵文字。清道光《大姚县志》载:"白塔砖有字曰'唐尉迟敬德监造',与昆明东、西寺塔砖字同。"同书又记载:"唐天宝年间吐蕃所造。"道光《云南通志》也记载:"建于唐时,西域番僧所造,尉迟即梵僧名。"附近姚安县光禄寺内尚存西域梵僧形象的壁画。前面我们已提到,

云南大姚白塔

唐天宝时,吐蕃往北曾攻陷长安,东面也使南诏归附称弟,吐蕃势力统治云南洱海地区乃至姚州达半个多世纪之久,此时也正当吐蕃赞普大力弘扬佛教,吐蕃佛教发展到极盛时期,吐蕃佛教沿滇藏茶马古道传入云南正是情势之必然。据南诏德化碑载,在"天宝之战"前夕,吐蕃赞普曾"观衅浪穹"(即在今洱源附近坐观南诏与唐相斗),那么在天宝战争后南诏与吐蕃称兄道弟密切来往期间,吐蕃僧人进入云南传教建塔也就不足为奇。更何况藏传密教与南诏本身就有的巫鬼文化,有先天的相通之处,藏传密教有一套神秘的密咒,其作法、曼陀罗具有浓厚的巫术色彩,加上其在修行行为上不看重所谓"悟"与"证",只强调"信",这对于急于强化王权的南诏王室来说,无疑具有强大的吸引力,这样,吐蕃佛教传入南诏并且兴盛发展起来,更是顺理成章之事。

从吐蕃这方面来看,赤松德赞的孙子赤热巴坚赞普(815—836)

继承其祖扩张领土和崇尚佛教的政策,一方面继续向唐王朝进攻,败后而和,最终与大唐实现了真正的会盟和平,并于公元 823 年在大昭寺前树立了流芳百世的"唐蕃会盟碑",也就是著名的"甥舅会盟碑",结束了唐蕃间断断续续整整两百年(623—823)的血腥争战;另一方面他组织大量人力翻译佛经,并建立了许多寺庙,甚至将藏族家庭编成七家为一单位,每七家供奉一个喇嘛,有敢骂喇嘛者,割舌头;有指着喇嘛不怀好意者,割手指;假定怒视喇嘛,则要挖去双眼。这种政策当然大大助长了佛教的势力,致使佛教遍及藏地每一角落。

但物极必反,藏王赤热巴坚的这一做法激怒了本教徒及群众,结果他在公元 836 年被人残酷杀害。其弟达玛乌东赞成为吐蕃一统政权最后一位赞普——被后世丑化为头上长角的怪物,也就是人们常说的"朗达玛"。朗达玛是本教徒,坚决反对佛教,他取得政权后便大举灭佛,几乎在前后藏消灭了佛教,迫使许多佛教徒携经书逃往僻远的安多及西康地区,从而使这一地区的佛教势力大为增强,并借助茶马古道渗透且沉积下来,成为后来西藏佛教在"后弘期"复兴的下路。就是说,不管吐蕃赞普是兴佛还是灭佛,客观事实上都推动助长了佛教往西康和云南方向的流传和盛行。至今,西藏的昌都地区,四川的甘孜、阿坝州,云南的迪庆、丽江等地区,属西藏佛教"前弘期"的宁玛派(红教)仍有众多寺院和势力,保留了较多的早期藏传佛教的特点,而在 14 世纪才由宗喀巴创立倡导并席卷藏地的改革派格鲁派,在这一地区虽也占统治地位,但并未像它在前后藏那样占主导地位。这也正说明吐蕃佛教传入云南、西康之早,影响之深远。

元代，统治者大力扶持萨迦派势力，尊八思巴等为帝师，内地和藏地间的宗教往来明显增强，在内地的山西五台山、北京、浙江杭州等地，留下了众多藏传佛教痕迹，如五台山覆钵式白塔、北京妙应寺白塔和杭州飞来峰摩崖石刻造像……同样，内地佛教也在藏地遗有影子，如萨迦寺和夏鲁寺的雕塑、绘画及建筑，都有大量内地佛教艺术风格留存，布达拉宫等处保存的缂丝唐卡更有汉地影响。到明王朝分封三大法王，尊噶玛噶举黑帽系的活佛为"大宝法王"，总领天下释教，从五世噶玛巴得银协巴始，许多高僧大德不时往来汉地和高原之间。永乐皇帝朱棣甚至派出宦官侯显，率众进入藏地，迎请五世噶玛巴到南京，为太祖朱元璋和孝慈高皇后举行七七四十九天的普度大斋。这一盛况空前的法事被画师

（左图）山西五台山藏式白塔

（右图）北京妙应寺白塔

几乎是逐日生动描绘下来，成《如来大宝法王超度明太祖宝卷》长卷。五世噶玛巴就是取道四川，差不多横穿整个中国到南京的。到清代，藏传佛教更成为蒙古、满等民族的普遍信仰，寺院遍及茶马古道沿途，僧人喇嘛更频繁地穿梭来往。

现在，滇西北的藏族、纳西族，贡山丙中洛一带的怒族，宁蒗永宁的普米族，以及白族支系的那马人，还有四川凉山州盐源、木里的藏族、普米族、蒙古族等，都还有大量信仰藏传佛教者。由于宗教信仰的一致，不同的民族甚至都有了相同的风俗，如丽江宁蒗永宁的纳西族摩梭人至今实行火葬，而怒江的部分怒族、独龙族在家人生病或去世后要请喇嘛念经禳祛、超度等。

可见，不仅由于滇藏、川藏两地间密切的政治关系，更由于两地间地理上的自然毗连，两地间息息相关的茶马互市等经济交往，带来了两地间各种文化因素的传播流动，而两地间宗教等文化方面的一脉相承，更使得茶马古道这条经济交通之路成了名副其实的文化纽带。

二、信仰之河流

已圆寂的西藏自治区佛教协会副主席益西旺秋，本来是云南宁蒗县永宁乡的摩梭人，从小生长在多个民族聚居的美丽的泸沽湖畔，8岁入当地藏传佛教寺庙当小僧人。益西旺秋15岁时，大哥跟着一个马帮商队把他送到拉萨学经，经过近半个世纪的苦修，益西旺秋在1976年2月拉萨祈祷大法会的考僧辩经中，获取了最高等级拉让巴格西学位的第一名。那是当年西藏佛教界的一件大事，从此这个云南摩梭人成了西藏佛教界的一个权威和象征。茶马古道就这样奇特而自然地将滇藏两地的宗教文化贯穿在了一起。

在藏传佛教向东扩展的时候，不仅有藏族民众到汉地转经朝圣，也形成了很强的"回流"。在藏地，寺院之间都有一定的隶属关系，而且无论是哪个教派的僧人，都有到拉萨朝圣拜佛学经的习俗。没到过拉萨的僧人，就基本没有升迁的可能，永远只能为寺里最低等级的"奔着"（小僧人）。而一般僧人要成为"格西"（相当于佛学博士），要必须到拉萨三大寺学习很长时间，参加考试辩经。至于遇到达赖喇嘛"坐床"，各寺都要前去送礼朝贺。而本寺的活佛"转世"，也要到拉萨"查书"，决定寻找转世灵童的线索。由于路途遥远艰辛，各地僧侣与拉萨的联系往往就靠频繁的马帮商队做载体，沿茶马古道来来往往，这样宗教文化也就沿茶马古道渗透到各个民族间，扩散到马帮商人们所及的各个地方。

曾是茶马古道一大"码头"的云南德钦县奔子栏，其藏族居民却不像其他藏地一样盛行藏历新年，而是隆重地欢度"汉式"的春节。在奔子栏的节庆活动中，汉族、藏族、白族、纳西族等民族文化中的佛教、东巴教、自然崇拜、祖先崇拜，中原内地的敬神活动等宗教内容综合在了一起，形成了茶马古道上宗教文化的两大特色——多元性和融合性。

在同样是茶马古道大枢纽站，旧时称阿墩子的德钦县升平镇，信奉伊斯兰教的数百回族与信奉藏传佛教的藏族杂居在一起，相互通婚，共同赶马帮从事长途贩运，两种截然不同的宗教共处一起，相安无事，更体现了一种难得的文化相容性。

位于拉萨八廓街的清真寺

像奔子栏、德钦、丽江、康定、巴塘,甚至思茅这样的大城镇,都是在茶马古道畅通盛行的情况下才形成并兴盛起来的,这些地方的宗教文化必然就会相应带有各民族、各地方的多种元素融合为一体的特性。

从最易于保留下来的造型艺术方面来看,我们更可以看出茶马古道的交通对沿线区域宗教文化特点的巨大影响。如著名的剑川石宝山石窟的第三窟,正中供佛像一尊,旁列"大圣东方六足尊明王"等八大明王,这八尊明王就是藏传佛教中的神祇,其雕塑明显是西藏佛教艺术风格。夹子寺两尊天王像中面南的一尊,身长六臂,分持剑、杵、绳、念珠、鼓等物,颈及腰各悬骸髅头骨一串，更是典型的藏传佛教雕塑作品。而在第七窟"破腹观音"上端，有用古藏文题词六行，虽然有些已模糊不清，仍可辨出大意是："悲痛疲惫不堪的众生，永远……，您是……，您的尊言像石刻一样，铭记在心，众生的拯救者，请您务必拯救我们。吉祥如意。"这肯定系藏族香客所题，正可说明古代滇藏人民沿茶马古道往来不绝，信同样的佛，敬同样的神，具有相通的宗教感情。在四川乐山大佛旁的洞窟壁上，也有类似的藏文题刻，虽不知刻写的具体年代，但从其湮没程度看，年代不会晚近。

（上图）云南剑川石宝山石窟八大明王造像

（下图）石宝山石窟的藏文题刻

过去曾在南诏辖理之下的丽江，更成为藏传佛教的重地。特别是从清代康熙至道光年间的180年里，丽江境内各地，先后建起了有一定宗教势力和经济实力的藏传佛教噶举派（俗称白教）十三大寺，而丽江北部与四川交界的宁蒗县则成为藏传佛教最有势力的格鲁派的重地。比如丽江的五大寺——福国寺、文峰寺、指云寺、普济寺、玉峰寺，皆属藏传佛教寺院，其建筑兼容汉、纳西、白等民族风格，其中保存下来的著名的丽江壁画，更多有藏画风格,有的本身就是藏画,与藏族"唐卡"无二。如大宝积宫西壁绘宁玛派祖师及"大宝法王""四宝法王"等,南壁绘"孔雀明王大佛母""南无五色毫米圣母"等,都各有藏文题名。大定阁所绘护法神"昌那毒支",福国寺护法堂所绘诸护法,内容及画风都与藏传佛教寺院一样。这反映了两个民族长期友好往来,相互影响,共同创造出了珍贵的历史文化遗产。而纳西族普遍信奉的东巴教,更与藏传佛教及藏族本教有很深的渊源关系。

在滇藏交界地带的澜沧江河谷里,有一个叫茨中的村寨。那里更演奏着一曲多民族多元文化的交响曲。

茨中是茶马古道一条线路必经之地,距滇藏门户德钦不到百公里。茨中在三江并流一带甚至更远的地方早已赫赫有名,因为那里有一座整个藏地保存最完好的天主教堂。教堂的前大门完全是汉式的门楼,而且南向开,穿过一条过道,又是一座三坊二层的木楼,完全是丽江纳西族和大理白族庭院的式样,门窗雕花。教堂主体则是欧式的,钟楼高达四层,但顶上却是一攒尖式四角亭,上覆瓦,又完全为汉式了。一层为石砌圆拱顶门廊,教堂和钟楼的窗子上部半圆形,木格窗户,绘了简单的花草图案,里面有圣父、圣子和圣母的塑像,

过去的康定天主教堂,现在这里已辟为广场
孙明经摄于1939年

挂了些宗教画，还贴有七宗罪和十诫的条律。穹顶用方块木板拼起，有十字架和花草图案，进门洞左边还有两个受洗用的石槽。教堂周围还有后院及地窖、花园、菜园和大片的葡萄园。传教士曾在此种植葡萄来酿造葡萄酒，种苗当

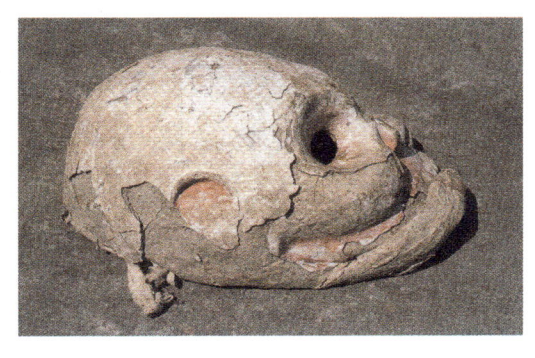

17世纪葡萄牙天主教会一度进入古格，其留下的葡萄牙文《圣经》后来被用来糊面具

然来自法国。现在还有村民学着他们的工艺方法酿造葡萄酒，种植的葡萄还是半个多世纪前的种苗。只有一圈围墙将教堂与茨中村的藏族、纳西族、汉族的房舍和田野隔开来，一旁就是嘛呢堆，房舍上飘扬着风马旗。爬上教堂的钟楼，青山、江峡、农舍、田野、果树尽在眼底。

茨中天主教堂的前身在附近的茨菇。法国外方传教会的神父在怒江上游遭到追杀后，就翻过碧罗雪山来到澜沧江畔，于1866年买下了巴东的一些土地，带领在怒江秋那桶被驱散的教徒定居于此，并建了教堂。到1870年，这片澜沧江边的台地形成了一个拥有20户人家的天主教村寨——茨菇。在这里，法国传教士们创办了一个规模可观的农业基督教会，大大提高了农业产值，并成功实施了"天花接种"。这使得教会站稳了脚跟，并逐渐扩大了教区。

1905年，四川巴塘因凤全事件酿成教案，沿茶马古道一直波及遥远的澜沧江峡谷，这里的教堂、神父和教民也受到冲击。教案后，教会借助清政府的巨额赔款，历时十多年，在茨菇附近的茨中重建

了教堂,并占有了全村过半的土地。教堂1921年竣工,成为"云南铎区"主教礼堂,先后还办过一所教会学校和一所女修院。新中国成立后,茨中天主教堂做了德钦县省立第一完小的教室校舍,1987年经过维修后归还教会,教徒们渐渐恢复了并未完全停止的活动,学校则搬迁到教堂对面。

教堂自1950年后就没有了神父(近些年有了一位派驻的汉族神父)。以前的法国和瑞士神父有的躺在了葡萄园中的墓地里,有的被请走了,只有在一些重大宗教节日,巡回布道的神父才会到这里主持洗礼等仪式。一到礼拜天,远近的天主教徒纷纷来到教堂,往奉献箱里投点钱,然后全部跪下,唱起圣歌来。有领唱和合唱,也有男女声二重唱。教堂的回声设计得很理想,那圣歌听起来倍加美好。他们唱一阵又祈祷一阵,气氛庄严而和睦。每个礼拜天他们都这样度过,有藏族、纳西族,也有傈僳族。据说茨中村132户人家,约有80%的人家信仰天主教,其他仍信仰藏传佛教,有些纳西族则信仰他们传统的东巴教。多种宗教100多年来相安无事,有的不同信仰的人本来

(上图)嘛呢堆与茨中天主教堂交相辉映

(下图)云南德钦茨中天主教堂

就是亲亲的兄弟姊妹。这是多元宗教文化的极佳见证。

天主教于 19 世纪中叶由四川向南进入滇西北，其传播线路与茶马古道正好重合。天主教在横断山脉地区的传播活动，首先就是为了建立北上西藏的桥头堡，以便利用这一带早已存在的交通通道，如茶马古道，进而深入西藏。

可见，这些古道就像一条流动的血脉，输送着多元文化的因素，联接并融合了沿途的各个民族，使他们成为祖国民族大家庭中的一员。

我曾跟随乌德老人一家到了三公里外他们的希玛腊咱村。在那里认识了乌德两个可爱的孙女，大的叫余淑玲，教名玛丽；小的叫余琳，教名阿丽雅。两姊妹长得很好看，又很懂事，余琳给我们带路时细心地用棍子打掉路边树枝上的雨水，每到一家就抢先去抱住狗。小小年纪就很会关爱他人。她们的母亲叫特丽萨，是个藏族，父亲则是怒江那边的傈僳族，外婆是藏族，外公乌德则是汉族血统，姓徐，祖上是从四川追随传教士余斯德望、蒲白多禄二人过来的。

（上图）西藏盐井天主教堂

（下图）云南怒江丙中洛天主教堂

大约在 19 世纪中叶的时候，包括乌德家祖先在内的 6 家四川人，跟随着来自欧洲的天主教传教士，跋涉了上千公里，竟在这片横断山脉的中心地区扎下根来，耕种着传教士从当地藏族土官手中买下的土地，跟当地原住的藏族、纳西族、傈僳族相互融合，一直延续到了现在。他们还保留着汉姓，有徐、刘、伍等，仅徐姓的四川人后裔就已生发到 40 多户，怎么计算也有六七代人了。他们早已跟当地藏族或纳西族通婚，着藏服说藏话，生活习俗也早已藏化，日常生产生活已完全与当地藏族无二，大多数人基本不会汉话，只是还坚守着天主教的信仰。他们同时还有尼玛、阿桑路这样的藏族名字和天主教玛丽、保罗这样的教名。婚礼和葬礼也按天主教行，酿造并喝葡萄酒，主要饮食是糌粑、酥油茶，也保留舂压米饼饵块等汉族饮食。住宅建筑则兼容藏族、纳西族、白族、汉族等风格。这些汉族后裔与当地藏族、纳西族、傈僳族在不大的一片"社区"，最终汇聚融合成了一种相互容纳、相互吸附、难分你我的一体文化。他们根本说不清自己究竟属于哪个民族。

在西藏芒康县盐井乡、云南德钦县燕门乡茨中村，藏传佛教与天主教已在一起共处了 150 多年。在这里，不同民族、不同宗教的人们世代生活在一起，共同依傍着澜沧江，共同耕耘一块土地，共同在一座大山上放牧，人文与自然共融，焕发出罕见的生存魅力。

在茶马古道沿途，还有一些规模不大的关帝庙。它们应该是随着进驻西藏的清朝军队和经商的晋陕商人、四川商人，在藏地修建起来的。它们的遗址遍及昌都、拉萨、山南、那曲、日喀则等地。大约自清代始，关帝从战神演变为财神，内地商人将关公作为财神来崇奉。也许是因为关公早年贩过枣子，更因为关公重义气，走茶马古道的商人就将关公作为了保护神和财神。清代曾有人为关帝庙题写对联："儒称圣，释称佛，道称天尊，三教尽皈依；汉封侯，宋封王，明封大帝，历朝加尊号。"商人们还在藏地建有规模不等的山陕会馆，有的山西、陕西商人会同云南、四川商人共建"三省会馆"。人们甚至将当年在茶马古道上为抢救饷银而殉职的彭姓将领作为丹达山神来供奉，为其修筑了庙宇，并奏请乾隆皇帝赐匾敕封。到清朝末年，这种与道教有关的关帝崇拜和哥老会，在军人、商人中间，影响越来越浓重，传布越来越广。这似乎显示，作为汉藏两大文化流之核心的内地儒家文化和佛教文化，已渐渐失却它的支配力，它们不能完全满足人们的需求，于是人们寻求、汲取新的文化因素，以有新的依托。这又从一方面增加了茶马古道宗教文化的多元性。

在茶马古道的中心城市拉萨，不仅有藏传佛教格鲁派六大寺中的三座（哲蚌、色拉、甘丹，另外三座是后藏日喀则的扎什伦布、甘南的拉卜楞、青海的塔尔寺），也有伊斯兰教的清真寺，由拉萨的穆斯林在八廓街修建，风格竟也含汉藏因素。据传，1864年时，丽江纳西族周献奇、牛星田等人到西藏经商，在拉萨八朗学（今吉日巷一带）地方筹建了一座云南会馆，藏族人把它称为"云南拉康"。多年后，他们委托西康乡城商人请来一位姚姓的汉族佛像雕塑师，在会馆里塑了"三朵"和关帝两尊塑像。在"三朵"塑像的顶上还有书写着"雪石北岳安邦景帝"的横匾，两边的对联是："向白袍而助阵，秉火剑以斩妖。"每年农历八月，在拉萨的纳西人都习惯到会馆里祭祀三朵神。至"文革"前，云南会馆和"三朵"塑像及横匾对联俱在。现在云南会馆遗址尚在，但"三朵"塑像等已在"文革"中作为"四旧"被毁。

茶马古道也是通往全国佛教圣地、云南大理宾川县境内鸡足山的主要道口。鸡足山上原有一座石钟寺,大殿后檐下原有一尊巨大的卧佛,身穿黄底起花袍服,头戴珠冠,胸垂红色念珠,红黑的脸膛,带有西藏高原特有的风貌。据说这是来自西藏的一位大活佛,当他游完鸡足山,夙愿已了,便在这儿圆寂。后人就按他入定时的姿态塑成了一尊睡佛,此后,年年都有无数藏族群众带着藏香到鸡足山朝拜睡佛。藏族群众来此敬香后,就拉琴敲鼓摇铃,边歌边舞,想让睡佛听听遥远而熟悉的乡音。返回时,他们还要从睡佛身上抠点泥土带回去供奉在佛堂上。汉、藏、白各民族的宗教和人民就这样自然而然地相互吸收,相互交汇,融合在了一起。

茶马古道上的宗教交流是双向的。有由西向东传播的,也有由东向西回流,甚至反向流传的。多元的宗教就在一条路上交织融合在一起。

佛教圣地云南鸡足山巅的金殿和白塔

茶马古道所经地域的宗教文化,可以说是世界宗教文化的一片神奇而罕见的天地,其五彩纷呈、复杂特殊,均与茶马古道相关。由于特定的地域环境、历史沿革,更由于众多民族生存于斯,于是造就了茶马古道沿线宗教文化的多元性、民族性、地方性、扩散性和融合性等特点。佛教、印度教、道教、伊斯兰教、基督教和天主教及儒家思想等汇集在一起。仅就佛教来说,藏传佛教、内地禅宗、巴利语系即上座部佛教都在这里留下了深刻的影响；世世代代生息在这片高原上的 20 多个民族更是各取所信，又各自保留了本民族传统文化中的原始宗教、民间信仰等，加上各地各民族之间密切的往来，茶马古道的宗教文化就如万花筒一般缤纷杂呈，气象万千。

茶马古道拥有悠悠漫长而旺盛强健的生命力，对宗教文化的传播和沟通意义影响非凡，这条绵亘散布在横断山脉和青藏高原崇山深谷间的道路，对形成这一地域宗教文化特点作用巨大。从这条经济交通之路出发，我们可以更好地领略这一区域的历史发展、地理环境、文化变迁及其特征，等等。

三、与神山共舞

人类很多群体，包括历史悠久的中华民族，向来是将山作为朝圣崇拜的对象的。世界著名考古学家、美国哈佛大学已故教授张光直就指出，全世界萨满式文化用来沟通天地的工具，首先就是神山。在全世界萨满式的思维中，把山当作地到天之间的阶梯是很正常的。至今，在不少地方，可见到山体崖石上绘制梯子的图形。藏族自古就将山作为通神的工具甚至就将山尊为神本身，他们由此构建了丰富深厚而宏大的神山文化，那早已是其传统文化的精髓之一。早在原始宗教，也即萨满时代（约前 20 世纪至前 3 世纪左右），信奉万物有灵的藏族人民就将山作为他们的崇拜物，作为神灵的依附体，或作为先祖的象征，视山为神灵的住所，或为念神、赞神、生神、战神等的一种化身。藏族又将山神称为"细达",意为"大地之主";也称为"域拉",意为"地方神""一方之神"。数千年演化至今,山神往往就成为一个村寨、一个部落、一个社区,甚至是更大范围区域乃至整个藏地,乃至跨国跨宗教的守护神。

茶马古道是属山的:它由东向西贯穿整个横断山脉和青藏高原。藏族也是属山的:他们日日夜夜、年年岁岁生活在山的怀抱里,山是他们的家乡,山神是离他们最近的神灵。神山对全民信教的藏族来说,不仅是其生存的世界,也是其信仰的空间。他们不仅有自己村寨、部落的神山,也有区域性的位于更广大空间里的神山。作为神山人格化化身的山神,它们相互之间是亲戚,并非孤立独处。本来相距遥远的两个地区,可能因为山神与山神之间的关系而发生联系。有的山神地位很高,成为大神,它的神通被广大地区内的人们所传颂和尊崇,于是它也会成为更多人群和更广大地区的保护神,在这一广大区域的人们就会流动起来,趋向之表达崇敬和礼拜。人们在一定的时间里来往跋涉于不同的神山之间。有意思的是,这一来往常常就与茶马古道重合在一起。茶马古道与神山互生互倚,彼此根本分不开。高原上的座座神山,奠定了茶马古道的路基,甚至影响到茶马古道的走向。

茶马古道沿途,就有多座神山。

冈仁波钦

常年在茶马古道奔波行走,我朝觐过大多数著名的藏地神山圣地。藏地雪山一直让我心驰神往。雪域藏地最吸引人最打动人的,就是那些高耸入云、崔嵬嵯峨、终年白雪皑皑的雪山。这些雪山往往是藏族极为崇拜的神山。这些神山中最著名的，当推世界屋脊上的屋脊——阿里的冈仁波钦。

冈仁波钦属马。据说佛祖释迦牟尼就属马，而佛教世界的中心为须弥山，即是此山。马年时，有守护十方

最神圣的神山
冈仁波钦

之神、诸菩萨、天神、阿修罗和天界乐师，等等，齐聚在神山周围。所以在马年转山，就会有十二倍的功德加持，转一圈就等于十三圈。如果是藏历每六十年一轮的胜生绕迥（汉语里的一甲子大轮回），那转一圈就有六十圈的功德。我就是在 2002 年的马年大转时，第一次去体验冈仁波钦转山的神圣和艰辛。没想到人烟稀少的阿里，那一年在神山下竟汇聚了 10 万转山人，密密麻麻的帐篷将一片塔尔钦驻扎得像一座喧闹的集镇。更没想到的是，

转了整整两天、跋涉了 50 多公里下来，连神山的影子都没瞅见，仅仅在玛旁雍错湖畔回眸时，遥见神山的一点身影。不过，在此后的一小轮中，我又数度前往阿里，每次都领略到神山的丰姿，应该跻身有福人之列了。

冈仁波钦是冈底斯山脉的主峰（最高峰为 7092 米的冷布岗日），海拔 6656 米。冈仁波钦的神圣与海拔没有关系。冈底斯山的名字，据说是藏、梵、汉三种文字的合成。"冈"，藏语为"雪"，"底斯"，梵语里也是雪，意大利著名东方学家图齐教授则认为"底斯"是

徒步朝觐冈仁波钦神山的信众

象雄语，而"仁波钦"在藏语中为上师之意，冈仁波钦就是雪山上师。印度人则称之为凯拉斯，认为它是印度教最伟大的湿婆神的宫殿。差不多与佛教同时出现的耆那教则称它为阿什塔婆达，意即最高之山，是其创始人瑞斯哈巴那刹得道解脱之地。每年，都有一些来自印度、尼泊尔等地的信徒来此朝拜。在藏地，冈仁波钦是雪域高原最古老宗教本教的神山，他们将之称为"九重万字（卍）山"，后来，佛教噶举派祖师米拉日巴与本教斗法获胜，冈仁波钦才由本教圣地转为佛教圣地。当然，也不乏本教徒逆时针方向来转山。一言蔽之，冈仁波钦神山同被本教、佛教、印度教和耆那教四大古老宗教视为世界的中心和其宗教圣地。冈仁波钦是世界性的神山。

冈仁波钦确为造物主的超凡之作。它的四面八方，冰雪融水汩

（上图）印度人也将岗仁波钦和玛旁雍错视为圣地，年年争相来朝觐

（下图）冈仁波钦神山下的玛旁雍圣湖

泪奔涌，汇合为狮泉河、象泉河、马泉河和孔雀河"四大圣河"，它们不仅以旺盛的生命力滋养山川草木和万物生灵，更孕育出一些古老而辉煌的文明——这些河流分别就是印度河、恒河和雅鲁藏布江的源头。在它的南面，还有辽阔剔透、波光潋滟、圣洁美丽的圣湖玛旁雍错相伴。其实，与玛旁雍错一路之隔并有水道相通的拉昂错同样清澈美丽，只是人们竟把它当作"鬼湖"看待，也许是为了辩证法吧：没有黑哪有白？没有鬼怪，怎显出神灵的光彩能耐？不管

怎样，说冈仁波钦是千山之宗，万水之源，纯为写实而非传说。而且在方圆数十公里内，无论从哪个方向看去，冈仁波钦都壮丽夺目，浑身上下透露着绝非人间、无以言传的神秘与雄奇，闪耀着变幻莫测、不可思议的光芒，金字塔状或宝石般的山体正中，宛如凿成一阶阶登天的阶梯，直上云霄和澄澈的蓝天……

凌晨，我与同行的两个朋友就开始攀爬。还好，先是一段长长的缓坡，过一座巨大的嘛呢堆，进入一条谷地。每年藏历四月十五日的佛诞日，人们都要在此竖起一根高达二三十米的巨大经幡，向神山和聚集在此的神灵们致敬。进入谷地不久，下起了鹅毛大雪，顶着风雪上一个又一个巨大的岩石台地，黄昏时终于抵达当天的宿营地，海拔4800多米的曲古寺下的石房子招待所，裹着已经看不出颜色的被子熬过一夜，第二天天不亮就向转山的最高点、海拔5600米的卓玛拉垭口进发。由于年轻，更由于兴奋，我几乎是一口气就登到山口。那里经幡飘飞，大雪覆盖，稀薄的空气几乎令人窒息，心脏似乎要从胸腔里蹦出，灵魂更是轻飏而上。翻过卓玛拉垭口，山脊下有一个小湖叫卡卓玛初吉增布，即空行母的沐浴池，印度教徒则认为是湿婆大神之妻乌玛女神的浴池。陡坡使人无法站立行走，我蹲坐下来，尽量降低重心，在乱石丛中滑行下山。然后就是经过无数圣迹的无尽的行走，目瞪口呆地注视夕阳下如涌动血液的大地，到晚上十点多，才筋疲力尽地回到塔尔钦的宿营地。

其实，被人们视为景致壮丽的青藏高原，原本是生存环境极其恶劣之地。高大险峻、云遮雾罩、变幻莫测的雪山使藏族人民无时无刻不感到山的庄严神秘、威力无比。他们相信山是精灵神魔的化身及其居住的地方，它们主宰着周围的一切，并支配着人的生命和生活。藏地几乎每一座山都有山神，大山有大山神，小山有小山神，大山的不同山峰也有不同的神，山神是山体或山峰的化身，山体或山峰的地貌及其气候特点，往往决定着山神性情的凶暴与温和，山体或山峰名一般也就是山神名，同时，山体或山峰又是山神活动的场所。神山遍及雪域高原各地。藏族的神山崇拜遍及藏地。在那里，藏族人经历的每一次身体或心灵上的纷乱，每一遭人畜疾病瘟疫，每一个不安全或危险的处境，每一次能够危及人们生命财产的狂风、暴风雪、雪崩、冰雹以及地震等自然现象，都鼓励他们"狂热"地追寻这些事件的原因，以及避免禳祓这一切灾祸的办法。

而且，藏族是个形式感、美感超强的民族。他们自古以来对神山的选择和确定，与一定的形式不无关系。在我看来，这还是一种美学和艺术的关系。正如英国功能学派人类学代表人物雷蒙德·弗思所言，宗教本身也可以被视为人类的艺术形式，这种艺术基于人类经验，以其特有的形式用来表达欲望、希望以及恐惧。所以说，神山的神奇因素也许还在于此。藏民族总是选择那些高峻壮观、体貌奇异突出、地理位置特别的山峦作为神山，如冈仁波钦，就被视为神山之首。在藏地行走多年，我早就注意到各地神山圣地的选择和确认，以及藏传佛教寺院的选址，都非常讲究。

于是藏族有了神山崇拜并发明了转山这种独特的朝圣方式（藏语称为"果巴"），成为整个藏地最大众化的信仰形式，以博得神灵欢心，求其庇佑，求得超度。

在藏族民众看来，神山上的石块就是神灵的所依物或承载体，是山神的骨骼，土地是山神的皮肉，森林和花草则是山神的毛发。神山上的一切都具有神圣性，人们只能对之敬畏崇拜，而不能有丝毫不敬和冒犯。在高原各地，石头都被认为是神灵们所喜欢的住处。一些各种形状、各种颜色和以不同方式堆垒的石堆（嘛呢堆）被视为吉祥神的所在地。因而，在山顶和垭口堆垒的嘛呢堆成为人们定期举行宗教仪式的地方，特别是在神山上。他们每年于节日中规定的时间前往那里，换上新的风马旗，敬拜居住在那里的神，祈求它的护佑。

甘南、青海一带的插箭、挂风马旗和抛撒隆达

人们在转山时还有献"风马"（藏语称"隆达"）的习俗——往天空抛撒印有马驮宝物图案和经文的风马、将印有咒语和马驮宝物图案的布质或丝质风马旗悬挂在树枝和绳索上，甚至横跨江河和山崖。之所以要献风马，一是山神需要骏马——山神也是战神，他很辛苦，需要经常骑着良马巡视自己管辖的广袤土地，以保护民众的平安，抵御魔鬼和邪恶势力的入侵；二是放风马也是给天神作贡，祈求天神保佑；三是以风马预示自己和家族以及部落的命运。许多地方祭拜山神还有专门的"拉孜"仪式——逢节日时全体男子骑马上山，到山上嘛呢堆处向山神献武器、换插风马旗等。藏语"拉孜"，就意为山尖或山峰。平时在家，则每家每户在自己屋顶或房前屋后的烧香炉里燃烧柏枝、谷物和奶渣等，名为"煨桑"，是每天清晨起床后首先必行的仪式。

当佛教进入万事万物皆为神灵的雪域高原，就不得不有限度地接受神灵之说，并将之纳入自己的体系。在藏传佛教看来，山神在三界六道中属于比较低级的世间守护神，其使命是协助上师维护佛教，并遵守佛法，按佛教上师的指令行事。

跋涉在朝圣路上的朝圣者

就佛教信徒而言，佛教经典就经常提到，凡是瞻仰礼赞佛寺、佛像、佛塔、佛经等，将会得到福报。神山作为神灵居住的地方，又有众多佛教大师大德的圣迹和加持，被公认为世界上的殊胜之地，朝拜这些地方自然就有各种功德，会获得数以十亿、百亿乃至千亿计的嘛呢经功德，能增加福报。而众多百姓更普通的说法是，绕神山礼拜，可以洗尽人生的罪孽，使没有虔诚之心者产生虔诚之心,有虔诚之心者增长虔诚。多转的话,能够在无尽的轮回中免受地狱之苦,并有好的转世,在来生享有更为幸福美满的生活。这成了大多数转山朝圣者的坚定信念。虽然这不怎么符合佛教的观念,不属于正宗的佛教活动,但有着藏族传统原始宗教和本教的深刻根源。虔诚的藏族人民有理由坚信,转山是一种功德无量的修行,是一种消罪积福的过程,是寻求解脱的重要方式。转山朝圣就能够止恶行善,趋吉避凶,就能够超越苦难、罪孽和死亡,达至和谐宁静善美的彼岸。

前往冈仁波钦和转山的沿途,就经常会遇见成群结伙或只身一人的信徒,他们一路风餐露宿,历尽千辛万苦,前往他们心目中无比神圣之地。有的已经背井离乡数年之久,有的甚至就在转经路上"仙逝"。这在藏族人民看来,竟是一生最大的福分了。他们的脸上刻满了旅途的艰辛,但却也透露着一种宁静的满足。一些老人都将转山朝圣当作自己一生最后的愿望。崎岖蜿蜒的山道上,善男信女们牵羊赶牛扶杖,络绎不绝。

在神山冈仁波钦,就有风尘仆仆磕五体投地长头转山的人。他们毫不迟疑地投身在冰天雪地里,投身在泥泞里。要不是亲眼所见,我实在不能相信有人能磕着等身长头转过那崎岖艰险的山路。更多的人是步行转山。老老少少,男男女女,络绎不绝地挤满了转山路。我曾看着尼玛县的格桑巴姆搀着她72岁双目失明的老母亲走在转山路上。我还和来自青海湟中的噶玛班觉、噶桑次仁兄弟同行了一段。噶玛班觉才13岁,他弟弟噶桑次仁才9岁。他们的妈妈带着他俩来转神山,已经出来两个多月了。我遇见他们的时候,他们已经将冈仁波钦神山转了有41圈之多!转神山一圈是53公里,一般人得走上 3 天，其间还要翻过海拔 5600 米的卓玛拉山口。他们还要在神山上转 10 天，要转足 46 圈才回家去。我原以为他们只是盲目地跟着妈妈转山，他们并不知道自己在做什么，但汉话讲得挺好的噶玛班觉告诉我，他阿爸跟他讲过，转了神山他就会一辈子、甚至来世都有福了，他就不会有那么多苦，就不用怕死，就可以顺顺当当为人了……

用藏传佛教较为专业的术语表述，转山朝圣是为了体验和经历"中阴"。所谓"中阴"，就是人在已经离世之后，尚未转世投生之前的阶段。人都是要死的。人无法征服死亡。但死亡能否超越？依佛教理论，人是能够经历现世的修行，从而解除种种"中阴险难"，乃至证入不生不灭的法身境界或得报身佛果，以免落入饿鬼、畜生、地狱等三恶道中。用学者郭净的话来说："人无法征服山，正如人无法征服死亡。""中阴里的顶峰，矗立在自我本性的晴空之上，除非你扫除贪欲的尘埃，才能在死后的混沌状态中得到解放，在内心的旅途上一览众山的美景。"郭净还指出："自从藏族于公元 7—8 世纪逐渐皈依佛教以后，有关生命解脱和轮回的思想便成了他们一切信仰活动的准则。无论是整个群体的历史传统，还是个人的生存方式，都以如何正确面对死亡为依归。在死后顺利度过中阴阶段，获得解脱或转生善趣的前提，是每个人在今世对生死的领悟。而了解生死之道的方法，除了进入寺院修行，还有朝圣一途。对于佛学知识掌握不多的大众，朝圣甚至是更简便、更切实可行的办法。"于是，藏语里称为"果巴"的转山朝圣或转经，成为藏地最为大众化的信仰仪式。围绕神山转经的过程，就如同经历了一趟中阴世界，每个朝圣者都要经历一次象征性的死亡和再生的过程。宗教的救度期望使人们踏上了茫茫的转经路途。

跟那些登山者决然不同，这些转山者从来都没想过要向雪山挑战，更谈不上什么征服。他们从来承认自己在雪山面前的卑微和弱势。他们有的只是敬畏和崇信。以人的血肉之躯，没有谁会将那漫长的风餐露宿、沐雨浴雪的艰难路途当作轻松享受之旅，但他们以宗教的热忱，做到了以苦难置换幸福，以饥寒交迫寻求精神充实，以自己的脚步和身体，围绕着雪山表达他们的敬畏和崇信，从而实现对生命和真挚感情的拥有，达到灵魂的净化和人性美的一个超高度。

这些转山者都有温馨的家，但他们主动为自己开辟出无穷尽的旅途。他们对旅途现实的苦难说"是"，对苦难的未来说"不"。他们为了希望，为了未来而忍受现实的苦难。或者说他们是以身体的痛苦来置换精神的快乐。转山朝圣代表了人世的险难，象征了生死之间的中阴，同样，它也代表了精神的净化，象征了灵魂的修行。用苏珊·桑塔格的表述方法，他们是用转山朝圣的信仰方式来思考无法思考的东西，即身体如何是精神，精神又如何是身体的问题。

他们就这样走啊走，一直走进了神话，一直走进了香巴拉。他们就这样看着死亡行走，没有害怕，没有恐惧，任死亡在自己头顶飞翔，他们的坚定和无畏如同他们崇敬的度母和空行母。

人类居住的地界与诸神居住的天界一直存在霄壤之别，朝圣转山的旅途，正好大大缩短了二者之间的距离，并借助神山与之通联。经过朝山转经，人们似乎因此摈弃了人的有限性，而跟神的无限性结合在了一起。

用人类学的眼光来看，到神山转经朝圣，相当于从日常生活进入朝圣空间；转山朝圣，无异于经历一次特殊的人生仪礼的陶冶和洗礼。

卡瓦格博

横断山脉深处,滇藏茶马古道中心地段,梅里雪山(当地民众过去习惯称为太子雪山)横空出世,主峰卡瓦格博海拔6740米,为云南第一高峰。它是云南之最,也是德钦这块平安之地的骄傲。它因为被格萨尔收伏而成为其大将,并为历代高僧大德所加持,就进入了藏地更大的山神的体系之内,因而他的影响也随之扩大,成为三江并流区域藏族共同崇拜的神山。自古至今,每年秋冬之际,就有大批来自四川、西藏乃至青海、甘肃等地的信教群众前来朝觐。如逢藏历羊年(太子雪山的本命年),德钦的转山道上更是挤满虔诚的朝圣者,崎岖蜿蜒的山

海拔6740米的梅里雪山主峰卡瓦格博神山

道上,善男信女们牵羊扶杖,络绎不绝。在西藏还纷纷传说,登上拉萨的布达拉宫敬香时,幸运的人能在东南方向遥遥望见霭霭祥光中的太子雪山反映到人间,可看出藏族文化的传播、宗教影响的整合,以及人们的往来流动,等等。

　　卡瓦格博神山的范围,东西两方以澜沧江、怒江河谷为边缘,南起德钦县云岭乡查里通村,北至德钦县佛山乡的梅里石村,形成大致的圆圈,完全将以卡瓦格博为首的太子十三峰包容在内,这一圆圈即为外转经线路

洛克拍摄的卡瓦格博朝圣者

的必经之地。行政上包括西藏察隅县的察瓦弄乡、左贡县扎玉区的一些行政村和云南德钦县云岭乡的大部,佛山乡的溜筒江、鲁瓦两个行政村的一部分,以及德钦县

城升平镇的一部分。

据奥地利藏学家内贝斯基·沃杰科维茨研究，一些山神被认为是土地神的统治者，这些被统辖的土地神的活动区域也都是统辖它们的山神的寓所，而"绒赞卡娃嘎保"雪山就列于"二十一凯念"之中。那是藏族的山神崇拜中较为高级的神山。据山腰残留的石碑记载，800多年前噶玛法王便奉此山为神山。这一带数百里雪峦绵亘、冰峰接踵，组合成了庞大的雪山群，主峰卡瓦格博兀立于中央，突出在蓝天行云之上。另外，梅里雪山还有12座冰峰雄峙，与卡瓦格博合在一起，人称"太子十三峰"。

向卡瓦格博神山煨桑祈福

太子十三峰姿态各异。卡瓦格博像一尊着银盔玉甲、英武刚强的勇士昂首云天；而缅茨姆（意为"大海神女之峰"）则线条挺拔，气质高雅，如亭亭玉立的仙女。相传她是卡瓦格博的妻子，是丽江玉龙雪山的女儿，所以，她老是面向南边的丽江。就是这座多情的神女峰与卡瓦格博、硕拉曾归面布（意为"红脸神峰"）以及白马雪山海拔5640米的主峰扎拉崔尼，以东南西北的方位四峰并立，遥相翘首，形成了罕见的冰峰群聚奇观……

这儿的确是孕育神话和传奇的最适当的地方，也是培育宗教感情的圣地。在澎湃着想象力的藏地，关于太子十三峰的优美动人的神话传说数不胜数。这些传说大都收入了旧时西藏刻印的《卡瓦格博松语》(经文)中。至今,山下以及周边地区的藏族人民中仍然传诵着那些神奇故事。

1986年10月,十世班禅大师在视察德钦期间,曾专程亲临滇藏公路上的飞来寺垂询藏族人民朝拜神山的情况,指示要保护沿途的自然资源和环境。据说就在班禅大师向神山礼拜时,平时云遮雾缭、难得露峥嵘的卡瓦格博竟然顿显神姿。这种神奇的事迹在高原上广为流传。

卡瓦格博不仅是广大藏族人民心目中的神山,而且早在20世纪二三十年代,美国学者洛克就曾到达峰下,留有著述。这位在滇、川、甘、青地区盘桓27年、见识过无数雪山冰峰的美国《国家地理》资深撰稿人和摄影师,感慨地称赞卡瓦格博是"世上最美之山"。近年来,很多国内外游客也慕名而来,沿藏族转经路线参观游览。

卡瓦格博峰正体现了雪域文化中神秘莫测、雄奇博大的特色。它既以它的英姿吸引着人,又以它的超凡耸峙于人之上。

当然,卡瓦格博的魅力并不仅限于此,还有其他。就在卡瓦格博峰下,冰斗、冰川连绵。最巨最长的一道冰川叫"明永恰"。"明永"藏语为镜子;"恰",藏语就是冰,该冰川犹如武士的护心镜,故此得名。明永恰的冰舌从海拔5500米一直往下吐伸到海拔2700米的森林地带,绵延8公里,宽500多米,面积约74平方公里,是世界上少有的低纬度低海拔季风海洋性现代冰川,比号称世界最低冰川的四川海螺沟冰川还低1000米。冰川分为三级:最上一级为扇形冰库,中级为瀑布状冰帘,下一级是冰舌。当地人也将冰川视为神物,认为"明永恰出自地下,好年景就能冬消夏长"。

沿冰川冲刷成的纵谷向上攀行,一路巨石狞厉,成叠成堆。巨石堆中，有一块牛状的青石，转经者将之视为神灵，用酥油抹擦得油浸浸的，石前供奉有"多玛"（青稞糌粑制成的供品），石后一排经柱上经幡飘扬，五色间杂，气氛肃穆。如果贴耳于石上，便能听到咕咕之声如珠玉滚动、高僧诵经，所以就被称作"圣石"。圣石附近，曾有太子庙、莲花庙，昔日香火旺盛，被视为"极乐世界宫殿"。

在卡瓦格博峰南侧，还有"雨崩神瀑"，一到每年夏季冰消雪融时，一股股水流就从百米悬岩上飞泻而下，仿佛万千匹白练悠然垂下，经雪风一吹，便化作蒙蒙雨雾，飘飘洒洒，珠光银辉，十分壮观。如逢阳光照射，云霓蒸腾，便有彩虹出现，美不胜收。这时转山者云集岩下，顶礼膜拜，盼飞流淋湿衣服以为吉祥如意，视七色彩虹是幸福美满的征兆。

卡瓦格博峰下，还有"五树同根"和"石篆天书"的独特景致。"五树同根"的主树是雪线上常见的青栎木，树身被四棵藤状小树紧紧纠缠，花叶各异而根脉相连。"石篆天书"其实是冰雪长期在石岩上侵蚀留下的痕迹，形似藏文"篆书"。在藏族人民的传说中，"五树同根"是释迦牟尼亲手栽植的，而"石篆天书"则是佛祖飞升时留在人间的墨迹。

梅里雪山峰峦叠嶂，高岭深谷相间。从卡瓦格博峰顶至明永河入澜沧江口，坡面直线距离仅12公里，高度竟相差4740米，平均每间隔1000米，地势就相差397米！由于有此几近垂直的地形，其间气温变化显著，路人一天之中便可遍历四季。谷底里江水浩荡奔腾；岸坡上红岩如火，桃红柳绿；半山上荒草萋萋，白石点点；峻岭上原始森林遮天蔽日，珍禽异兽出没其间。密林间隙处，还有一片片水草丰茂的天然牧场，并且盛产虫草、贝母、松茸等名贵药材特产，所以这一雪山也被称为"梅里"雪山，也就是"药山"的意思；再往上，则是冰封雪盖的生命禁区。就在这崇山峻岭之中，还蕴藏有无数矿产资源，温泉也多处可见。

围绕卡瓦格博转上一圈或更多圈，就能够将这一切领略过来。这里早已是藏族人民的祭坛和道场，他们已经把自己的呼吸同神山贯通在一起，并相融于其间，创造了对世界的另一种观念。

这是个时间停滞的地方，人们走过一个个山口，穿过一片片丛林，涉过一条条溪流。他们用虔诚的信仰使时钟停止了转动。对他们中的许多人来说，时间只是他们带回家中的竹竿的数量，时间只显示在那些渐渐发黄的竹竿上。

德钦东竹林羌姆神舞

神山脚下的澜沧江毫无疑问每秒钟都以巨大的流量向南海奔去，但凝神注视上一会儿，或每天同样看它，它仿佛是凝止不动的，呈现出一个静止的形象，如同一帧木刻，如同一面浮雕。再看看跨过它不停行走的转山者，我不由得想，也许世界上真有某一种力量，能够凝固住时间的流动，能够使生命长驻或轮回旋转……

据著名作家马丽华考察，朝拜卡瓦格博的仪式早在几百里外就开始举行，由西藏方向来的香客穿过500里邦达草原后，在草原南端穿过第一道神门折嘎山，到了左贡县城附近过第二道神门卓然山，再沿茶马古道旧路过扎玉，再到觉玛乡外十公里处穿过第三道神门多拉山到碧土，然后才进入卡瓦格博的外转路途。这条转经线路与过去滇藏贸易的茶马古道路线完全重合在一起。

由于处在转经朝佛的要道上，德钦人自然会受到外地大量涌来的善男信女的影响，其宗教气氛也就更显得浓厚一些。"文革"期间乃至结束那些年，这一带没有或很少有出家的僧人，但现在情况已随着转经活动和其他宗教活动的恢复而有所变化，一些青年人甚至在家里老人的反对下，自己主动到寺庙出家。虽然受到各种影响，宗教观念有些淡薄，但在一般家庭里，信教还是普遍的，如生病遇事，就要请喇嘛禳祛，房上房后插有经幡，家里的布置摆设中也有明显的宗教特点，如在梁上贴挂佛贴、唐卡，乃至在灶上镂有"卐"字形符号及日月图腾符号，有的还专门设有佛堂。嘛呢堆和风马旗更是飘飞在转山路线沿途。最近几年，在大兴土木修建寺庙的"浪潮"之后，各地又在纷纷筹资修建佛塔。在羊咱阳朝吊桥附近的澜沧江西边的转经路上，就修建起一座规模不小的时轮金刚塔。这是依据四川甘孜的一位大活佛指点而建的。装藏不仅有大量经书，还有一些信徒捐献的银器、佛像、唐卡、茶叶、盐巴，等等。据说时轮金刚塔也叫见成塔，人们见到塔就能办成自己想办的事。

也许是受转经的阿觉娃们的影响，也许是得近水楼台之便，羊咱，以及德钦一带的藏族信徒，在农忙收割之后，也纷纷举家转山。他们还有个特别的习俗，转山人都要砍一根青竹挂着回来，竹杖一定得是五个或七个竹节的单数，有人还在上头插一束柏枝，回家后就小心地把它们捆绑在家里的中柱上，这样经年累月，那本来就很粗大的中柱更立满了竹杖。中柱上捆放的竹杖越多，示意着这家人的功德越大，来生就会有更好的转世，就有更大的福报了。

有的当地人就在转山的站点开设一些食宿店，为香客们提供茶水、方便面、啤酒、果汁饮料和胶鞋，以及他们需要的一应东西，生意十分红火。德钦县云岭乡的羊咱桥，就是香客们去卡瓦格博转山的起始点，所以桥两头开设有十几家朝圣食宿店。以前，为香客们的这类服务一般都是义务性的，人们将之视为一种施舍，那也是功德无量的事情。而且香客们常常带一些家乡的土特

茶马古道沿途的嘛呢堆和经幡塔

产来作交换，如麝香、虫草、贝母、皮毛之类的山货药材。他们返回家乡的时候，带的则是这边比较便宜的茶叶。这即是这一地区走藏地贸易的"藏客"们兴起的原因，也是茶马古道盛行的缘由。

朝圣者都有家庭，其家庭有时也能为他们提供一些维持生活的资财和实物，但这些东西常常十分微薄，不足以使他们能够雇请马帮或是有一匹自己的坐骑。再说，他们认为徒步朝圣更能体现自己

（上图）茶马古道上的经幡塔

（下图）垒积无数石头的嘛呢堆

的诚意。如果能够磕着等身长头前往神山圣地，那更是功德无量。但那些朝圣者还是很愿意与马帮一起搭帮而行。于是茶马古道就成了一道通往圣地的天梯。

人们总是善于从各种活动中捕捉到他们最为关切的商机。穿过横断山脉及青藏高原的茶马古道兼转经朝圣道，将神圣的宗教活动与经济活动结合在了一起，将汉、藏两地的宗教与各族人民融合在了一起，将神山与茶马古道联系在了一起。

在茶马古道沿途，同时也是转经朝圣道路的沿途，虔诚的民间艺术家们于过去漫长的时日中，在路边的岩石上、嘛呢堆上绘制和雕刻了无数的佛像和经咒，还有一些具灵性的动物的形象，如鱼、蛇、猫等，当然也有一些神异的物的形象，如海螺、日月星辰等。那些或粗糙或精美的造像为古道那漫长的旅途增添了一份神圣和庄严。有时候，它们甚至能让路人产生超越生死之上的痴迷，似乎那真是一条通往彼岸世界、通往宁静和谐的天国之路。

今天，在茶马古道上仍处处可见难以计数的嘛呢堆、转经房、经幡塔和大小寺庙，它们肃穆地矗立在每一道山梁，每一条路口，每一个村头，炫示着古道那沧桑的岁月和宗教的崇高与超凡。

第九章
茶马古道与香格里拉

茶马古道穿过的
梦幻般的峡谷

一、小说与现实

"顷刻间,他们感到了袭人的寒冷,耳朵里只能听见呜呜地寒风声和自己的脚步声。他们感到被遗弃在一种阴郁的原始氛围之中,这氛围四下弥漫,填满了四周的空间。月亮藏进了云层,迷离的星光下是一大片寒风肆虐的旷野。不用思索,也无须观察,就能猜出这个萧瑟的旷野处在高原,山叠着山,山倚着山,一直绵延到遥远的地平线上,显露的山峰像一排恶犬的牙齿……"此时,英国驻南亚某地领事馆领事康维、副领事马里森、美国人巴纳德和传教士布琳克罗小姐被黑暗、恐怖、不安所笼罩,感到一种被放逐的凄凉。他们正从一架飞机残骸中爬出来,驾驶舱里则是一个奄奄一息的东方人。正是这个人乘康维他们从南亚次大陆的巴司库(一虚构的某国城市名)乘机前往丝绸之路上东西方交流的重镇白沙瓦时,在神不知鬼不觉中将飞机劫持。

经过漫长的飞行,飞机最终迫降在一个不知名的谷地,劫机人塔鲁身负重伤,他在临死前告诉康维,这里是西藏边缘的某个地方,叫"香格里拉",不太远处就有一座大喇嘛庙。精通好几种东方语言

美丽纯净的高原湖泊

的康维只知道,"拉"在藏语里是"山之通道"的意思。正当四个人倍感无助的时候,从"银光闪闪的雪峰"上正有一些人向他们走来。于是,在长者张先生和一些当地人的引领下,康维他们获救并进入了香格里拉。在之后的两三个月里,四个来自"文明世界"的外国人在这片神秘的土地上见到了一系列令他们无法想象的、神奇的人和事。这里的雪山、冰川、峡谷、森林、草甸、湖泊纯净而明朗;这里的人们善良、平和、青春永驻,推崇适度的性爱和宗教修为;这里的人们生活安然、闲适、知足;这里的各个民族、各种信仰和平共处、相互包容,没有纷争,没有罪恶,一切都那么和谐而宁静。还有那奇异的蓝月亮山谷和肖邦的学生,以及看上去像少女实际上

却已六七十岁的满族公主罗珍……这里是人世间的一片净土,充满了神秘。

最后,四个人作出了不同的选择:喇嘛裴洛尔特在圆寂前将香格里拉的衣钵传给康维,但康维还是在矛盾、犹疑和恍恍惚惚中同马里森离开了香格里拉,尽管他非常满足,这个新世界展现给他的

茶马古道上的村寨

所有状态都和他内心的渴望契合,但他还是为了马里森的友情而走出了香格里拉。"康维如同无数的凡尘中人一样,注定要从智慧之乡逃出去充当所谓的英雄。"传教士布琳克罗小姐虔诚而坚定地留在了香格里拉——她要在那里传播上帝的福音;诈骗过数亿美元的巴纳德也留了下来,因为他得知这里蕴藏巨大的金矿并可以逃避追捕他的警察。马里森则始终不能忘怀原来那个五颜六色、尽情纵欲的所

谓文明世界,在马里森看来,待在香格里拉无异于荒废一生,"与此相比,他更愿意陷入战争的残酷之中。"终于,他雇了马帮,诱惑了罗珍,并拉着康维一同离开了香格里拉。

后来,不知怎样到了重庆的康维在音乐的启示下逐渐恢复失去的记忆,向人们讲述了他们的香格里拉奇遇。

这是英国作家詹姆斯·希尔顿所著一本小说的情节。小说叫《消失的地平线》(Lost horizon),初版于1933年,距今已80多年。由于这本书的出版,在英语中多了一个新的词汇"Shangri-La"——香格里拉。这个词成了永恒、宁静、和平的象征。随着希尔顿的小说1937年后多次被拍成电影,那片神奇的土地和香格里拉的名字更是家喻户晓,引得半个多世纪以来无数探险家、旅游者、考古者,甚至淘金者纷纷寻找这个虚幻存在的地方,几乎忘了那只是一部虚构小说中的地名。马来西亚华侨巨商郭鹤年将他遍及全球的豪华酒店集团命名为"香格里拉"。位于滇藏川地区东南部的云南省迪庆藏族自治州的中甸,甚至将自己的地名更改为"香格里拉县"。

对"香格里拉"的释意有多种说法,如"心中的日月""通往圣洁之地"等,而我更愿意把它引申成我们中国人所熟悉的词语——世外桃源。

在《消失的地平线》结尾,希尔顿写道,带着康维、马里森他们离开香格里拉的,是一大伙常年奔波于高原上的商队,他们正急于要赶到四川的稻城去进行贸易。香格里拉并非完全与世隔绝之地。有一条条民间商路将香格里拉与外面世界联系在一起,并为香格里拉的僧侣、民众贩买来经典图书、先进的沐浴设备,乃至巨大沉重的钢琴。这使我不由得想到蛛网般分布于藏地,并将这一地区与中国内地、与南亚、东南亚紧密联系在一起的茶马古道。

据说，希尔顿的《消失的地平线》，就以滇藏川交界地带的神秘地区作为书中所描绘的"香格里拉"的自然地理和文化背景。对此我一点儿都不怀疑。

现在，人们将滇藏川相交接的这一大片区域称为"大香格里拉地区"，三省区准备联手将它打造为世界上独一无二的旅游区。《中国国家地理》杂志大气豪迈而确切地将这里划为中国最美的地方。越来越多的人都为某种特殊的力量所吸引来到这里，我们所说的茶马古道也恰好经过这里。

与英国作家詹姆斯·希尔顿大不同。希尔顿仅仅依靠奥地利裔美国探险家洛克等和一些传教士，如古伯察等描述的经历，将这一地区作为其小说描绘的"香格里拉"的背景，而这位以这部小说而风靡世界的作家，从来就没有踏上过这片神奇的大地，我则一直用我的双脚和双眼，不停地在这片大地上行走观察，并以我的心贴近这里的山川日月。我发现，茶马古道与香格里拉，是一个值得特别关注的话题。

二、自然里的香格里拉

对我来说，每次踏访茶马古道的历程，就仿佛是一次进入时空隧道的旅行，它会把你带到我们这个世界的第三极、带上我们这个星球上最年轻、最高的高原，带到自己心目中的最美之地。茶马古道超乎寻常的艰险，沿途那神奇壮丽的大自然，正可以使你发现自己身上巨大的勇气、力量和忍耐，正可以使你的灵魂得到升华，正可以确证你生命的超脱。

在这里，你会觉得人的渺小，你会充分地敬畏自然。在这里，灵魂似乎都无法忍受肉体的桎梏，随时会飘升到神秘的天际。这里的一切有着不以人的意志为转移的大美，其所具有的生命力，是人类的精神源泉。

如果可以站在地球以外观看，你会发现横断山脉地区是地球上"眉头"皱得最紧蹙的地方。地球上的众多山系大多为东西走向，而这里的却是南北纵贯，好几系列高山如同被神的巨手从北向南划拉过，并行耸立，并为深邃的峡谷切割，形成独具一格的地理单元。在这一地理单元的西北，喜马拉雅横空出世，横亘于天地之间，将南亚的印度半岛和东南亚的中南半岛隔绝在北回归线上。

而喜马拉雅的横空出世，正是造就横断山脉的直接动力。于是，喜马拉雅的隆升和横断山脉的横断，成为自然地理上的连体

高原上的孩子

雪域高原上鲜亮顽强的生命

南迦巴瓦峰

奇迹，同时使得这一大片地域别具魅力，令人心醉。这是一片耸入云天的独特世界，无数雪岭冰峰，无数江河溪流，簇拥起我们这个星球上最神奇的地方。

茶马古道恰好横贯这一地域。

茶马古道不仅拥有亚热带的莽莽丛林、变幻无穷的云海、超逸缥缈的山岚和美如仙境的湖泊，更横跨汹涌咆哮、姿态万千的澜沧江、金沙江、怒江、岷江、大渡河、雅砻江、雅鲁藏布江等世界著名的大江大川，经过无数气势恢宏、惊心动魄的峡谷，以及坦荡无际的荒野和无数神秘莫测的雪岭冰峰，最后爬上我们这个星球上最高的地方。

那是一个令人顿生虔诚的宗教感情和泛起各种奇思妙想的地方。在那儿，轻易便可沉入一种超然的静寂，在那静寂中能听到自己的心跳、呼吸和热乎乎的鲜血在体内奔涌的声音。循着山谷间和原野

1	2
3	4

1. 藏羚羊
2. 藏原羚
3. 藏野驴
4. 黑颈鹤

上泥土的浓重碱味儿，就能触摸到一串串古老而新奇的谜语，那里面有鹰，有雄健的牦牛，有高山牧场里哗啵作响的火苗，有山腰间翻卷迷蒙的云雾，有满天云雀的啾啾鸣叫，还有酷峻的雪峰后闪闪烁烁的星星……

在我看来，那里就是永恒。

在青藏高原，以及与之相连的横断山脉地区，高海拔的雪峰大多数时间高高地隐在云雾之中，雪山和雪山之间则为深深的大峡谷所切削，雪峰和峡谷之间的绝对高差随便就是几千米。气候和植被都呈垂直分布。一年四季，甚至一年中的同一季，这些山都有不同的颜色。恐怕谁都永远说不清高原的山的颜色。石头间和油黑松软的土地上长满了各种奇花异草，其间更有数百种杜鹃花竞相斗妍。山里还有各种珍禽异兽，太阳鸟的鸣叫令人销魂。听老马帮们描述，那是各种动物的天堂。千百年间它们都是那里的主宰者，自然荒野为它们提供了理想的活动和生存场所。只要去过那里，就将永远深深沉浸在那扑朔迷离的造化之中。

四川甘孜雀儿山垭口

大自然在这里充分而完美地显现着，这里所有的物质都固守着它们的本性。怪不得藏族人民那么虔诚地信仰神灵，因为这里的一切远远超越了人们的理性所能涉猎的深度，也远远超越了人们的想象所能触及的广度，使人无法不相信神灵的存在。

高原上最让人刻骨铭心的就是那里的太阳。高原的太阳。那无比灿烂明烈、无比澄澈纯净的阳光能穿透一切、能洗涤你的眼睛和心灵。即使在冰天雪地之中，那太阳也给你融融的温暖和煦。这一带的天气说变就变，一会儿还是晴空万里，一会儿又电闪雷鸣。当浓重而阴森的乌云紧贴着地平线压过来，世界立刻一片昏黑，十分壮观亮丽的风景一下子失却了光和色彩，高原好像不再是高原，阴沉沉的，只感觉到很强的阴气。高原紧紧地把自己抱成了一团，让你无法看清它，得到的只是无边的敬畏和恐惧。没有太阳不行。一会儿都不行。然后就在不经意间，低垂的浓云会裂开一道缝隙，阳光像一只金色灿烂的鹰鹫，扇动双翅滑翔到山脊上，或停留一会儿就消失不见，如同渗透到山里或是蒸发在空中；或伫立在皑皑山巅，如觉悟的佛陀之眼。

四川甘孜新路海

如果在晴天的夕阳下走过高原大地，就会为那种剔透明朗的光泽所震慑。那是真正的神光，暖暖的，红红的，像是将山水镀了一遍，石头和土仿佛有了生命，殷红的血在它们的皮肤下流动。只要看上一眼，只要沐浴一次，人生便因之而生辉。

高原阳光下的大地神圣超凡。

茶马古道要翻越过无数座海拔四五千米以上的雪山垭口，其中的硕拉山口、东达拉山口、斜拉山口、岗拉山口、米拉山口海拔都在5000米左右。穿越喜马拉雅南下的垭口也雄奇而神秘，仿佛一条前往彼岸的通道。由横断山脉向西一路过去，排列着一组组、一簇簇海拔五六千米以上的雪峰，它们终年积雪、银光闪烁，其中的南迦巴瓦、贡嘎山和卡瓦格博海拔都在六七千米以上，接近它们，仰望它们，随时都能感受到一种惊心动魄的苍茫和旷世的沉寂。世界静得出奇，周围的大山全都沉默不语。雪峰就像一块巨大而威力无比的磁铁，又像一个高高在上的宇宙黑洞，曾有的欲望，曾有的躁动，曾有的迷茫，都被它们吸附而去，消失得无影无踪。它们以一毛不生而令人震惊。那种博大的美、苍凉的美、严酷的美轻易就把人带入史前时代。难以想象它们亿万年前还是孕育了地球生命的大海的海底。

人类在面对开天辟地之初时，大概就是怀着这种惊喜而又畏惧的感觉。

这就是《消失的地平线》里的主人公康维在"香格里拉"的感觉，这也就是他在香格里拉第一眼看到的那种雪峰：它们像完美的冰雪砌筑的尖锥，造型简洁如同孩子们信手描画而出，人们的眼光不由得为它们那四溢的光芒所吸引，为它们那恬淡安详的姿态所吸引，简直不能相信它们就在眼前，就在世间。看着它们，能感觉到山谷中流溢出一种深藏不露的奇异力量，使人身不由己为之倾倒。希尔顿如此写道："康维凝视此山时，整个身心都被一种独特的宁静所灌满，他的整个心灵、眼睛里满是这奇异的景象。"

有的地方，雪山之间裹挟着的是一大片一大片茫茫无涯的原野，随着一片无垠的原野在眼前展开，地平线越来越远。视线的灭点处还是雪峰，雪峰之上是蓝天，蓝天的腰际是卷曲成团的白云。原野上常常有溪流像一条条被风扬起的哈达从它中间流过。盛夏时节，原野上开满了黄色的、紫色的、白色的，以及其他五颜六色的鲜花，大地仿佛铺上了最华丽的锦绣或氆氇，镶上了全世界的宝石。鲜花的芳香使人心旷神怡。走过原野，就像走过童话里小女孩们的梦境。秋天，白云灿烂得晃眼。满天都是鹰在盘旋。天蓝得可以掬在手心里。高大挺拔的杨树如同挂满了闪烁的金片，每一片树叶上都跳动着一个太阳。脚下的草原金黄金黄，满鼻子都是草籽浓郁的熟香味儿。

我还想说说其他味儿。首先要说的当然是太阳的味道，纯净、干燥、浓烈的太阳的味道。我拥有的所有词汇都无法形容它。我只能用联想来说，它有时像向日葵

然乌湖

的味道，有时像青稞的味道，有时又是松树的味道，有时又像少女的发根发出的味道，有时又像母亲的怀里发出的味道。更多时候，我会把它跟大地的味道混为一谈，那里面还包含了岩石和溪流的味道，牛粪和枯干了的树叶的味道……如果你呼吸过高原清新无比的空气，如果你在清晨或是黄昏从茶马古道上走过，只要你深深呼吸，就能采纳到各种不同的自然气息，就会沉醉在无数的气味里。

有的地方，是深邃幽远的河谷将一系列雪山分隔开来。如果是干热河谷，两边都是光秃秃的石山，没有水，没有人家，火焰山般灼热，仿佛来到了赤道。即便是干暖河谷，有一些灌木丛生长，但峡谷两面仍是陡立的大山，看天看云准得掉了帽子。仰首放眼，只见两山凌空对峙，巨壁直落江中，江水汹涌澎湃，江风呜呜作响，翻云疾走，石

川藏线一景——古乡

岩倒旋，令人头晕目眩。河谷里总是江水滔滔。耳朵里灌满了隆隆的轰鸣，随时感受到受阻的江水那雷霆万钧的冲击。河谷两岸的山脊重重叠叠，绝壁相连，无路可循，根本没有人烟。千万年来山水冲刷出的沟壑，日晒雨淋后斑斓的石壁，加上各色灌木点缀，远远看去，构成了一幅幅中国山水画，富有意境。如果是月夜，月光如水一样注满整个河谷，漫步其中如同在水上漂浮；如果是星夜，满天星斗，星汉灿烂，人的视野刚好与山谷的空间重合，于是你得到

海拔6740米的卡瓦格博日升月落的壮丽瞬间

的就是一个圆满的、会让你永远铭记的星空景象。

有的地方则是与世隔绝的山谷，是一片片神奇的、给人以强烈归属感的山谷，是一片片超凡的想象力偶然才能抵达的山谷。在这里，你会完全丧失对时间的感受，无所谓过去和未来，一切都停驻在当下。

澜沧江鸟瞰

那也就是希尔顿笔下蓝月亮山谷那样的山谷。希尔顿写道:"漫步那里会有一种奇袭而来的舒适与安逸,总有一种闲适而欣慰的快感。"后来,仿佛交响乐里的主部主题一样,希尔顿在书中反复地写道:"卡拉卡尔雪峰在无法接近的纯净中熠熠生辉。""在香格里拉,整个格局都被奇异的平静所垄断,无月的夜空也是星光灿烂,卡拉卡尔山的雪顶永远弥漫着淡淡的蓝色气息……"

在那样的山谷里,清晨,只要一睁眼就看到蓝色山岚簇拥着的金色雪峰,跟梦境完全对接在一起。

白昼,澄澈的蓝天灌满了狭窄的山谷,像海水充盈大海;原始森林遍布谷间,松萝飘垂,松香扑鼻;黄的桦树、红的枫树点缀其间,秋色醉人;永不消退的层层绿色随着山脊线起起伏伏,忽明忽暗,一直流向远方的大江河谷。完好、丰富的森林是藏族人民以佛心护持而未遭破坏的佛境。正如希尔顿笔下的康维所感受到的:"整个山谷恰如一个被灯塔般的卡尔卡拉山俯瞰着的宜人港湾。"他想不出更好的词来赞美它。我也是。

夜晚,星星遍布静默的天空,像枫叶长满树枝;当月亮渐渐饱满,银光下的雪峰超然于尘世和寒冷之上,一切纯净无边……太阳一落山,黑暗立刻就围了上来,山野立刻变成另外的样子。大概只有在高原的荒野里才能经历这么黑的黑暗。待在那样的黑暗中,就仿佛存在于永恒之中,又似乎根本不存在。雪峰将寂静围拢起来,连藏獒都停止了吠叫,任由你把外面的厌倦和时间一起带来,在这寂静的山谷里任意挥霍。如果是在月夜,月亮冉冉升上雪峰,皎洁月光下的雪峰比亚当斯拍摄的美国约塞米蒂岩崖更超凡绝尘。如果是风雨之夜,风狂暴地

青藏高原上随处可见的岩羊

从原野上掠过,宇宙里好像在回荡着一个旋律,一个怎么也捉摸不定的旋律。在那样的时刻人就会毫无睡意,会不由自主地跟着心灵走啊走,一直往黑暗深处走。在黑暗中人类失去过很多很多,但至少不会失去自己。尼采说,要在黑暗中注视生活,并且加倍地爱它。我相信尼采没有到过高原,但他是真正懂得高原的人。

山有多高,水就有多高。在茶马古道沿途,有着我们这个世界

上最壮丽、最动人的水。夏季的雨水汪洋恣肆、四处漫漶，冬季的雪水清碧如玉、汩汩如乐音。不管是雨水还是雪水，它们从无数大山上奔泻而下，那水流漫漫涣涣，迅速汇聚成溪流，又很快流淌到无数的河流和大江中。当乌云散去，浩浩荡荡的江水就裹带着古老的历史和浓浓的思绪，流向远方的山峦。远山显露出它们强劲而优美的山脊，它们是那么隽秀，又充满了张力。蓝蓝的山岚，使它们显得英姿勃发，十分年轻。如果说山脉架起了高原的骨骼，那这些江河就是高原的血脉，它们奔涌流动，为高原注入了生命的活力，为高原带来了蓬勃的生机。

（上图）长江第一弯——石鼓

（下图）茶马古道上的神光

茶马古道所经过的江河有着最为多样化的姿态。刚才它们还是一股涓涓滥觞，一会儿就变成了磅礴跌宕的激流；它们一会儿像一个文静羞涩的少女，一会儿又成了暴烈狂乱的怒汉；在有的地段它们温柔平和，静得就像熟睡的婴儿，而到了另一些地段它们简直可以吞噬一切，宛若受惊的巨龙。

有的水汇注到一汪汪湖泊中，成了镶嵌在蓝天下的一片片明镜，水映着天，天连着水。再没有比高原的湖泊更宁静、清洁的地方了。有的湖水深邃无比，湖周围完全为原生态的植被所覆盖，草木葱茏，鲜花怒放；有的湖水同蓝天一样清澈，但湖畔却是月球表面一样的荒寂。湖边有海鸥和一些罕见的水鸟划出优美的曲线，湖里有多得不得了的高原无鳞重唇鱼和高原鲵鱼。无鳞重唇鱼像湖水一样透明，鲵鱼则像乌石一样黝黑。湖上要么万里无云，水天一色，要么盖着一层层镶着黑边的云，有时会亮出光泽奇特的一片，并出现绚丽的彩虹。在这高海拔的湖边上，只要大声叫喊，云就会聚集起来，接着就是一场暴雨或冰雹。这些湖泊都有着非人间的神圣美丽。当你突然来到它们面前，面对那仙境般的景象，脚步不由自主地放慢了，生怕踩脏了那份纯洁，生怕踏碎了那份宁静，只有双膝跪地，才能得到那大自然的至高无上的宽恕与恩赐。

高原的高山湖泊，大多是冰川地质作用下形成的冰碛湖，洁净、清澈是它们共同的特点，它们就像一颗颗明珠散落在高原上，无比圣洁。这些高山湖泊往往是众多江河的源头，而且哺育出一片片丰茂的高山草甸。它们常常与雪峰相依偎，一双双、一对对，永生于藏族人民的信仰和传说中。因而，美丽洁净的高山湖泊，也是藏族心目中的神圣之地。高山湖泊在他们看来是那么神秘莫测，不可侵犯。藏族人民到了湖边，一般不大声呼喊和喧哗，否则，一场突降的大雨或暴雪会被认为是神灵发怒的征兆和降下的惩罚。有的神湖甚至被人们认为能从其中看出人的今生和来世。于是它们更成为藏族保护的对象，现在也成为理所当然的自然保护区，如西藏的然乌湖、错高湖、三色湖、莽错湖，四川的新路海，云南的属都湖、纳帕海、碧塔海，等等。

任何人都不会怀疑，高原上的湖泊也是神灵们永久的居所。在那里他们静思着最形而上的问题，他们直接触摸着世界的本源和生命的主旨。

四川甘孜丹巴的藏族村寨建筑

有的湖水是淡水，有的湖则是咸水湖。不管它们的味道如何，那些湖泊总是牵系着人们的梦、人们的呼吸、人们的脉跳，牵系着人们的魂灵。

除却大山大川，茶马古道沿途有的是极富灵性的石头和无比奇妙的云，以及超凡脱俗的天光。这些石头、天光和云似乎就是一种神示，告诉你已经到了人类世界的边缘，正处于神仙天国的门槛。那些历尽沧桑的石头，那些石头上历久弥新的经咒和摩崖画，那亿万年来不老的蓝天，那一逝不再、永不重复的云，那似乎来自极地或外太空的光芒，它们组合成的色彩令人震撼不已。

高原上有些地方的石头巨大而顽强，它们曾经在海底经历了数十亿年的磨砺，它们曾目击地球上最初诞生的生命。在它们身上，嵌有早已成化石的海螺和贝壳，这些大海永久的记忆。如今它们矗立在地球之巅，没有一声叹息，默默地注视大地的沧桑变迁，但只要驻足倾听，似乎就能听到远古的呼唤。

这里的一切事物似乎都蕴含着无限和超越。

只要走过茶马古道，你就可能拥有这一切。而只要拥有过这一切，其他地方就真正是"一览众山小"了。

茶马古道是一条审美之路，而且是一条审美阈值的极限之路。

三、天上的香格里拉

那是个由雪峰构成的世界，而雪峰又为各位神灵所拥有，因此那也是个神灵的世界。那是一片生长神灵的山水。俗话说，穷山生恶水，恶水生刁民。奇怪的是，从自然地理学看来纯粹是穷山恶水的高原却养育出了善良、朴实、友好的藏族人民来，这与佛教千百年来的滋润熏陶不无关系。

在茶马古道沿途，倍感藏族人民宗教崇拜之浓烈。到处是寺庙、嘛呢堆和经幡，人们深深沉浸在宗教世界里。各种神灵犹如空气一样无处不在。但宗教在这里仿佛失去了它固有的飘渺空幻而转化为一种实在的虚空、宁静和宽和。一股潜在的、顽强的、不绝如缕的生命气息穿透神的圣光而成为藏文化深厚无穷的内蕴。因为与西藏血脉相连，藏传佛教成为茶马古道一带普遍的信仰，也正是由于藏族人民对之崇拜的绝对虔诚，佛教仪式、佛教精神无处不在，更使这里原本已很浓厚的神秘气氛平添几分博大与深沉。

唐调露年间（679—680），吐蕃即在迪庆境内金沙江上架起了著名的吐蕃铁桥，并设神川都督府，派驻"伦"一级官员，"收乌蛮

昌都强巴林寺强巴大佛

于治下,白蛮贡赋。"白族、纳西族、彝族、傈僳族等少数民族的宗教文化深受其影响。公元9世纪中期,赞普朗达玛兴本灭佛,佛教徒有一批人携经典逃往东部的康区避难,对佛教在滇藏川地区的传播起到桥梁作用。至公元10世纪,佛教在西藏再度兴起,滇藏川地区有僧侣争当前期高僧真传弟子,自称他们所念的是"伏藏"真经,得的是藏传佛教真传。到1950年代初,仅云南迪庆境内就有藏传佛教寺院24座,其中格鲁派13座,噶举派7座,宁玛派4座。

翻看藏传佛教在横断山地区1000多年的发展历史,我们不难理解为什么它在当地民众观念中这么根深蒂固。尤其是在佛教兴盛时期,这一带几乎每户都有一名僧人或尼姑。佛教教义在藏族人民中家喻户晓,人人皆知,无论是文字、绘画,还是建筑、戏剧,甚至包括民歌、民间故事和民间传说等方方面面,几乎无一不与佛教有关。

所有的寺院和民居都绘有佛教壁画,宗教色彩极为浓厚,所绘内容有佛像、菩萨、宗教人物、寺庙、佛经故事,以及民间传说和神话故事等。寺庙壁画有着严格的艺术规范和要求,其尺度、构图、色彩等必须与佛经的内容相吻合。这些壁画,画风简朴,色彩单纯厚重,线条简洁,风格浑厚,明显保留了藏传佛教画的传统技法。

同时，因为受到内地画风的影响，画面纯净，线条挺秀，色彩和谐，造型准确。在藏族民居壁画中最常见的是各种吉祥图案，如八瑞相（即宝瓶、宝伞、胜利幢、吉祥结、法轮、妙莲、金鱼、右旋海螺）、和气四瑞、六长寿，等等。

雕塑当然以藏传佛教寺院最为集中。在各地寺院供奉着成千上万尊神态各异的佛像，着意刻画诸神的性格特征，赋予人物以个性，使之更加传神、生动，富有情趣。像昌都强巴林寺、迪庆松赞林寺、东竹林寺内的强巴佛，高达三丈以上，雕刻技艺精湛，造型逼真，上面镶嵌着无数金银珠宝、琥珀、绿松石等用来装饰。四川木里大寺的鎏金铜质强巴佛像高达 26.73 米，可惜毁于"文

卡瓦格博神山南侧的缅茨姆雪峰和山下的村寨

革"。各地寺院的门、梁、檐、柱之上均有大量的雕刻图案,或为浮雕,或为镂空精雕,刻有龙纹、云纹、八宝、花鸟等,用传统生漆漆饰,色彩绚丽。在藏族民居里也可看到这样的雕刻。

藏族人民还将他们的宗教感、美感等,以旷世罕见的大地艺术形式铺展在整个高原上。

据说,是松赞干布时代的吞弥·桑布扎发明了那极具美感的藏文,那文字念起来带有连续不断的辅音和哑音。那语义天生就是用来赞美自然、歌唱生命和与神灵沟通的。它们能够在绵绵无尽的诵读中和不经意间直达上天,沟通此生和彼岸、沟通人与神。

"唵嘛呢叭咪吽",这是回荡在雪域大地最频繁的声音。这声音不仅出自喇嘛的口,也出自老人和孩子的口。这声音还镌刻在无数的石头上,还铸造在永远从左向右顺时针旋转的嘛呢筒上,它还飘扬在无数风马旗上。据说它们能使人气息调和、血脉通畅、心安神定;它们能祛除人类和世间的各种恶业,能使心灵得到净化,能使精神得到升华。在危难的关键时刻,念诵它们能化险为夷、转危为安。

藏地随处可见的六字真言嘛呢石刻

它甚至能使面对死亡的人坦然、超然。

如果你问一个旅行者:在茶马古道上见到最多的人文景观是什么?他会不假思索地告诉你,是嘛呢堆和风马旗!

藏族为什么到处堆嘛呢堆,我以为完全出自天启——在那离天最近的地方，在那最富有灵性的高原，何以表达对那神奇大自然的尊崇和敬畏？唯有嘛呢堆；何以将飞升的心灵精神与苍茫天地沟通？唯有嘛呢堆；何以将在那大地上漫游转经朝圣的历程记录下来？唯有嘛呢堆。那是藏族人民族精神累积起来的"金字塔"。

我最早见到这神圣的嘛呢堆，是在云南迪庆的大宝寺，时间是1986年。那是一座小小的宁玛派寺院，建在一座原始古柏密布的小山上。小山周围，就是一圈嘛呢堆，以一块块圆形、椭圆形或各种不规则形状的石块垒成，石块上镌刻有各种各样的"唵嘛呢叭咪吽"六字真言，以及各种各样的佛像、神异动物形象和各种图案。

藏族银质八瑞相

它们像一圈围墙一样环绕着寺庙，任凭风吹日晒雨淋雪掩，一个个、一块块显示出深刻的历史和无际的苍茫，默默无语地吐露着神秘和庄严。

后来我才发现，雪域高原上的每一座山口、每一条路口、每一个村口，都矗立着一座座石刻嘛呢堆，飞扬着一面面、一串串五彩缤纷的风马旗，那是无数朝圣者和旅人的信念的堆叠，是人们向神们的致敬。人们相信，在积聚了自然之精华的石头上刻下经文，并供奉在天地之间，是让所有众生受用不尽的大功德，它们犹如一份盛大的礼物，来自自然又重新安放在自然之中。每一块镌刻上经文和佛像的嘛呢石，都是一份虔诚而博大的心意；风马旗的每一次飘扬，都会向上界送去人们的祈愿。那吉祥的祝福布满雪域的每一个角落，

（上图）酥油花

（下图）最为复杂精致的时轮金刚坛城沙画

弥漫在高原的每一片天空。藏族人民虔诚地用石头石片，牛头羊头，用全部的心血和信念，堆起这醒目的神坛。他们相信这是神们聚集的地方，从这里，神们能听见人世间的祈祷，能领受人们的虔敬奉献。藏族人民每经过一个嘛呢堆，都要庄严地堆上几块石头，或是插上几根木棍，手扪左胸，高喊几声："哦啦嗦！——"

垒成嘛呢堆的石块上有的刻满藏文经咒和多种图案造像，所刻造像更是丰富多彩，内容广泛。有反映本教拜物意识的日、月、龙、鱼、蛇画像，各种鸟头、兽头人身像；有反映佛教意识的释迦、十一面千手观音、各种度母、各种护法神像、天王像，以及莲花生、宗喀巴、文殊菩萨等佛像。云南藏地的嘛呢堆上还要竖一根木柱，顶端刻出日、月、星的形状。嘛呢堆石刻藏文和图案雕刻对研究藏学有很高的历史学价值和艺术价值。与他们相比，那些所谓后现代或前卫艺术家显得无比渺小和无聊。世界上恐怕也没有哪里的人能够创造出这么震撼的大地艺术。

世界上恐怕没有哪个民族像藏族一样有如此强烈而浓厚的宗教感。世界上恐怕也没有哪个民族像藏族一样，在一种不可抗拒的召唤下，在一种信仰的支撑下，义无反顾地在高原大地上来来往往，去朝拜他们心目中的圣城、朝拜神山圣湖、朝拜每一个神圣的地方。

我很佩服那些宗教圣徒，他们在那么遥远的年代，以最为原始的交通方式，也许仅仅凭着某种传说，总是能够寻找到超凡出世的绝美之地，赋予这些地方神圣的生命力，让后人前赴后继地景仰，而且绝不会失望。

向格聂神山致敬

在茶马古道沿途，经常会碰见成群结伙或只身一人的朝圣信徒，他们一路风餐露宿，历尽千辛万苦，有的甚至离乡背井达数年之久，有的甚至就在转经路上"仙逝"而去。这在藏族人民看来竟是最大的福分了。他们的脸上刻满了旅途的艰难，但却透露着一种宁静的满足。崎岖蜿蜒的山道上，善男信女们牵骡扶杖，络绎不绝。即使是在脖子上系根黄色或红色缨带的随主人朝山转过经的羊只，也成了圣洁的生命，此生不许宰杀，任其自然死亡。

神山上，禁止砍伐林木、破坏水源和猎杀动物。在某种意义上，转山表达了人们渴望与自然和谐相处的美好愿望。

藏族不仅经常长途跋涉悠游高原大地，他们也在当地打转，甚至让嘛呢筒和念珠在自己手里转动。在藏传佛教的寺院外围或佛殿、经堂的外侧，一般都建有经筒（也叫经轮），村子里也建有嘛呢经筒房，信徒们有事没事都要转上几圈。特别是那些老年人，几乎人手一个嘛呢小经筒，不停地摇转，小嘛尼筒转动几圈，就等同于诵经数遍。因为无论是大经筒还是小经筒，尽管形式、大小、质量、外观各有区别，

中甸独克宗古镇的大转经筒

但一律是外刻经文，内装经卷，且要顺时针转动（本教徒相反）。许多老年信徒每日都要清晨起床前往寺院，用手依次转动经轮，绕转寺院，往往一转就是一天。如果将他们一生转动嘛呢筒和转经的距离合计起来，恐怕足以绕地球几圈，甚至可以抵达月球或更远的星球。

在高原的每条路上，都有朝圣转经的藏人。他们坚定、执着，

一丝不苟地行进在路上。他们在寻找理想中的香巴拉，他们在寻求解脱之道。世界上只有这个民族，一代又一代，一个接一个，前赴后继地用自己的身体丈量大地，用自己的五体投地来亲吻、接触生养自己的大地，用自己的肉身的尺度，来缩短自己与神圣之间的距离。那是数以月计、数以年计的时间概念，那是数以千里和万里计的漫长旅途，那是数以十万计的匍匐。

他们没有显出疲劳，更没有半分抱怨。他们一个个神态平和、宁静安然，表情犹如睡足后又吮饱了乳汁的婴儿。爬山、行走仿佛就是他们人生的一部分，而在这神圣的旅途中，他们人性中那些隐秘而恶劣的层面统统消失不见。

许多古老的传统仍保留在藏地

他们有的只是敬畏和崇信。

藏族是一个在路上的民族，一种发自内心的呼唤，一种来自宇宙深处的不可抗拒的召唤，引领着他们放下一切，走上遥远的朝圣之路。

藏族的人生观、价值观、道德规范等大多来自佛教。而一个民族如此深爱佛教，对之顶礼膜拜，将自身文化与之如此深刻融合，这在世界上都是罕见的。在这里，当你亲眼看到那些信徒磕头、烧香、转经时，首先想到的也许不是愚昧痴顽，而往往会被他们的那种发自内心的虔诚所打动，有时从他们那宁和朴拙甚至木讷的面容表情里，终于能够更深刻地理解什么叫作"信仰"!

这是个时间停滞的地方,人们在停滞的时间中走过一个个山口,穿过一片片丛林,涉过一条条溪流。他们用虔诚的信仰使时钟停止了转动。

看着那些在茶马古道沿途不停行走的转经者,我不由得想,也许世界上真有某一种力量,能够凝固住时间的流动,能够使生命长驻或轮回旋转。

四、还能寻找到的香格里拉

作家希尔顿在他的小说《消失的地平线》里,描绘了一个现实里并不存在的虚构世界,但那是一个令人向往的理想世界。

在香格里拉,一切都与常规不符,一切都不在惯常的轨道上运行。偶然在这里成了必然。慢慢来,是香格里拉的口号。悠闲无为是香格里拉的节奏,青春永驻是它的主旨。这里的人们清静无为,以打坐静观冥想度过漫长的时日。香格里拉还有着花蕊般高雅的神秘,空气清凉安静得近于静止。象征佛教的莲花在这里到处盛放。一切人生烦恼在这里都烟消云散,仅仅保留了不敢有一丝丝逾越之心的安静和空寂。无论是罗珍姑娘动人的钢琴曲演奏,还是远远飘来的清幽的玉兰花香,都让人感到一切如诗如画。

希尔顿描绘的这一理想世界并非凭空而来。它既有时代需求的背景,也有现实存在的一定依据。

小说写到了生活于香格里拉的卢森堡人裴洛尔特。生于1681年的裴洛尔特为了寻找传说中的东方基督教王国，于1719年进入西藏传教，不经意间进入香格里拉后，98岁开始研究佛经，他原本想写一本抨击佛教固守自封、追求静止状态的书，结果他自己也进入了静止状态，并成为香格里拉德高望重的大喇嘛。他活了200多岁，因为他明白了生的意义。在他看来，如果不明白生的意义，就根本不需要活那么长时间。在希尔顿笔下，他是西方文明从繁荣走向衰落的象征，他暗示也许东方文明的佛教才能拯救世界。

1789年，法国大革命如火如荼的时候，这位108岁的老人面临了一次垂死时刻。那时他突然觉得任何令人陶醉的追求和享受都是一种无常，没有永恒，一切都可能会被战争、私欲、蛮横的行为毁灭。他预想：当人类把大地和海洋也变成文明的遗迹之日，天空和宇宙又会成为被占领地；未来的人们会为了杀戮的进步而兴奋不已，而这种技术会将整个世界掀动起来，那些值得珍惜的事物和物品都会面临危险，所有的书籍、艺术，所有美好、珍贵的人和事物，还有历代传下来的珍贵文物，所有精致完美的东西都会在没有任何保护的状态下突然消失、毁灭。

人类如何抵抗这一切呢？老裴洛尔特的答案是：也许可以倚靠香格里拉，它能提供幸存的可能，能珍藏整个时代在衰亡中尚存的精粹文化，同时将那种人们已经消耗完激情后达到的冷静和智慧找到，将会为人类保存一份遗产留给后人……

在裴洛尔特大师以249岁高龄最终圆寂前，他以他超常的年龄和超常的智慧，看到了人类的未来：战争无法取得和平，权力也不能提供帮助，即使科学也无用武之地；所有的文明都会遭到践踏，人类的一切事物都会出现僵局，人类所要面临的灾难时代将波及整个世界，无人可以幸免，也没有人能够找到隐藏之地。只有像香格里拉这样秘密得无人关注的偏远地方，才能躲过劫难，而文明就会在这里复苏……

第二次世界大战前，希尔顿还没有看出西方文化后来又再出现的压倒优势，或是意识到西方在世界上占据的普遍支配地位，他看到了现代战争的残酷，看到了西方文明的衰落。他只有让他的主人公在偶然间坠入高原上一个神奇山谷，在那里营造一个世外桃源。

希尔顿在小说里提到了爱德华·吉本和奥斯瓦尔德·斯宾格勒，前者为英国著名的历史学家，后者则是德国哲学家，《西方的没落》一书的作者。香格里拉有人正研究他们，准备撰写关于整个欧洲文明史的著作。其实斯宾格勒自己的《西方的没落》，以及和他同时代的法国历史学家阿尔贝·德芒戎的《欧洲的没落》（1920年），都是关于欧洲文明史的。斯宾格勒以独特的笔调、广阔的视野、积极的洞察和高雅的趣味，提出每一种文化都是一种独特的经验，一种文化最终总是要使自己获得自由，否则它就不是文化。而当"文化突然僵化了，它死了，它的生命之血流尽了，它的力量崩溃了，于是它变成文明。"这样，文明及其衰落被看作是不可避免的结局，因而，人类就得去寻求和创造新的文化。后来深受斯宾格勒影响的阿诺德·约瑟夫·汤因比在其巨著《历史研究》中比较了世界历史上21种文明的兴衰存亡，而他对西方文明的出路同样是悲观的："我们已经有力量去结束历史，甚至结束生命。正是由于这个原因，我想，我们不能使自己跌到悬崖峭壁的边上。"但他也看到了康维、马里森那类人必然的行径："尽管我们知道应该从历史中吸取教训，但我们也许会拒绝按此行事。就像那些喝酒或吸毒上了瘾的人一样，我们虽然知道自己正在走向灭亡,但那种积习已经把我们牢牢控制住了。"

希尔顿对香格里拉的描绘和阐述,就是一种新的寻求。希尔顿没把香格里拉写成一个神的国度,那完全是一个人的世界,没有神通广大者,没有为所欲为者,与古希腊、罗马的神话世界完全不同,与但丁描绘的天堂也迥异,与托马斯·莫尔构建的乌托邦也大异其趣。这只是一个温和宁静的人类小社会,如同世间仅存的普度众生的生命之舟,他们有死有生,有爱,有音乐,要劳动,要用一些东西与外界进行贸易交换……只不过,这里的人们都保持有开朗和知足的心态。希尔顿想告诉人们的是,经历过第一次世界大战和1929年的资本主义世界大衰退,西方人现在的那套游戏已陷入混乱。这个新建立起来的世界已经被战争的迷雾、被死亡和毁灭的氛围给包围了。

青海热贡民间艺人绘制的唐卡中的香巴拉

拯救之道只存在于香格里拉。

据藏经记载,确实有一个在佛教中被认为是超越一切的佛陀所看见的净土,称为"香巴拉王国"。它是释迦牟尼圆寂前指认的,它隐藏在西藏北方雪山深处的某个隐秘地方,整个王国被双层雪山环抱,有八个呈莲花瓣状的区域,那是人们生活的地方,中央又耸立着内环的雪山,这里是香巴拉国王居住的王宫,叫卡拉巴王宫。据说,每位国王的肉身阳寿为100岁,都是从西藏佛寺中某一个活佛转世而来的。这里的景色超凡脱俗,这儿的居民有着超凡的智慧,没有贪欲、纷争和偏执,王国里有酥油湖、糌粑树,人们丰衣足食。然而,并不是每个人都能进入香巴拉,只有心智打开的人才有这种幸运。传说,曾有个孩子在路上看见车轮大小的莲花,因为很累,便躺在莲花上打了个盹儿,醒来时满身清香。但当他回到家时,发现父母早已过世,而围在周围问长问短的老人们竟都是儿时的玩伴!在藏地,许多民间艺术形式(如绘画、歌舞等)的题材都取自这一类香巴拉的传奇故事。1775 年,六世班禅额尔德尼更是写下一部《香巴拉王国指南》,告诉人们:要进入香巴拉,必须首先修炼自己的精神,使身心得到佛性的加持,才能如愿以偿。

在滇藏川地区活动达 27 年的着藏装的洛克

其实,在香格里拉这个梦幻般的地方通过希尔顿的小说声名远播之前,就已经有许多西方探险者涉足茶马古道区域。从 1840 年到 1949 年,有文字记载到过茶马古道所经地区的外国人就有数十位,而传教士、途经者和其他不知名的外国人就更多。在所有这些人的记述中,无一例外地都充斥着"奇异、梦幻、不可思议"等字眼。正是因为有了这些或细致或轮廓,或真实或虚幻的文章、资料和图片,同时,它们中所透露出来的东方神秘地带的信息,深深吸引着远在地球另一端西方世界中的希尔顿,他的创作灵感便由此而生,他所需要的素材是不难获得的。

1849年后,匈牙利的泽切尼伯爵,地理学家洛森,英国人吉尔·戴维斯等先后到过滇藏川地区,并留有著述;1914年,奥地利人韩代尔来横断山脉地区作植物调查,著有《在华植物采集——中国及藏边植物探险史》;1923年,两个英国人,探险家皮尔特和医学博士汤姆逊,在滇川藏一带做了大量探测和考察工作,并拍摄了3000多张照片……20世纪20年代初,美籍奥地利裔学者洛克博士便开始了在云南及西北长达27年的探险考察,拍摄了许多极为珍贵的照片,并在美国《国家地理》上发表大量文章,介绍这片深藏在滇西北、川西南及西北深山峡谷中的美丽神奇的土地。在其所著《中国西南古纳西王国》中,对这一带的自然环境和植物、交通和人文状况、宗教和喇嘛生活等都作了细致的文字记述和影像记录。

1921年6月,法国著名女汉学家、藏学家、探险家亚历山大莉娅·大卫·妮尔第五次进藏,并写下《一个巴黎女子的拉萨历险记》,书中详细描述了她和她的藏族陪伴

大莉亚·大卫·妮尔及其义子庸登喇嘛

庸登喇嘛由云南进入西藏腹地所见到的自然景物和人文建筑等:"这不是一般的庄园和茅屋,而是一些小型的别墅和城堡,既小又窄,却以其庄严的外表而引人注目……这一神奇的建筑群沐浴在淡淡的金色光芒中。那里没有人的喧闹声,也没有动物的嘶叫声……"而且,她还不时听到一种银钟般的声音;"我们呆若木鸡。这到底是在西藏,还是到达了一个居住有美丽仙女的境地?……"然而随后的事情更不可思议起来:"我们好不容易登上这座山麓,沿山麓和躺倒的大树缓慢向上。一旦感到自己处于别人的视野之外,我便倒在铺在山崖之间的一层又厚又软的苔藓上入睡了,浑身发烧,甚至还说起了一些胡话。"当她清醒过来,先前所见的别墅、城堡、花园都骤然消失了,一切就像是一场梦境,令她百思不得其解——倒好像是被人催眠后带离了先前所见的世界!

著名意大利东方学家图齐在20世纪上半叶曾八次进入藏地考察,1937年他便写道:"冈底斯山顶火光四射,撕裂推进的浓浓乌云。于此蛮荒之地,我们充分体味到了寂寥:在肃穆中,人似乎与诸多宇宙能量无间融

图齐 1933 年在西藏

合，创造之主从他身上悄然隐去，怂恿个体追逐自己可悲幻象和冒险梦想的神灵亦弃他而去，万物本质一统的感觉卷土重来，新芽破土而出，个性不复存在，与浩荡充盈于一切的种种能量相认同。"在他1984年以90岁高龄离世前，曾反复这样说："在这片世界上最令人心醉神迷的大地上徒步了一万八千公里，人因其广袤空寂而顿觉卑微，因为那幻想揣度却未曾睹见而确然存在的神性无处不在。""多年以来，藏地一直是我生命中最钟情的对象，至今依然。此种情愫越难满足，越为炽烈。八次游历中，我纵横跋涉，投宿村落、佛寺，顶礼上师、菩萨；和商队一道攀爬陡峭的山口，穿越广袤的沙海；与睿智的学僧机锋辩禅。""或许是天赐机缘，或许是命运的眷顾，只有这片土地上的人类构建了庄严的思想大厦，高尚的艺术想象，坚实的科学经纬，这些宝库如今被全人类分享，或者将其丰富发展，抑或使其枯竭滞后。""迄今为止……西藏仍然是悬浮于新思想汹涌澎湃的世界上的古岛，拥有灿烂伟大的文化、与生俱来的艺术敏锐性、博大精深的人文关怀。……我迷醉于弥漫在西藏的中世纪气氛中，无论其表相如何，比起西方，这里更能使人真正成为自己的主人。"

所有关于这一带的记述者当中，还有一个被称为"东方奇女子"的原国民党国府书吏刘曼卿女士。这位有着汉藏血统的女子，于1929年主动请缨由康区入藏，志在沟通十三世达赖喇嘛与民国政府的联系，时年22岁。后来她又试图由云南进入拉萨。在她著写的《康藏轺征续记》中详细记述了在迪庆的所见所闻："自丽江西行，路皆巉岩峻坂，如登天梯……几疑此去必至一混蒙世界矣。三日后，忽见广坝无垠，风清月朗，连天芳草，满缀黄花，牛羊成群，帷幕四撑，再行则城市俨然，炊烟如缕，恍若武陵渔父，误入桃花仙境，此地何欤！乃滇康交界之中甸县城也。居民尽为藏族，……然地广人稀，富藏未发，亦终不过太古式生活之数万康人优游之所耳。"且那里"民性勤俭朴实，不尚虚华，更无非分之想。日出而作，日入而息"。一派宁静闲适、与世无争的生活状态，与希尔顿笔下的香格里拉何其相似，其字里行间所流露出的那份惊异和赞叹也是无出其右。

《康藏轺征》作者刘曼卿

也许是为了增添香格里拉的神秘气氛，也许是为了印证香格里拉的真实存在，希尔顿小说中发生的"坠机"一幕，在小说发表了10年之后居然又"旧地"重演。20世纪40年代初，太平洋战争爆发，美国为支援中国抗日战场，开辟了中印间飞越喜马拉雅山的"驼峰航线"。其中一架属于陈纳德将军指挥的美军运输机因迷失方向，被迫在迪庆的中甸降落，机身折断，两名飞行员被当地热情、友好的藏族人民和喇嘛搭救，辗转平安抵达昆明，最后返回美国。当年救助美军飞行员的桑格达的女儿七林央宗老人还健在，甚至还保留有一位飞行员送给她的一个黑色胶卷盒。在卡瓦格博神山一带，也有类似的事情发生。这些确凿的现实似乎都在印证着香格里拉的神奇和藏族人民的热情、淳朴和友善。

这些宗教经典、探险记述和传说，以及种种神奇动人的现实，为希尔顿创造香格里拉提供了丰富的想象空间和叙述背景。当人们徜徉在这片神奇的大地，当人们一起仰望那高耸入云端的雪峰、穿行在这一片真实与梦幻交融的区域时，不由得想，这里不就是人们向往的香格里拉吗？经由茶马古道就能够进入香格里拉。

在希尔顿的小说《消失的地平线》的结尾部分，提到主人公康维在若干年后寻求重返香格里拉，作者留下一句意味深长的结语："您认为康维最终将能找到香格里拉吗？"

其实，康维他们是否能再找到香格里拉，似乎已不太重要。也

藏族热巴舞

许这个世界总有我们不能到达的地方，这样才有憧憬、有敬畏、有心灵自由飞翔的空间。如果站在一个更广阔的人文关怀的角度，这片"永恒、宁静、和平"的土地应该就在每个人的心里。从某种意义上讲，康维的"返回"，也应该是人类自己的返回，是人类面对我们自己造成的纷争、灾难、饥饿和心灵的压抑、扭曲所寻求的一种自我反省和解脱之道。尽管这一重返的过程将会充满艰辛，甚至会反复无常，但为了人类的明天，为了我们的子孙后代，为了人与人之间、人与自然之间和谐相生、相契融洽的关系，只要还有寻找之心，那就还有希望。

与英国作家希尔顿不同，茶马古道区域于我绝不是虚拟的理想世界。我用我的脚走入了它，认识了那里的人，过了那里的生活。

面对这大山大水，丽日明月，蓝天白云，天空和雪峰离人很近，人和大地合为一体，就很知足，就满怀希望。有人说，能在这里活下来就很伟大，而居住在这里的藏族和其他各民族不仅顽强地活了下来，而且创造了像这里的山川一样撼人心魄的历史和现实，还有从不泯灭的精神。

这么些年在茶马古道流连徜徉，实为我人生一大愉悦之事。在那里，我们也许还能保有香格里拉的某些珍贵事物和精神财富……

在那里，婴儿的哭声穿透了围绕母子的熊熊柴火，穿透了黑黢黢的牦牛毛帐篷，穿透漫天飞舞的大雪。一个鲜亮顽强的生命在雪原上铺开，从此他将在世界最高的山上，在世界最美的水边生长。在那里，一切都是可能的。那是一个充满奇迹的地方。生命将在那里经历最灿烂的阳光，经历别处少有的温度和高度，经历纯真和宽容，经历感人的单纯性和惊人的丰富性，经历对自然的尊崇和敬畏，对精神世界的亲近和敬奉，经历与自然、与别的民族和谐相处的漫长历程……

从横断山脉到青藏高原，有无数的藏族孩子、大人和老人名字就叫尼玛或达娃（意为太阳、月亮）。他们一代代人就这么称呼着，他们就是最接近太阳和月亮的人。这使他们的身上和脸上泛着奇特的光，使他们气宇轩昂。这种气宇仿佛是遗传基因，深植在他们的血肉之中，又从内向外焕发出来，使他们有了高贵不俗的美。从他们那庄严神秘的身躯上，便能感觉到一种高贵自尊以及浩瀚的深沉和近乎残酷的静穆。洁白吉祥的云朵天天擦着他们的额头飞过，他们举起双手，就可以把澄静的蓝天捧在手心里。高原的风吹红了他们的脸颊，也使他们有着最为明亮的眼睛。稀薄的氧气似乎使他们更接近空灵，气势恢宏的世界最长史诗《格萨尔王传》伴随着他们长大成人。弓弩和刀枪、嘛呢筒和佛盒是他们从不离身的伙伴。格萨尔是他们心目中最伟大的英雄，而其实他们早已不是黩武之士，只是血液中流淌的游牧民族祖先的基因，使他们天生具有了英武气概。

经过多年的演进发展，茶马古道一线的藏族，渐渐从游牧中分离出来，除养牛、养马、养羊外，还在这片高原上种植青稞、土豆等农作物，他们还上山挖药材、拣蘑菇、采灵芝，每年春来草青的季节，他们都要将牦牛赶到海拔4000米以上水草丰茂的高山牧场，在那儿放牧、挤牛奶、打酥油，吃住都在山上简易的棚子里，过一种几乎与世隔绝的生活，直至秋深草枯的时候才把膘肥体壮的牛羊赶下山来过冬。

在那里，我们还可以在安放有巨大三角铁架的火塘里烤洋芋和玉米作为宵夜，喷香无比。各个季节还可以采些野菜来下饭。每天，

滇西北各民族腌制的琵琶肉

我们可以喝到刚从高山牛场挤回来的新鲜牦牛奶,浓淳甘美。在那里,白天可以晒太阳吹风看云看雪山,晚上,听淳朴的藏族人民唱动人的藏歌,与他们一起跳忘我开心的舞蹈。在那里,还能享受到清新的空气、洁净的水和旷世的宁静。人生夫复何求?跟那一带的民众交往,带给我的欢欣和愉悦超过了其他。有一点我很认同小说里的康维:在那里与那样的冰峰雪岭相对,与那样善良温和的人们相处,仿佛一切都能肯定下来。

19世纪英国科学家赫胥黎在他的《天演论》中,将动植物与大自然的关系描述为"物竞天择,适者生存",并对人类的顽强生命力感到由衷折服。的确，只要到过茶马古道沿途，看到这里各民族的生存能力，你将会惊叹，会为人感到自豪。他们似乎从来不以苦为苦，而是以苦为乐，苦中作乐。只要有一块披毡，他们就可以在风雪中呼呼大睡。只要有一点闲暇，他们就可以选择一片风景秀丽的地方坐下来，将一切抛在脑后，尽情地吃喝玩耍，跳舞歌唱。只要是阳光灿烂的日子，老人们就会挪到大门口外的墙前，静静地享受温煦的晚年，并用超然的目光打量着这个变幻万千而又似乎一成不变的世界。

雪山塑造了他们伟岸挺拔的形象，如奶汁般的圣洁之水洗净了他们的心灵。他们一直在那大山大水之间走来走去，像鹰一般盘旋在雪山天际。

高原的冬季漫长而严酷，但也因此表现出格外超凡的壮丽。在这片每平方公里只有十几个人的大地上，生命显得更加质朴、乐观而坚韧。茶马古道地区各民族早已将他们的一切融入这片传说中的土地，而这片土地也慷慨地哺育馈赠了他们。无论世事怎样千变万化，生命和美总能在大自然无际的怀抱中生生不息……

从某种意义上说，这里的人们仍是一个停留在传说和史诗时代的群体，他们的生活沉浸在一个多种奥义的社会里，对他们来说，这个社会里的一切现象都充满神性和传奇色彩。他们拥有香巴拉王国一点都不令人奇怪。

在这样的地方，人不由不超越时空，渴望永恒和无限。希尔顿的香格里拉，和那里的宗教一样，便是人类试图超越自己、超越生死、超越时间和空间的一种精神结晶。

在这样的地方，人们不会将死亡当作一件可怕恐怖的事，而只是视之为再自然不过的人生的一个阶段，甚至是更有意义、更有价值的新生的开端。这里的人们相信，只要积德从善，只要好好做人，肉身可以粉碎，物质的东西可以消亡，但精神是不死的，它会在天、地、人三界中轮转，永远存在于宇宙之中。所以，他们相信，各民族世世代代的魂魄飞扬在这片大地与蓝天之间，由一只只翱翔的鹰鹫带往光明的净土，永远与晶莹的雪峰、澄澈的湖泊、洁白的云朵和透明的蓝天同在……

香格里拉的概念，应该不只是一个地理概念，更是人类亘古以来一直存留心中的一片净土，是东方从老子、庄子为代表的道家思想的一种象征形式，是西方从卢梭以来人类对文明的一种反思和反动，是托尔斯泰、甘地他们探索追寻的一种理念，是第一次世界大战后斯宾格勒、汤因比他们反省文明的节点，是第二次世界大战后存在主义兴起的灵感所在，也是一些现代人对现代化和现代性的一种批评点和思考的角度。被称为中国最后一个士大夫的费孝通先生在晚年就深刻指出："我们的生活日益现代化，这种基本上物我对立的意识也越来越浓。在这种倾向下，我们的人文世界被理解为人改造自然世界的成就，这样不但把人文世界和自然世界相对立，而且把生物的人也和自然界对立了起来。"显然，这样的现代化是反人性的，其"发展"前途实在令人担忧。

其实还是人类最古老的问题：我是谁？要到哪里去？哪里才是人类的家园和归宿？哪里才是真正的香格里拉？

尾　声

20世纪50年代，中华人民共和国成立之始，中央政府就在极其困难的条件下投入巨大的人力物力，以超过一公里路一条生命的代价，修筑了内地联结藏地的青藏公路、川藏公路，于1954年12月25日同时通车拉萨；1956年后，新藏公路和滇藏公路也相继修通；20世纪60年代，进而建起空中航线；到21世纪初，代表现代文明的青藏铁路直通拉萨并规划穿越喜马拉雅……绵延千年万里的茶马古道失去存在的理由，并逐渐荒弃。

茶马古道以另外全新的交通方式，焕发出亘古永续的生命力。

1993年笔者独自骑单车入藏考察，在青藏、川藏公路纪念碑前留影

后 记

本书的撰写出版荣幸得到青海人民出版社的盛情邀约和支持。从1986年始,我就已经以各种方式行走茶马古道,并在多年的田野考察基础上撰写好了这本书稿。现在,我在近些年不间断进行的田野考察和更广泛收集、阅读有关资料的基础上,对原书稿作了较大的修改和删减,使之更具可读性。这让我在不断行走茶马古道的同时,得以重温昔日艰辛而美好的时光。其间真是其乐无穷。尽管如此,还是不得不暂时打住。留下一些一时难以弥补的缺憾,正好作为自己以后写作的目标,也许还可以作为后来者的阶梯。

茶马古道对于广袤的藏地来说,可以看作是一个横向进入的"他者",我在其中更是一个他者,尽管是一个比较勤奋和频繁进入的他者。迄今,我已经走遍了与茶马古道相关的绝大部分地区,走过了茶马古道几乎所有的主要路段。即便是我的家乡,我也没有如此频繁而深入地走过。无论是从感情上还是从生命历程上,我得说,茶马古道就是我的人生之路。茶马古道所覆盖的区域大约在4000多万年前就形成了现在的样子。30多年相对4000多万年来说不过是沧海一粟，对我来说却是短暂一生中近乎一半的最为宝贵的时光。我之所以在这一区域流连忘返，并把它书写和摄影下来，并不因为它是现代人所谓的香格里拉，而是因为我在这里所用去的时间和度过的青春岁月，因为我与它之间建立的特殊关系。它几乎耗尽我所有的热情。

这是我与英国作家、《消失的地平线》的作者詹姆斯·希尔顿的最大区别之所在。希尔顿仅仅依靠一些探险家和传教士描述的经历，将这一地区作为他的小说所描绘的"香格里拉"的背景，而这位以这部小说而风靡世界的作家从来就没有踏上过这片神奇大地。细细读过这部著名小说之后，我还是找到了我们的根本共同之处：我们都是追求完美的理想主义者，而且都崇尚并喜欢智性的宁静生活，只不过希尔顿将他的人生和社会理想放到了小说里虚构的"香格里拉"中，而我把我的心灵、理想，等等，用我的双脚和双眼，具体地坐实在茶马古道区域的大地上。

朋友和媒体常常追问：你为什么老在那里泡着？在那里你得到了什么？究竟那里的什么东西吸引你几十年流连忘返？

希望本书作出了相应的答复。

必须感谢的是，在写作过程中，布罗代尔、费孝通、许倬云、黄仁宇、茅于轼等先生的大作给予了我许多非常重要的启示；许多师友宝贵的指点和帮助，使我受益匪浅。特别要感谢的是，我已故恩师赵仲牧先生言传身教我对人类的知识充满好奇、对未知领域满怀敬畏，并尽一切可能去拓展精神世界和充实真正让人欣悦的智慧；许多前辈、老师的研究工作，尤其是各有关地方的方志和文史资料作者，他们辛勤深入而常常是默默无闻的劳动，为我的考察研究和本书的撰写，提供了宝贵的参考，在此一并躬身致谢！

更值得大书特书的是，青藏高原藏族文明的博大精深、横断山区各民族文化的丰富多彩，为本书提供了至高而浩瀚的铺陈场景，对此我一直感恩不尽。

我很感恩的还有，我早已入土的爷爷曾拥有过一支20几匹骡马的小马帮，在我出生前很久，他就抽鸦片赌钱并遭遇土匪把它弄光了。我有时想，难道是不甘心的爷爷引领我走上茶马古道？而我已去世的父亲仍一如既往地用他慈爱赞许的目光关注我的成长，并给予我前行的力量；我年逾八旬的老母亲则积极锻炼身体，并将日常家务料理得井井有条，几乎从未让我分心。

30多年行走茶马古道，我累积了数十万计的影像资料，包括许多珍贵的文物、历史影像，特精心采纳数百幅在本书中以直观、形象地展现茶马古道风采。擅于影像的好友张有林、杨红文为此出了大力，特此感谢。

2019年11月25日三稿毕

2020年03月28日四稿